Rüdiger Weinga

Sprachwandel durch Computer

Rüdiger Weingarten (Hrsg.)

Sprachwandel durch Computer

Westdeutscher Verlag

Die Deutsche Bibliothek – CIP-Einheitsaufnahme

Sprachwandel durch Computer /
Rüdiger Weingarten (Hrsg.). –
Opladen: Westdt. Verl., 1997

Der Westdeutsche Verlag ist ein Unternehmen der Bertelsmann Fachinformation.

http://www.westdeutschervlg.de

Umschlaggestaltung: Horst Dieter Bürkle, Darmstadt
Gedruckt auf säurefreiem Papier

ISBN 978-3-531-12940-2   ISBN 978-3-322-91416-3 (eBook)
DOI 10.1007/978-3-322-91416-3

Inhaltsverzeichnis

Sprachwandel durch Computer

Rüdiger Weingarten

1. Einleitung

Die tiefgreifenden Veränderungen des Alltagslebens und insbesondere des beruflichen Lebens, die durch den Computer innerhalb weniger Jahre bewirkt wurden, können mittlerweile von jeder Person wahrgenommen werden. Sehr deutlich können wir auch sehen, daß der Computer viel mit Sprache zu tun hat: Seine Bedienung erfolgt überwiegend mittels sprachlicher Ausdrücke, schriftliche Texte werden immer häufiger mit dem Computer geschrieben, und seit einigen Jahren haben wir eine Vielzahl von Formen der schriftlichen Kommunikation mit dem Computer als Ein- und Ausgabemedium. Daneben gibt es weitere sprachbezogene Verwendungen des Computers, die z.T. noch in Expertenkreisen (Computerlinguistik und Künstliche Intelligenz) kursieren oder noch wenig wahrgenommen werden.

Betrachtet man all diese Phänomene, so kann man sagen, daß der Computer für viele Bereiche sprachlichen Handelns zu einer zentralen Rahmenbedingung geworden ist. Neben diesen direkt sprachlichen Verwendungsformen des Computers führen auch verschiedene äußere Bedingungen seiner Verbreitung zu sprachlichen Herausforderungen: Die Computerindustrie und ihre Sprache sind angelsächsisch dominiert, selbst da, wo die Akteure andere Muttersprachen sprechen. Dies führt zu einem unüberschaubar großen und schnellen *Import englischer Ausdrücke* ins Deutsche. Durch die universelle Verwendung des Computers entsteht damit nicht ein isoliertes fachsprachliches Problem, sondern die Alltagssprache muß diesen Import phonologisch, grammatisch und orthographisch bewältigen.

Die Computertechnologie unterliegt weiterhin einem rasanten Fortschritt. Insbesondere stellt dabei einmal erworbenes technisches Wissen keinen Startvorteil dar, sondern eher einen Ballast, da die Bereitschaft, sich in immer wieder neue Systeme einzuarbeiten, spätestens nach der dritten Softwaregeneration abnimmt. Das hat zur Folge, daß die jeweils jüngste Generation von Nutzern den größten Handlungsvorteil besitzt. Dies mag eine Ursache dafür sein, daß die jeweils neusten Aktionsfelder des Computers von stark *jugendsprachlichen Merkmalen* gekennzeichnet sind.

Die Veränderungen, die durch diese Faktoren im Bereich der Sprachverwendung entstanden sind, dürften kaum von jemandem, der mit der Computerwelt einmal Kontakt hatte, bezweifelt werden. Unter dieser Perspektive kann man dann auch von neuen Formen des Sprachgebrauchs reden. Dabei muß noch die Frage geklärt werden,

ob es sich um ein isoliertes und von anderen Formen der Sprachverwendung abgegrenztes Phänomen handelt oder ob die computervermittelte Sprache auch für andere
sprachliche Verwendungszusammenhänge normsetzend wird. Ganz unwahrscheinlich
ist dies nicht, da gerade in vielen gesellschaftlich relevanten Bereichen diese Kommunikationsform eine große Bedeutung besitzt. Eine ähnliche normsetzende Funktion
konnte man auch bei anderen Verwendungen der Schriftsprache beobachten.

Eine weitergehende Frage lautet, ob der Computer auch Folgen für das gesamte
System einer Sprache hat, also z.B. unsere Vorstellungen darüber, ob etwas ein grammatisch, phonologisch oder orthographisch richtiger Satz des Deutschen ist. Ein
traditionelles Verständnis von Sprachwandel nimmt insbesondere diese Urteile in den
Blick.[1] Eine Antwort hierauf ist sicherlich verfrüht; die verschiedenen neuen Formen,
die wir beobachten können, lassen einen entsprechenden Rückschluß derzeit noch nicht
zu. Allerdings kann man auch hier wieder aus der Schriftgeschichte die Vermutung
ableiten, daß dies eines Tages mit großer Wahrscheinlichkeit der Fall sein wird. Ein
Medium, das so massiv in die Sprachverwendung eingreift, wird eines Tages auch das
System dieser Sprache beeinflussen. Mit entsprechender Vorsicht können die in dem
vorliegenden Band beschriebenen Formen der computervermittelten Sprachverwendung
als Experimente im Hinblick auf neue, den medialen Bedingungen angepaßte sprachliche Formen interpretiert werden.

Eine vorschnelle Wertung der hier beschriebenen Phänomene, die von den Standards der Schriftsprache geleitet wird, könnte Anzeichen einer Pidginisierung oder
eines Verfalls der deutschen Sprache feststellen (z.B. Zimmer 1997). Wahrscheinlich
verkennt diese kulturpessimistische Betrachtungsweise jedoch die spezifischen Bedingungen der computervermittelten Kommunikation, die eben anders sind als die der
papiergebundenen Schriftsprache, und sie unterschätzt den gegenwärtig experimentellen Charakter der hier verwendeten Sprache. Diese Bedingungen erzeugen sprachliche
Formen, die keineswegs defizitär sind, sondern z.B. auffällige Gemeinsamkeiten mit
Strukturen gesprochener Sprache aufweisen. In der Terminologie von Koch und
Oesterreicher (1994) würde man dann einige Formen computerbasierter Sprachverwendung als medial schriftlich und konzeptionell mündlich klassifizieren. Die Frage nach
dem Spachwandel durch Computer könnte dann so beantwortet werden, daß gegenwärtig ein neues schriftsprachliches Register entsteht.

Im folgenden soll kurz untersucht werden, welche Aspekte der Verwendung des

---

1 Steger (1984) und Schank (1985) thematisieren aus der Perspektive der Sprachgeschichtsforschung
den Zusammenhang zwischen Textsorten, Sprachverwendung, Medien und Sprachwandel.

Computers für einen Sprachwandel relevant sein können. Anschließend wird ein Überblick über die Beiträge dieses Bandes gegeben.

2. Verwendungsformen des Computers

Eines der wichtigsten Kennzeichen des Computers kann darin gesehen werden, daß er nicht für einen speziellen Zweck konzipiert ist, sondern für vielfältigste Verwendungsformen offen ist. Am besten wird dies mit dem Ausdruck der *universellen Maschine* auf den Begriff gebracht. Beliebige Ereignisse oder Sachverhalte in der Welt können symbolisch dargestellt und in dieser symbolischen Form von Computern verarbeitet werden. Dabei kann es zu unterschiedlichsten Formen der Arbeitsteilung zwischen dem Computer und seinen Nutzern kommen, wobei letztere immer die Aufgabe haben, die Symbolmanipulationen des Computers in alltagsweltliche Sinnzusammenhänge zu übersetzen, sie zu interpretieren. Diese unhintergehbare Funktion des Menschen muß festgehalten werden, um alle Vorstellungen eines deterministischen Einflusses des Computers auf was auch immer zurückzuweisen. Es kommt immer darauf an, was die Nutzer mit einem Medium tun und wie sie dieses Tun konzeptualisieren.

So gibt es aufgrund des offenen Charakters keinen einfachen Zusammenhang zwischen dem Computer und sprachlichen Handlungen oder Strukturen. Grundsätzlich wird auch dieser Zusammenhang erst durch bestimmte Verwendungsformen des Computers und durch die Interpretationen dieser Verwendungsformen hergestellt. Diese Offenheit ist allerdings nur prinzipiell gegeben. Haben sich Verwendungsformen und ihre Interpretationen stabilisiert, so erscheinen sie den einzelnen Sprachbenutzern als vorgegebene Normen oder Konventionen, an die sie sich halten müssen, wenn die Kommunikation gelingen soll.

Im Rahmen der Frage eines Einflusses des Computers auf den Sprachwandel möchte ich drei Typen von Verwendungsformen des Computers danach unterscheiden, wie er in Kommunikationssituationen eingebunden ist: Eine Verwendung des Computers *als symbolisches Werkzeug*, *als Medium* und *als metaphorisches Modell*. Im ersten Fall wird der Computer zur Einwirkung auf Objekte (z.B. CNC) oder zur reinen Symbolmanipulation (z.B. bei der Lösung mathematischer Aufgaben) verwendet. Im zweiten Fall steht der Computer innerhalb eines kommunikativen Systems mehrerer Subjekte, wobei eine Seite Informationen in den Computer eingibt und eine andere Seite ihm Informationen entnimmt. Im Fall seiner Verwendung als metaphorisches Modell muß der Computer in der Kommunikationssituation selbst nicht präsent sein. Vielmehr wird eine Vorstellung von ihm und eine damit verbundene Redeweise dazu verwendet, Sachverhalte neu zu interpretieren und ihnen eine neue sprachliche Form zu geben.

In diesen Verwendungsformen wird der Computer in unterschiedlicher Weise in sprachliche Handlungen eingebunden, und er wirkt sich entsprechend differenziert sprachlich aus. In einigen dieser Fälle wird auch unmittelbar ein Modell von Sprache und sprachlichem Handeln in dem Computer implementiert. In anderen Fällen spielt sich der Zusammenhang eher auf symbolischer Ebene ab. Immer aber werden die Bedingungen des sprachlichen Handelns verändert, wodurch kurzfristig das Handeln selbst verändert wird und mittelfristig möglicherweise auch das sprachliche System.

1. Der Computer als symbolisches Werkzeug
Eine der ersten Verwendungsformen des Computers lag in der Manipulation nicht-sprachlicher Symbole, insbesondere in der Durchführung mathematischer Operationen. Der Computer steht hier in der Tradition von Rechenmaschinen, bei denen mechanische Teile bewegt wurden. Ein besonderer Fall der Verwendung des Computers als symbolisches Werkzeug kann heute in der Maschinensteuerung gesehen werden. Insbesondere großtechnische Anlagen sind ohne eine Prozeßsteuerung durch Computer nicht mehr denkbar. Wo früher Ventile oder Hebel bedient wurden, müssen heute neben numerischen und graphischen Eingaben auch sprachliche Befehle gegeben werden. Auch im Alltag werden immer häufiger Automaten aller Art durch sprachliche Eingaben gesteuert.

Wir erleben hier eine grundlegende Umwandlung der technischen Welt von manuellen hin zu symbolischen und das heißt z.T. auch sprachlichen Tätigkeiten. Damit entsteht zunächst ein ganz neuer Verwendungszusammenhang von Sprache: nicht mehr ausschließlich zur Mensch-Mensch-Interaktion, sondern auch zur Mensch-Maschine-Interaktion. Eine Besonderheit dieser Sprachverwendung besteht darin, daß der Benutzer einen in Syntax, Lexik, Semantik und Pragmatik exakt definierten Sprachausschnitt verwenden muß, damit der Computer diese Eingabe in weitere symbolische oder technische Operationen übersetzen kann. Mittelfristig dürfte dies auch für die sog. Natürlichsprachlichen Systeme gelten, die bis auf weiteres auf definierte Sprachausschnitte angewiesen sind. Sprachkompetenz wird damit künftig auch darin bestehen, solche Sprachausschnitte zu beherrschen, in denen nur eine geringe Fehlertoleranz gegeben ist und ein bestimmtes sprachliches Inventar erforderlich ist.

Mittlerweile besteht ein fließender Übergang zwischen der Verwendung des Computers als symbolisches Werkzeug und seiner im folgenden dargestellten Verwendung als Medium.[2] Für den Benutzer ist es häufig nicht mehr nachvollziehbar, ob er mit seiner Eingabe in den Computer mechanische Operationen steuert oder andere symbolische Operationen. Auch befinden sich die meisten Prozeßsteuerungen in einem komplexen Verbund symbolischer Aktivitäten, die einen Informationsaustausch zwischen Personen einschließen. Daher verschwindet zunehmend der Unterschied zwischen diesen beiden Verwendungsweisen. Aus analytischen Gründen wird dennoch im folgenden der Computer in seiner Verwendung als Kommunikationsmedium beschrieben.

2. Der Computer als Kommunikationsmedium

Bezogen auf sprachliche Handlungen besteht die wohl folgenreichste Verwendungsform des Computers in seiner Nutzung als Kommunikationsmedium. Textverarbeitung, Elektronisches Publizieren, Hypertext, E-Mail und Internet, Datenbanken und Expertensysteme sind unter dieser Perspektive die derzeit wichtigsten Formen des Computers als Kommunikationsmedium.

In dieser Funktion dient der Computer dazu, die Notwendigkeit der Kopräsenz von Sprecher und Hörer in einer gemeinsamen Sprechsituation zu überwinden. Er steht hier in der Tradition der sprachbezogenen Telekommunikations- und Speichermedien. Der bei dieser Verwendung stattfindende Eingriff in das deiktische System der Sprache - die personale, lokale und temporale Verbindung von Äußerungen mit den sprachlichen Akteuren - dürfte die Schaltstelle für den Einfluß von Medien auf das Inventar der sprachlichen Zeichen sein.[3]

So ermöglicht die *zeitliche Distanz* zwischen Produktion und Rezeption eine kognitive Entlastung der jeweiligen Situationen, da man nicht auf die aktuellen Reaktionen des Kommunikationspartners achten muß. Es werden damit Kapazitäten freigesetzt, die dazu verwendet werden können, eine Äußerung kognitiv komplexer zu gestalten - z.B. in der Syntax - bzw. in der Rezeption kognitiv komplexere Äußerungen zu verarbeiten. Dort, wo in einem Medium die zeitliche Distanz nicht gegeben ist, wie in der schriftlichen Online-Kommunikation am Computer, stellt man demzufolge auch eine geringere sprachliche Komplexität fest. Andere Aspekte der zeitlichen Distanz betreffen die verzögerte Rückkopplung, die eine ausgebaute Verständigungssicherung und damit z.B. eine striktere Orientierung an sprachlichen Konventionen oder Normen erfordert.

---

2 Aus diesem Grunde werden in verschiedenen Ansätzen der Techniksoziologie Technologien generell als Medien begriffen. Eine Diskussion dieser Positionen findet man z.B. in Rammert (1993).

3 Eine ausführliche Darstellung dieser Idee findet man in Weingarten (1989).

Die *räumliche Distanz* zwischen den Kommunikationspartnern hat zur Folge, daß
nicht alle Kanäle der körpergebunden (verbalen und nonverbalen) Kommunikation zur
Verfügung stehen. Selbst in fiktiven Modellen von "Telepräsenz" oder in Videokon-
ferenzen sind diese Kommunikationswege nur ausschnitthaft vorhanden oder sie
müssen simuliert werden. Als kurioses Beispiel mögen hierzu die sog. Emoticons
dienen.[4] Der entscheidende Einfluß der räumlichen Distanz auf das Inventar der
sprachlichen Zeichen besteht also darin, daß eine Alternative für nicht mehr verfügbare Kommunikationsverfahren geschaffen werden muß. Dazu kann das Zeicheninven-
tar angereichert werden, oder es werden Konventionen für verbale Zeichen geschaffen,
wo vorher nonverbale standen.

Die *personale Distanz* kann eine geringere Vertrautheit zwischen den Kommunikationspartnern bewirken, am deutlichsten im Falle der Massenkommunikation mit
einem unspezifischen Adressatenkreis. Dies erfordert auf der Seite der sprachlichen
Zeichen ebenfalls eine stärker Orientierung an allgemein akzeptierten und bekannten
Konventionen. Nur so kann eine Verständigung sichergestellt werden. Auch dieser
Eingriff in das deiktische System führt damit zu einer Stabilisierung und Konventionalisierung des sprachlichen Formeninventars.

Diese Prozesse der Konventionalisierung lassen sich zunächst durch das für den
Sprachwandel zentrale Konzept der *invisible hand*[5] erklären. Viele Formbildungen
werden nicht von einem identifzierbaren Subjet getragen, sondern sie ergeben sich als
sekundäre Effekte aus dem gemeinsamen Ziel, unter den vorhandenen medialen
Bedingungen eine optimale Verständigung zu erzielen. Die "Führung" durch eine
invisible hand weist bei einer medialen Kommunikation noch einige Besonderheiten
auf.

Wo sie in die zeitliche Dimension eingreift, haben einmal produzierte sprachliche
Äußerungen eine längere Lebensdauer, sie sind weniger flüchtig. Die dabei verwendeten Formen können sich daher leichter zu Prototypen für nachfolgende Äußerungen
entwickeln.

Wo die mediale Kommunikation in die räumliche Dimension eingreift, werden
sprachliche Formen in einem geographisch größeren Gebiet verwendet und unterstützen dort eine Homogenisierung der verwendeten Formen. Im Moment erleben wir in
bestimmten Bereichen der computervermittelten Kommunikation eine Ausdehnung des
Handlungsfeldes über die Grenzen der deutschen Sprache hinweg. Damit entsteht eine

---

4 Vgl. dazu den Beitrag von Haase et al. in diesem Band.

5 Vgl. Keller (1994²).

ganz neuartige Sprachkontaktsituation mit dem Englischen.

In den Fällen schließlich, in denen die mediale Kommunikation in die personale Dimension eingreift, können sprachliche Äußerungen einen größeren Adressatenkreis erreichen und damit einen größeren und schneller wirksamen Aktionsradius aufweisen, in dem sie stabilisierend wirken.

Insgesamt führt die mediale Kommunikation also zu einer „strafferen Führung" durch die invisible hand. Daneben gibt es auch noch andere Mechanismen, die normbildend wirken. So hat sich, wie bei industriell betriebenen großtechnischen Einrichtungen unvermeidlich, der Wirkungskreis *normbildender Instanzen* durch die computerbasierten Medien erheblich ausgeweitet. Gegenwärtig versucht die *International Standardization Organization* z.B. ein universelles Schriftzeicheninventar durchzusetzen (ISO 10646), das in vielerlei Weise auch die einzelsprachlichen Schriftzeicheninventare normieren wird.[6] Viele andere Institutionen arbeiten an der Entwicklung von technischen Standards, die auch sprachliche Aspekte betreffen.

Die Einhaltung sprachlicher Normen wird in manchen Bereichen weiterhin nicht mehr einer *sozialen Kontrolle* unterworfen, sondern einer *technischen Kontrolle*: Bei Systemen der automatischen Spracherkennung, der Grammatik- oder Rechtschreibprüfung oder der korrekten Eingabe in ein Dialogsystem „urteilt" das Medium Computer über die Befolgung sprachlicher Normen. Dadurch entstehen sowohl neue Normen als auch neue Formen des Normbewußtseins.[7]

In den meisten Fällen wird in der computerbasierten Kommunikation heute geschriebene Sprache verwendet, die im hand- oder druckschriftlichen Text, im Brief oder im Karteisystem ihre konzeptionellen Vorläufer besitzt. In dem neuen Medium werden aber vorgefundene sprachliche Muster keineswegs nur kopiert, vielmehr entstehen immer mehr spezifische Formen, die die Möglichkeiten des Mediums angemessen ausnutzen. Dazu bedarf es einer längeren Experimentierphase, in der Nutzungsformen und sprachliche Formen erprobt werden. Hierzu gehört auch ein Aufweichen der Grenzen zu der gesprochenen Sprache und eine neue Text-Bild-Beziehung.

Gegenwärtig kann in diesem Bereich ein große Vielfalt von Computersystemen und damit einhergehend auch sprachlichen Formen beobachtet werden. Mit Sicherheit kann man davon ausgehen, daß immer mehr Kommunikationsprozesse, die bislang über andere Medien abgewickelt werden, künftig in irgendeiner Weise computerbasiert durchgeführt werden. Damit kann auch ein sehr nachhaltiger Einfluß auf den Sprach-

---

6 Ausführlicher wird dies in Weingarten (1995a) dargestellt.

7 Vgl. hierzu Weingarten (1995b).

wandel erwartet werden.

Diese Analyse soll auch die medientheoretische Sichtweise auf den Sprachwandel verdeutlichen. Die Deixis stellt das Verbindungselement zwischen der sprachlichen Symbolwelt und der physischen Welt der Akteure und ihrer Artefakte, also der Medien, dar. Gerade diese Beziehung muß berücksichtigt werden, wenn der Einfluß von Medien auf den Sprachwandel untersucht wird.

3. Der Computer als metaphorisches Modell

In allen historischen Epochen kann man beobachten, daß neue und herausragende Objekte, Sachverhalte, Ereignisse oder Ideen die Phantasie in besonderer Weise beflügeln und dazu verwendet werden, unterschiedlichste Erfahrungbereiche neu zu interpretieren und ihnen eine neue sprachliche Form zu geben. Dabei muß dieses neue Objekt nicht unmittelbar präsent sein, es muß auch kein fundiertes Wissen darüber vorliegen. Eher ist es sogar so, daß eine gewisse Distanz zu dem Objekt die Phantasie stärker anregt als seine solide Kenntnis und ein Wissen um seine profanen Verwendungsweisen. Technische Erfindungen (z.B. die Dampfmaschine), wissenschaftliche Entdeckungen (z.B. der Magnetismus), Ideen bzw. Theorien (z.B. die Darwinsche Evolutionstheorie) oder gesellschaftliche Revolutionen (z.B. die Oktoberrevolution) sind häufig solche imaginären Objekte gewesen, die außerhalb ihres unmittelbaren Wirkungsfeldes zu tiefgreifenden Perspektivenwechseln geführt haben.[8]

Der wichtigste sprachliche Prozeß, der hier stattfindet, ist derjenige der *Metaphorisierung*. Das imaginäre Objekt wird mit den Bezeichnungen seiner Bestandteile und Funktionen dazu verwendet, unterschiedlichste Sachverhalte sprachlich neu durchzustrukturieren. Man kann die Ausdrücke für die sprachlich so verwendeten Objekte als Leitmetaphern bezeichnen.[9] Die Folgen eines solchen Sprachgebrauchs betreffen in erster Linie den Wortschatz, besonders den Fachwortschatz, aber auch verschiedene Aspekte des sprachlichen Stils. So führte z.B. die Leitfunktion der Biologie, speziell der Evolutionstheorie, im 19. Jahrhundert zu einem (pseudo-) naturwissenschaftlichen Jargon in den Geisteswissenschaften und der Politik.

Ohne Zweifel wird der Computer seit den frühesten Phasen seiner Entwicklung, praktisch seit den ersten Pressemitteilungen über ein Elektronen*gehirn*, als ein solches

---

8 Interessante Analysen zu diesen Prozessen findet man z.B. bei Hallyn (1990). Bezogen auf den Computer sei die berühmte Untersuchung von Sherry Turkle (1984) erwähnt, bezogen auf Sprache Harris (1987).

9 Wichtige Untersuchungen über solche Leitmetaphern stammen von Hans Blumenberg (z.B. 1981) und Lakoff und Johnson (1980).

imaginäres Objekt bzw. metaphorisches Modell verwendet. Der Grund dafür ist recht naheliegend: Die Herausforderung der Sonderstellung des menschlichen Geistes, die damit verbundenen Ängste und Hoffnungen beflügeln die Phantasie auf allen Ebenen. Es müssen neue begriffliche Trennungslinien gezogen und alte aufgegeben werden. An dieser Stelle soll nicht die mit Namen wie Dreyfus, Searle oder Fodor verbundene Debatte referiert werden, da es hier nur um die sprachlichen Konsequenzen geht: Mit der metaphorischen Verwendungsweise des Computers in den verschiedensten Wissenschaftsdisziplinen, in der öffentlichen und privaten Kommunikation verbindet sich unmittelbare sprachliche Arbeit und schließlich auch sprachlicher Wandel auf lexikalisch-semantischer Ebene. Begriffe wie *Geist, Gehirn, Sprache* oder *Verstehen* müssen neu definiert werden, und wenn in der Linguistik oder der Psychologie menschliche Verhaltensweisen mit Begriffen aus der Computerterminologie - *Programm, Informationsverarbeitung, Speicher* etc. - bezeichnet werden, führt dies auch zu Bedeutungsveränderungen.

Eine für den Sprachwandel wichtige Unterscheidung liegt hier in den Begriffen der produktiven und der verblaßten Metapher. Im aktiven Sprachgebrauch findet man immer eine große Zahl von Metaphern, wobei den Sprachbenutzern der Vorgang der Metaphorisierung bewußtwerden kann, sie die Metapher also produktiv verwenden. Ist dieser Sprachgebrauch über einen langen Zeitraum stabil und wird er von einer relevanten Sprechergruppe übernommen, so verschwindet die Tatsache der Metaphorisierung allmählich aus dem Bewußtsein, die Metapher verblaßt und ein Wort wird polysem, d.h. es erhält zwei voneinander unabhängige Bedeutungen. Langfristig können sich die Wörter dann auch phonologisch, orthographisch oder morphologisch unterschiedlich entwickeln.

Nur in dem Fall der verblaßten Metapher bzw. der Polysemie handelt es sich um wirklichen Sprachwandel. Natürlich kennzeichnen auch die produktiven Metaphern die Sprache einer Epoche, sie sind jedoch eher kurzlebig und gehen per definitionem nicht in das Lexikon einer Sprache ein.

Zum gegenwärtigen Zeitpunkt ist es sicherlich noch zu früh, in Zusammenhang mit dem Computer von verblaßten Metaphern zu sprechen. Eine technische Erfindung, die gerade erst ein halbes Jahrundert alt ist, besitzt immer noch den Charakter einer Neuheit, so daß ihre metaphorischen Wirkungen weiterhin präsent sind. Aber mit jeder nachwachsenden Generation wird ein Sprachgebrauch selbstverständlicher und die Metapher verblaßt.

Am schnellsten kann dies mit den Ausdrücken geschehen, die die Computerterminologie aus verschiedenen Alltagsbereichen entliehen hat und nun wieder an diese zurückgibt. Ausdrücke wie *Sprache, Befehl, Abfrage, Dialog, verstehen* etc. sind Kandidaten für verblassende Metaphorisierung bzw. Polysemie. Es gibt dann einerseits den *Befehl* an den Computer und andererseits den *Befehl* z.B. im militärischen Bereich.

Besonders interessant sind bei diesen lexikalischen Entwicklungen auch die im Kontext der Künstlichen-Intelligenz-Forschung bzw. der Kognitiven Wissenschaften geführten Debatten darüber, ob es einen prinzipiellen Unterschied zwischen bestimmten Computerleistungen und menschlichen Leistungen gibt: *sprechen, verstehen, sehen, denken* etc. Unter der Perspektive des Sprachwandels handelt es sich dabei um die Entscheidungsfrage: Wird die Extension eines Begriffes wie *Sprache* auch auf maschinelle Operationen ausgedehnt, oder nimmt man mit der Unterschiedlichkeit zwischen Mensch und Maschine an, daß der Begriff *Sprache* polysem wird. Letztlich wird dies der weitere Sprachgebrauch entscheiden.

Mit Sicherheit kann man sagen, daß eine spätere Beschreibung der gegenwärtigen sprachlichen Epoche die Computermetapher als ein wesentliches Element enthalten wird. Die bisherige Sprachgeschichte gibt zu der Vermutung Anlaß, daß ein Teil davon als verblaßte Metapher in das Lexikon eingehen wird.

3.   Zu den einzelnen Beiträgen

Der vorliegende Band enthält Beiträge zum Sprachgebrauch im Kontext der Computernutzung, die sich mit der Frage beschäftigen, welche neuen sprachlichen Formen sich hier abzeichnen. In einigen Bereichen lassen sich bereits Konventionalisierungen dieser Formen feststellen, in anderen Bereichen hat man den Eindruck, daß es sich noch um ein Phase des sprachlichen Experimentierens handelt. In allen hier vorgestellten Fällen handelt es sich um geschriebene Sprache. Die Möglichkeit eines schnellen Austauschs der geschriebenen Texte führt jedoch offensichtlich zu Formen, die der mündlichen Sprache entliehen sind. Daher ist das Spannungsfeld Schriftlichkeit-Mündlichkeit ein zentraler Bezugspunkt der meisten Arbeiten. Dies steht in einem engen Zusammenhang mit der oben erwähnten deiktischen Verankerung der Sprache.

Die erste Gruppe von Beiträgen untersucht die neuen Formen der schriftlichen Kommunikation: E-Mail, news groups, Diskussionslisten, internet relay chat. Die zweite Gruppe behandelt die Sprache primär unter ihren textuellen Aspekten.

Uta Quasthoff (Dortmund) berichtet über *Kommunikative Normen im Entstehen: Beobachtungen zu Kontextualisierungsprozessen in elektronischer Kommunikation.* Sie geht davon aus, daß sprachliche Kommunikation immer in bestimmten Kontexten stattfindet und daß diese Kontexte auch durch die jeweilige sprachliche Aktivität konstituiert werden. Im Mittelpunkt steht hier der Gumperzsche Begriff der *Kontextualisierungshinweise*. Damit ergibt sich als zentraler Gegenstand der Untersuchung elektronischer Kommunikation die Frage, in welcher Weise hier sprachlich ein spezifischer Kontext aufgebaut wird. Diese Verfahren, wenn sie sich denn stabilisieren, bilden einen wichtigen Bereich kommunikativer Normen in den elektronischen Medien. Untersuchungsgegenstand sind Fax-Kommunikation, E-Mail und professionelle mailing lists. Hier finden sich so unterschiedliche Kontextualisierunghinweise wie graphische Elemente, die sog. Netiquette, die Verortung zwischen (konzeptioneller) Mündlichkeit und Schriftlichkeit, die Anrede oder der Umgang mit orthographischen Normen. Ein wesentlicher Hintergrund dieser Verfahren ist die Simulation von Nähe zwischen den Kommunikationsbeteiligten, die u.a. durch den engen zeitlichen Zusammenhang von Produktion und Rezeption ermöglicht wird.

Martin Haase, Michael Huber, Alexander Krumeich und Georg Rehm (alle Osnabrück) untersuchen *Internetkommunikation und Sprachwandel*. Im einzelnen beschäftigen sie sich mit E-Mail, Newsgroups und Formen der schriftlichen Online-Kommunikation wie Talk und internet relay chat. Sie gehen davon aus, daß diese Kommunikationsformen z.Zt. noch starke Merkmale einer gruppenspezifischen Sondersprache (überwiegend männliche Jugendliche) aufweisen, aber mit der Ausweitung der Nutzerkreise gebe es eine zunehmende Verbreitung in die Gemeinsprache. Das sprachliche Modell, an dem die schriftsprachliche Computerkommunikation sehr stark orientiert ist, wird von der konzeptionellen Mündlichkeit bzw. der *Sprache der Nähe* geliefert. Damit entsteht eine weitgehend neue Form schriftlicher Kommunikation. Sprachlich zeigt sich dies auf pragmatischer, grammatischer, textstruktureller und lexikalischer Ebene sowie in den Formen der Kommunikationsorganisation. Insgesamt wird eine Vereinfachung der sprachlichen Ausdrucksmittel bei einer Zunahme der pragmatischen Komplexität festgestellt.

Petra Pansegrau (Bielefeld) untersucht Tendenzen zur *Dialogizität und Degrammatikalisierung in E-Mails*. Ausgehend von dem Begriff konzeptioneller Mündlichkeit werden Besonderheiten dieses medial zwar schriftlichen Mediums dargestellt, das in seinen sprachlichen Strukturen aber Modelle aus der mündlichen Sprache entlehnt. Diese Unterscheidung ist wichtig, um Einwänden, hier zeichne sich ein Sprachverfall ab, entgegenzutreten. Vielmehr werden einerseits Formen konzeptioneller Mündlichkeit z.B. durch die rasche Folge einer Frage- und einer Antwort-E-mail *ermöglicht*, und andererseits besitzen sie ganz bestimmte kommunikative *Funktionen*, z.B. die

Signalisierung eines spezifischen Kommunikationsstils. Aus diesen Zusammenhängen entsteht eine neue sprachlich-kommunikative Form, die nur aus ihrer Eigenlogik heraus zu verstehen ist.

Helmut Gruber (Wien) behandelt in seinem Beitrag die *Themenentwicklung in wissenschaftlichen E-Mail-Diskussionslisten*. Dabei vergleicht er eine moderierte mit einer nichtmoderierten Liste. In solchen Internet-Diskussionslisten besteht u.a. das Problem, daß auf den Beitrag eines Teilnehmers unterschiedliche andere Teilnehmer in unterschiedlicher Weise reagieren können. Durch die nicht definierte Gruppe der Kommunikationsteilnehmer und eine mögliche zeitliche Parallelität ihrer Aktionen sind gegenüber Formen der mündlichen Kommunikation und erst recht gegenüber monologischer schriftlicher Kommunikation erheblich aufwendigere Verfahren der Themenkonstitution erforderlich. Besonders auffällig sind die hier üblichen Formen des Zitierens und die ausgebaute Metakommunikation. Im Vergleich zwischen der moderierten und der nicht-moderierten Liste zeigte sich, daß in ersterer die Kommunikationsweise formeller und sprachlich weniger kontextabhängig ist als im zweiten Typ. Hier sind offensichtlich stärker Strukturen zu finden, die aus der mündlichen Kommunikation entlehnt sind.

Ulrich Schmitz (Essen) untersucht *Schriftliche Texte in multimedialen Kontexten*. Er geht davon aus, daß Sprache, wie sie insbesondere im Internet beobachtet werden kann, nur in ihrem multimedialen Kontext analysierbar ist. Dies bedeutet zunächst, daß die rein sprachliche Information an Eigenständigkeit verloren hat und nur noch ein Element in einem „komplexen Zeichengebilde" darstellt. Damit gewinnen auch semiotische gegenüber rein linguistischen Methoden und Modellen an Bedeutung. Wie nun die einzelnen sprachlichen Elemente untereinander oder auch mit anderen Zeichentypen verbunden werden, dies bezeichnet Schmitz als „Gemenge", „Cluster" oder „Zeichenkonglomerat". Traditionelle Strukturen der Kohärenz verlieren hier an Bedeutung, an ihre Stelle tritt die lose assoziative Verknüpfung, die auch zu einer neuartigen Intertextualität führt. Daß diese neuen Formen nicht einfach Chaos und Strukturverlust bedeuten, führt Schmitz insbesondere auf die dynamischen Eigenschaften des neuen Mediums zurück, durch die auch neben traditioneller Schriftlichkeit und Mündlichkeit eine neue Sprachform tritt: Aufgaben der Kohärenzbildung werden vom multimedialen Text auf den Rezipienten verlagert. Erst bei ihm entsteht - u.U. - ein kohärentes Gebilde. Die Inhalte und Formen in dem Medium sind dagegen nur vorübergehende „Stationen der Semiose".

Paul Königer (München) analysiert die *Dynamik technisch geprägter Sprache*. Aus-

gangspunkt der Überlegungen sind die sprachlichen Anforderungen, die in Zusammenhang mit den neuen Technologien in einem großen Computerunternehmen entstehen.
Hier treten viele Neuerungen in konzentrierter Form auf und lassen sich daher besonders gut beobachten. Im Mittelpunkt stehen der wachsende Bedarf nach neuen Begriffen, der Einfluß des Englischen und die Beschleunigung des technischen und wirtschaftlichen Wandels. Sprachliche Probleme, die in diesem Zusammenhang auftreten,
betreffen die Orthographie, die Flexionsmorphologie, die Unterscheidung zwischen
Wörtern (Komposita) und Wortgruppen sowie die Aussprache. Insbesondere der in der
Folge der Informationstechnologie ständig wachsende Import englischer Begriffe, aber
auch die Bildung von Akronymen stellen sowohl das System der geschriebenen als
auch das der gesprochenen Sprache vor kaum lösbare Anforderungen der Integration.
Dadurch entsteht ein wachsender Bereich, in dem sprachliche Unsicherheit herrscht -
bezüglich Grammatik, Orthographie und Aussprache - was insbesondere in der Unternehmenskommunikation ein nicht zu unterschätzendes Problem darstellt.

Jörg **Wagner** (Halle) berichtet über *Sprachliche Standardisierungsprozesse bei der
Mensch-Computer-Interaktion*. Sein Untersuchungsgegenstand ist insbesondere die
sprachliche Gestaltung der Benutzeroberfläche von Computern, die er als Schnittstelle
zwischen der fachsprachlichen Diskurswelt der Entwickler und der alltagssprachlichen
der Benutzer ansieht. Hier zeichnen sich bereits jetzt Standardisierungsprozesse ab, die
u.a. von Richtlinien für Entwickler, die von den einflußreichsten Firmen heraus-
gegeben werden, gesteuert werden, aber auch von Traditionenbildung und Nachahmung. Auf syntaktischer Ebene kann hier bei einem insgesamt sehr begrenzten
Lexikon der Verzicht auf flektierte Formen beobachtet werden, auf semantischer
Ebene eine starke Monosemierung und auf pragmatischer Ebene eine Beschränkung
auf einige wenige Handlungsformen. Generell kann man Merkmale eines isolierenden
Sprachtyps feststellen, wobei die jeweilige Stellung im Menü des Programms an die
Stelle der Wortstellung tritt.

Rüdiger **Weingarten** (Osnabrück) untersucht *Textstrukturen in neuen Medien*. Dabei
geht er von der Annahme aus, daß es einen Zusammenhang zwischen den räumlichen
Eigenschaften des Schreibmediums - der Art und Weise, wie ein schriftlicher Text auf
dem Medium angeordnet werden kann - und der Struktur des Schriftsystems bzw. des
schriftlichen Textes gibt. Diese These wird zunächst an verschiedenen Beispielen aus
der Geschichte schriftlicher Medien erläutert. Bei Texten, die für eine Rezeption am
Computer konzipiert wurden, z.B. auf CD-ROMs, kann man nun beobachten, daß die
Bildschirmseite - zunächst nur ein räumlicher Aspekt des Mediums - in den meisten
Fällen auch eine textstrukturelle Einheit vorgibt: Der Text wird in Einheiten por-

tioniert, die selten die Bildschirmgröße überschreiten (auch wenn diese Grenze etwa mit Rollbalken leicht überwunden werden könnte). Selbst diese Größe wird häufig noch unterschritten, und man findet dann auf einer Bildschirmseite mehrere Textcluster. Damit verlieren die Verfahren der Bildung linearer sprachlicher Kohäsion und Kohärenz an Bedeutung. Es entsteht eine andere Textstruktur, die eher aus einer Aggregation einzelner Cluster als aus einer sprachlich linear integrierten Sequenz besteht. Dieser sprachliche Strukturabbau wird durch technische Mittel ausgeglichen.

Literatur

Blumenberg, H. 1981. Die Lesbarkeit der Welt. Frankfurt/M.: Suhrkamp.

Hallyn, F. 1990. The poetic structure of the world. Copernicus and Kepler. New York: Zone Books.

Harris, R. 1987. The language machine. London: Duckworth.

Keller, R. 1994[2]. Sprachwandel. Von der unsichtbaren Hand in der Sprache. Tübingen etc.: Francke.

Koch, P. und Oesterreicher, W. 1994. Schriftlichkeit und Sprache. In: Günther, H. und Ludwig, O., (Hg.), Handbuch Schrift und Schriftlichkeit. Berlin: de Gruyter. 587-604.

Lakoff, G. and Johnson, M. 1980. Metaphors we live by. Chicago: The University of Chicago Press.

Rammert, W. 1993. Technik aus soziologischer Perspektive. Forschungsstand. Theorieansätze. Fallbeispiele - Ein Überblick. Opladen: Westdeutscher Verlag.

Schank, G. 1985. Ansätze zu einer Theorie des Sprachwandels auf der Grundlage von Textsorten. In: Besch, W., Reichmann, O. und Sonderegger, St. (Hg.). Sprachgeschichte. Ein Handbuch der deutschen Sprache und ihrer Entstehung. Bd. II. Berlin: de Gruyter. 761-768.

Steger, H. 1984. Sprachgeschichte als Geschichte der Textsorten/Texttypen und ihrer kommunikativen Bezugsbereiche. In: Besch, W., Reichmann, O. und Sonderegger, St. (Hg.). Sprachgeschichte. Ein Handbuch der deutschen Sprache und ihrer Entstehung. Bd. I. Berlin: de Gruyter. 186-204.

Turkle, Sh. 1984. Die Wunschmaschine. Vom Entstehen der Computerkultur. Reinbek bei Hamburg: Rowohlt.

Weingarten, R. 1989. Die Verkabelung der Sprache. Grenzen der Technisierung von Kommunikation. Frankfurt: Fischer Tb.

Weingarten, R. 1995a. Das Alphabet in neuen Medien. In: Schmitz, U. (Hrsg.). Neue Medien. Osnabrücker Beiträge zur Sprachtheorie 50: 61-82.

Weingarten, R. 1995b. Mediale Kommunikation. Konsequenzen für den Sprachwandel und den Sprachunterricht. In: Engel, U. und Redder, A. (Hrsg.), Jahrbuch Deutsch als Fremdsprache 21, 1995. 117-135.

Zimmer, D.E. 1997. Deutsch und anders. Die Sprache im Modernisierungsfieber. Reinbek bei Hamburg: Rowohlt.

Teil I: Kommunikative Aspekte

Kommunikative Normen im Entstehen: Beobachtungen zu Kontextualisierungsprozessen in elektronischer Kommunikation

Uta M. Quasthoff

1. Fragestellung

Die computervermittelten Kommunikationsmöglichkeiten, die mit dem technologischen Fortschritt nicht nur vielfältiger werden, sondern auch immer mehr Beteiligte einschließen, lösen eine Vielzahl von fachinternen und -externen Reaktionen aus. Unter den letzteren sind wohl die lautesten und auffälligsten die kulturpessimistischen und zivilisationskritischen, die den Niedergang menschlicher Kommunikationsformen heraufbeschwören, weil sie den vereinzelten Menschen schweigend vor seinem Bildschirm (statt redend in seiner Kneipe?) als prototypisch vor sich sehen. Diese Positionen setzen die elektronische Vermittlung in der zwischenmenschlichen Kommunikation über Zeit und Raum hinweg nur zu oft gleich mit dem Eliminieren des Menschlichen aus der Kommunikation überhaupt.

Oft hat man den Eindruck, daß diese Haltung in dem Maße überzeugter vorgetragen wird, in dem eigene Erfahrungen mit den entsprechenden Medien fehlen bzw. auch bewußt vermieden werden.

Selbstverständlicher Vergleichsmaßstab für die vehemente Aburteilung elektronischer Kommunikationsformen via Computer ist dabei die mündliche face-to-face-Kommunikation, die ihren prototypischen Charakter in dieser Alltagsperpektive unbeeindruckt von allen kommunikationsmedialen Neuerungen - von der Schrift über den Buchdruck bis zu Telefon, Radio und Fernsehen - unangefochten bewahren konnte.

Bemerkenswerter als diese zivilisationskritische Sichtweise des Laien ist die Tatsache, daß auch wissenschaftliche Studien zu den Formen computervermittelter Kommunikation unterschiedlicher disziplinärer Provenienz die Besonderheiten elektronischer Kommunikation oft unhinterfragt vor der Vergleichsfolie der face-to-face-Kommunikation zu explizieren versuchen (vgl. z.B. Walther & Burgoon 1992; Wetzstein et al. 1995; Murray 1991). Das ist insofern auffällig, als die schriftliche Konstitutionsform der Diskurse ebenso wie die Organisationsformen des Nachrichtenaustauschs (i.a. offline) eigentlich Vergleiche mit anderen Kommunikationsformen wie z.B. persönliche Briefe, Notizen, Leserbriefecken in Zeitschriften o.ä. nahelegen würde.

Als Folge dieses - wie es scheint - unreflektierten Vergleichs wird die elektronische Kommunikation fast zwangsläufig unter defizitären Gesichtspunkten betrachtet: Es *fehlt* der Sichtkontakt, damit *entfallen* non-verbale Signale. (Vgl. die bei Walther & Burgoon 1992: 54 kritisierte Hypothese der ausgefilterten Cues). Selbst im Vergleich mit den ebenfalls medial vermittelten Telefongesprächen gibt es *keine* stimmlichen und parasprachlichen Hinweise.

> Sollten wir eines Tages tatsächlich die Möglichkeit verlieren, ein sinnvolles, ein echtes Leben zu führen, dann akzeptieren wir wohl besser diese Pseudogemeinschaft. Dann sollten uns die Tränen aber nur so aus den Augen strömen. (Neil Postman 1996 in einem publizierten Gespräch).

Es wird in meinen Überlegungen ebenso sehr um die Gründe gehen, warum face-to-face-Kommunikation in diesem Sinne als prototypisch auch für die elektronische Kommunikation angesehen wird, als auch um die Frage, wie sich die Sichtweise auf elektronische Kommunikation ändert, wenn man den Vergleichsmaßstab verschiebt. Es geht also um das Spannungsverhältnis von Mündlichkeit und Schriftlichkeit.

Die Tatsache, daß man sich der Beschreibung typischer Strukturen der computervermittelten Kommunikation offensichtlich zwangsläufig - wie oben geschehen - über das Mittel des Vergleichs zu nähern scheint, verweist auf eine weitere Stoßrichtung meiner Überlegungen: Wenn man systematisch zum Beschreibungsmittel des Vergleichs greift, so impliziert dies, daß der Beschreibungsgegenstand selbst aus der Sicht des/der Beschreibenden noch keine etablierte Kategorie darstellt; man muß sich ihm quasi auf Umwegen über vertrautere Gegenstände nähern.

Wiewohl mit der Verbreitung der medialen Kommunikationmittel auch die entsprechenden Kommunikationformen zunehmen und man mit Recht von entsprechenden „Szenen" (Wetzstein et al. 1995) sprechen kann, so scheint doch die Geschwindigkeit der technologischen Neuerungen zu Unsicherheiten hinsichtlich der Kommunikationsnormen zu führen, die eben nicht nur die immer zahlreicher werdenden Neulinge auszeichnen, sondern die auch von den mit der Szene vertrauten „Usern" selbst z.T. zum Ausdruck gebracht werden.

Es sind also neue Kommunikationsmuster entstanden und im Enstehen, die sich einerseits sicher entsprechend den kommunikativen Erfahrungen der Beteiligten an etablierten Mustern und Gattungen (Luckmann 1990) - eben dem Vergleichsmaßstab - orientieren, die sich andererseits an die neuen Möglichkeiten und Grenzen der jeweiligen Medien anzupassen haben und die schließlich als Ausdruck gesellschaftlich-kommunikativer Entwicklung den „kommunikativen Haushalt" (Luckmann 1990) einer Gemeinschaft auch kreativ erweitern können.

Es wird in meinen Überlegungen in diesem Zusammenhang um die Frage gehen, auf welche Weise in elektronischer Kommunikation die Kommunikationsituation definiert wird, Kommunikation*rahmen* etabliert werden, spezifische Muster des kommunikativen Ablaufs sich herausbilden. Dabei wird es nicht so sehr um die bereits verschiedentlich kodifizierten Anweisungen der „Netiquette" gehen. Auch um die explizite Semantik in der Festlegung von Konventionen durch die Beteiligten wird es nicht ausschließlich gehen. Gegenstand werden vielmehr auch die Steuerungsmittel sein, die in der (sprachlichen) Form der jeweiligen Aktivitäten liegen.

Dies alles kann im Rahmen dieser hier vorzustellenden Beobachtungen nur sehr ausschnitthaft geschehen. Das gilt sowohl für die zugrunde gelegten Daten als auch hinsichtlich der zu beschreibenden Phänomene.

2.   Theoretischer Rahmen

Ich gehe von dem sprachsoziologischen Grundgedanken aus, daß die *Interaktionssituation* keine von der verbalen Interaktion unabhängig gegebene, korrelativ mit ihr zu verbindende Größe ist, sondern daß die Art der verbalen Aktivitäten ihren Kontext jeweils selbst konstituiert.[1]

Mit anderen Worten, indem die Beteiligten an einem Gespräch auf eine ganz bestimmte Weise miteinander reden, stellen sie den *Rahmen* (Goffman) ihres Gespräches jeweils selbst her, legen fest, ob es sich um einen informellen *small talk* oder etwa um ein Prüfungsgespräch handelt. Entscheidend bei diesen Kontextualisierungsprozessen sind einschlägige Indikatoren der Redeweise, die in besonderer Weise Schlüsselfunktionen bei der interaktiven Festlegung des jeweiligen Rahmens ausüben. Solche *Kontextualisierungshinweise* (Gumperz) sind im Mündlichen auf prosodischer, syntaktischer, semantischer oder lexikalischer Ebene zu finden, und sie stellen zumindest einen Teilbereich dessen dar, was man in anderer Sichtweise als kommunikative Normen bezeichnet.

Sobald man sprachlich-kommunikative Normen als Teil dieser mit Notwendigkeit ablaufenden, interaktiv zu organisierenden Kontextualisierungsprozesse begreift, läßt sich dasselbe Phänomen auch in schriftlicher Interaktion aufsuchen, wo es mit gleicher Notwendigkeit, wenn auch klarerweise mit Hilfe anderer Kontextualisierungshinweise, seinen Platz hat.

Die Analyse derartiger Kontextualisierungsprozesse macht sich i.a. die Tatsache zunutze, daß das rahmensetzende Potential von Kontextualiserungshinweisen kollektiver Wissensbestand von Gesellschaftsmitgliedern ist. Das schließt die Tatsache ein, daß eine Art Typologie von immer wiederkehrenden interaktiven Rahmensetzungen

---

1   Auch ich beziehe mich zunächst auf die Domäne der unmittelbaren face-to-face-Interaktion.

zum „kommunikativen Haushalt" (Luckmann 1990) einer kulturellen Gemeinschaft gehört, also eine Art erwartbaren Inventars interaktiver Muster bildet. Der scheinbare Vorteil dieser gesellschaftlichen „Sedimentierungen" derartiger immer wieder reproduzierter Prozesse kann heuristisch gesehen aber auch ein Nachteil sein: Er verstellt nämlich allzu oft den Blick auf die interaktive Dynamik und den konstruktiven Charakter dieser Prozesse und führt eben zu der Hypostasierung bestehender „Situationen", denen sich das Sprachverhalten anpasse.

Eine deshalb aus heuristischen Gründen reizvolle Forschungssituation ist entsprechend die Möglichkeit der Beobachtung derartiger Kontextualisierungsprozesse, ohne daß die beteiligten Gesellschaftsmitglieder schon immer auf eine im gesellschaftlichen Wissen abrufbare Verbindung zwischen Typen von Aktivitäten und den entsprechenden Kontextualisierungshinweisen zurückgreifen können - also die Beobachtung von „Normbildungsprozessen im Entstehen". Eine solche Möglichkeit bieten gegenwärtig Daten aus elektronisch vermittelter Interaktion, für die die entsprechenden Rahmensetzungsprozesse noch nicht - oder zumindest noch nicht so starr - konventionalisiert sind.

Nachdem auf diese Weise die theoretische Verankerung der zu untersuchenden Normenbildungsprozesse angedeutet ist, wende ich mich nun dem Spannungsfeld von Mündlichkeit und Schriftlichkeit zu, indem ich in aller Kürze ein Konzept der mündlichen Kommunikation vorstelle, dessen Beschreibungskraft ich für die vorliegende Thematik nutzen möchte. (Vgl. ausführlicher Scollon & Scollon 1995 und Quasthoff 1996.)

Der Ausdruck *somatische Kommunikation* stammt von Scollon & Scollon (1995: 17), die ihn nach einer ausführlichen Diskussion der verschiedenen Vorurteile und irreführenden Konnotationen, die mit dem Begriff *mündliche Kommunikation* als Merkmal von Gesellschaften und Kulturen häufig verbunden sind, statt dieses Konzepts vorschlagen:

> By suggesting the word somatic [...] we mean to make reference to the human body as the foundation of communication. In this we are following the lead of a Navajo woman whose grandson wanted to tape-record and transcribe her stories. She said, „When you separate the word from the body, that's death."

Sie charakterisieren dann ihr Konzept gegenüber herkömmlichen Vorstellungen von mündlicher Kommunikation:

> By using the word somatic we want to emphasize the multimodal or multisensory nature of communication between bodies, the inherent redundancy or resonance among these multiple modalities, the real-time rhythmic synchronies involved in such communication, and the essential co-presence of all participants to the communication.

Aus meiner Sicht lassen sich die wesentlichen Bestimmungsstücke mündlicher Kommunikation in ihrer phylogenetisch ursprünglichen und nicht technisch oder elektronisch vermittelten Form in der folgenden Weise benennen und ordnen. Entscheidend ist dabei ihr Zusammenspiel.

(1) Semantisches Kriterium:
Hier-Jetz-Ich-Origo» (Bühler 1934)

(2) Verarbeitungskriterium:
Transitorischer Charakter

(3) Formales Kriterium:
„Mehr-Kanal"-Kommunikation

(4) Kommunikative Kriterien:
Recipient Design
Wechselseitige Darstellung
Kontextualisierung
Interaktion als gemeinsame strukturelle Leistung der Teilnehmer

Es läßt sich für jedes dieser Kriterien ausbuchstabieren, in welcher Weise die Körperlichkeit der Kommunikationspartner nicht nur involviert, sondern Grundlage seiner Funktionsweise ist. Die Ko-Präsenz z.B. als Grundlage der kommunikativen Kriterien fungiert in der beschriebenen Weise, weil sie in der Form der Mehr-Kanaligkeit eine körperliche Verfügbarkeit darstellt, weil sie eben „face-to-face" ist, d.h., das Sich-Sehen-und-Hören ermöglicht, dadurch das simultane Abstimmen auf visuellen und akustischen Kanälen fundiert. Goodwin (1995) hat in diesem Sinne gezeigt, daß das Verändern des Blickkontaktes den Adressaten einer Äußerung verändert, worauf die sprachliche Form der Äußerung i.S. des *recipient design* wiederum in ihrem Vollzug angepaßt wird.

Der transitorische Charakter der mündlichen Kommunikation und seine strukturellen Konsequenzen gehen auf die Begrenztheit des Gedächtnisses und der Verarbeitungsmöglichkeiten des menschlichen Organismus zurück.

Die Hier-Jetzt-Ich-Origo verweist auf die raum-zeitliche Begrenztheit des Körpers, aber auch auf seine indexikalischen Möglichkeiten im „Zeigfeld".

Die Kategorie der Somatizität von Kommunikationsformen sperrt sich gegen die Dichotomisierung von Mündlichkeit und Schriftlichkeit und ermöglicht statt dessen eine Gradation, die dem komplizierten Versuch der Kategorisierung in diesem durch die „Neuen Medien" noch komplexer gewordenen Feld der Mündlichkeit und Schriftlichkeit sinnvoll zugrunde liegen kann: Entscheidend sind Grade der Involviertheit oder Distanz von der Körperlichkeit der an der Interaktion Beteiligten. In diesem Sinne ist

Telefonieren weniger somatisch als face-to-face-Interaktion, ein *hand*-schriftlicher Brief somatischer als ein gedrucktes Plakat, ein handschriftliches Fax - so werde ich später argumentieren - wegen des geringeren zeitlichen Intervalls zwischen den körpergebundenen Prozessen der Produktion und Rezeption ist „somatischer" als ein Brief. Eine Ablehnung der medialen Möglichkeiten mit dem Argument der mangelnden Somatizität[2] ist gerade nicht zu rechtfertigen.

3.   Daten

Ich beziehe mich in meinen exemplarischen Beobachtungen auf einen sehr kleinen Ausschnitt aus elektronisch vermittelter Kommunikation, der mir auch selbst als *member* in seiner ethnographischen Verortung vertraut ist. Ich werde persönliche private Kommunikation über Fax, persönliche E-Mail-Kommunikation und die Kommunikationsprozesse in zwei professionellen mailing lists des internet betrachten. Ich werde mich also weder über das etwas euphorisch (was die Geschwindigkeitsassoziationen betrifft) so genannte „Surfen" im WWW etwa äußern noch über betriebliche Netze (Murray 1991) oder über in privaten nicht-kommerziellen thematisch orientierten Newsgroups stattfindende Interaktionen (Wetzstein et al 1995). Auch online-Konferenzen schließe ich aus der Betrachtung aus.

Die zugrunde gelegten mailing lists sind: LINGUIST und ETHNO. Es handelt sich also bei meinen Daten prinzipiell *nicht* um online-Kommunikation. Die spezielle Auswahl markiert Extreme zwischen persönlicher dyadischer Interaktion und öffentlicher - teilweise anonymer - Kommunikation.

Die Entscheidung für professionelle forschungsorientierte Listen impliziert in mancher Hinsicht eine besondere Ausprägung des kommunikativen settings gegenüber der häufig assoziierten oder auch beschriebenen (Wetzstein et al. 1995) Internet-„Szene":

(1) Es handelt sich um *Fach*-Kommunikation unter WissenschaftlerInnen, allenfalls Studierenden.

(2) Das impliziert eine andere Zusammensetzung der Beteiligten nach Alter und (vermutlich) auch Geschlecht: In der Trierer Studie von Wetzstein et al. 1995 sind nur 13,4 % der Befragten über 32 Jahre. Diese Altersverteilung dürfte sich in einem fachlichem Austauschorgan unter ForscherInnen - ohne daß hierzu genaue Daten

---

2 „Wenn wir nur noch dumme Maschinen haben, um die Hand auszustrecken und jemanden zu berühren, sollten wir - und würden wir - in stiller Verzweiflung vor uns hin leben." (Postman 1996)

vorliegen - erheblich nach oben verschieben. Die von Wetzstein et al. untersuchte „Szene" ist außerdem wahrscheinlich noch mehr männnerdominiert als die Wissenschaft: Nur 3,7% der Befragten dort sind weiblich.

(3) Daraus folgt, daß eine spezielle stilistische Charakteristik der öffentlichen computervermittelten Kommunikation der „Szene" in meinen Daten weitgehend entfällt, nämlich der jugendsprachliche Einfluß.

(4) Auch der spielerische, oft fiktive Charakter der dort beschriebenen Kommunikation findet sich in meinen Daten selten. Das hängt u.a. damit zusammen, daß in der Fach-„Szene" Anonymität nur schwer zu bewahren ist, selbst wenn die Kommunikation über nationale Grenzen hinausgeht.[3]

Diese Besonderheiten gehen klarerweise auf die thematische Orientierung der Listen im Vergleich etwa zu Sex- oder Musik-Newsgroups zurück und nicht etwa auf eine Spezifik der elektronischen Kommunikationsmöglichkeiten. *Den* Stil bzw. *den* 'Rahmen' elektronischer Kommunikation gibt es also genausowenig wie *die* Schriftsprache.

Entscheidend für die spezifisch mediale Komponente in den betrachteten kommunikativen Abläufen ist allerdings die Tatsache, daß sie zwar alle asynchron - also durch ein zeitliches Intervall zwischen Produktion und Rezeption des Diskurses gekennzeichnet - sind, daß aber gegenüber vergleichbarer schriftlich konstituierter Interaktion dieses Intervall relativ kurz ist.

Interessant für die nachfolgende Analyse ist an dieser Stelle bereits ein Schlaglicht auf die Praktiken der Nutzung: Viele meiner privaten Beziehungen über kleinere oder größere Entfernungen haben sich z.B. von seltenen Telefonaten in regelmäßige Fax- oder E-Mail-Beziehungen gewandelt. Obwohl schriftlich in derselben Zeit weniger Inhalte als mündlich codiert werden können (Grabowski-Gellert & Harras 1988), ist dieser Wandel paradoxerweise sicher oberflächlich zunächst einmal mit Zeitersparnis zu erklären: Die schriftliche Kommunikation läßt in viel größerem Maße die (auch zeitliche) Begrenzung des Austauschs zu als die informelle mündliche, die sich aufgrund des (auch) privaten freundschaftlichen Rahmens z.B. strengen thematischen Relevanzsetzungen widersetzt. Nicht zuletzt wird im Vergleich zu Telefonaten dieser Art nicht nur Zeit, sondern auch Geld gespart. So kann man sich also eine Regelmäßigkeit des Kontakts „leisten", die der Beziehungspflege gut tut und die fehlende somatische online-Interaktion offenbar - bis auf markierte Ausnahmen - kompensiert. In entsprechender Regelmäßigkeit Briefe zu schreiben wäre in diesen Beziehungen

---

3 Z.B. gibt es in den von mir betrachteten Listen keine - ersichtlichen - Pseudonyme vom Typ Pegasus, Aladin oder Peter Pan! Es werden auch keine Bilder (zwecks vorsichtigen Anbahnens eines späteren face-to-face-Kontakts) gescannt und via DFÜ gesendet.

keine Alternative: Das mehrfache Schreiben von privaten Briefen pro Woche läßt in unserer Gesellschaft den Schluß entweder auf „Liebespaar" oder „Heimweh" zu. Briefe haben gegenüber elektronischen Kontakten auch in distanzierteren Beziehungen eine ganz andere Qualität.

Ein Grund für den Sonderstatus dieser schriftlichen Kommunikation, der an den veränderten Kommunikationspraktiken erkennbar ist, muß also in der großen zeitlichen Annäherung zwischen Schreiben und Lesen liegen. Wir werden im folgenden genauer nach den sprachlichen Verfahren fragen, mit Hilfe derer Kommunikationspartner sich im Vollzug ihrer kommunikativen Aktivitäten wechselseitig darstellen, welcher Art diese Aktivitäten jeweils sind, welchen Kommunikations„typ", welchen Rahmen sie jeweils realisieren.

4.   Explizite inhaltliche Kontextualisierungsmittel

4.1   Persönliche Kommunikation

Im Fax-Verkehr - besonders im geschäftlichen oder im weiten Sinne institutionellen - ist es wahrscheinlich, daß ein Aspekt des Rahmens z.B. in Form einer Überschrift auf dem verwendeten Formular explizit angeben ist:

(1) _____ INTERNES MEMO _____

Datum.   11.10.95

An: Frau [K.]

Kopie an: Team [L.]

Von.   Prof Dr. [Vorname] [L.]

Betreff: Möbel

Liebe Frau [K.],
danke, daß Sie an mich gedacht haben. Ich komme Freitag in die Uni - reicht es, wenn ich mir dann die Möbel ansehe? Oder sollen sie heute oder morgen schon abtransportiert werden? Die im ZIP-Pool habe ich mir eh schon angesehen.
Am dringendsten brauche ich nach wie vor einen Schreibtisch-Stuhl.

[Vorname] [L.]
(Text elektronisch versendet, daher keine Unterschrift)

Dabei kann es allerdings passieren, daß die Überschrift und der tatsächliche Rahmen erheblich auseinanderklaffen:

(2)

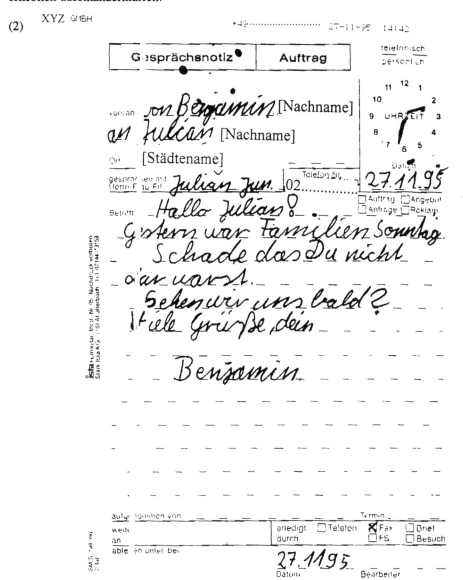

Andere Formulare legen weniger durch die Überschrift, als durch vorgegebene Reaktionsmöglichkeiten einen Rahmen explizit zugrunde, der aber - wie jeder Rahmen - durch die Interaktanten lokal gestaltet wird (s. Beispiele (3) und (4)).

(3)

Telefax   *   Telefax

Prof. Dr. [Vorname] [Nachname]   Prof. Dr. [Vorname] [Nachname]

[Straßenname] [Hausnr.]

45527 [Städtename]

Telefon: 02.................................

Telefax: 02.................................

Empfänger/in: Benjamin   Telefax-Nr.:

Datum: 5.12.1995

Seiten insgesamt: 1

---

mit der Bitte um   ( ) Entscheidung   ( ) Erledigung
                        ( ) Kenntnisnahme   ( ) Prüfung
                        ( ) weitere Veranlassung (X) Antwortfax

Lieber Benjamin!
Es geht daß Du zu mir am Freitag kommst.
Bring Tischtennisschläger mit.

Dein Julian

(4)

Telefax   *   Telefax

Prof. Dr. [Vorname] [Nachname]   Prof. Dr. [Vorname] [Nachname]

[Straßenname] [Hausnr.]

45527 [Städtename]

Telefon: 02......................

Telefax: 02....................

Empfänger/in: *Benjamin*   Telefax-Nr.:

Datum:

Seiten insgesamt: 1

mit der Bitte um

( ) Entscheidung   ( ) Erledigung
( ) Kenntnisnahme   ( ) Prüfung
( ) weitere Veranlassung   (X) Antwortfax

Hallo lieber Benjamin!

N Um wieviel Uhr kommst Du?

Dein Julian

In persönlichen E-Mail-Sendungen könnte man die Angabe „Re:" in der Subject-Zeile oder auch den Vermerk „**Forwarded Message Follows**" als Bestandteile einer expliziten Rahmenfestlegung betrachten.

4.2   Öffentliche Kommunikation

Die betrachteten LISTEN haben teilweise ein festgelegtes Raster zur expliziten Kontextualisierung eines Beitrags entwickelt: Die LINGUIST list z.B. unterscheidet u.a.
zwischen den folgenden Typen von Nachrichten, die in der Subject-Zeile erscheinen
und damit eine vorgängige explizite Rahmensetzung für die folgende(n) Nachricht(en)
festlegen:

(5)

    sum (summary)
    Qs (question)
    FYI (for your information)
    Disc (discussion)
    jobs
    calls
    confs (conferences)
    Apology
    TOC (Table of Contents)

Diese vorgängigen Hinweise sind vergleichbar mit Überschriften und damit ein typisch
schriftliches Mittel der expliziten Rahmensetzung. In einer „phone-in"-Radiosendung
würde ein(e) AnruferIn z.B. mit einem mündlichen Äquivalent beginnen: „Ich hab mal
eine Frage - und zwar . .".

In einem globaleren Sinne gehören zu expliziten Kontextualisierungsformen natürlich auch die Normen der Netiquette, die in unterschiedlichen Netzen unterschiedlich
umfangreich kodifiziert sind (Wetzstein et al 1995), aber auch immer wieder erschei-
nende und deshalb auch für Einsteiger ständig präsente Regelungen vom Typ:

(6)   We'd appreciate your limiting conference announcements to 150 lines, so that we can post
       more than 1 per issue. Please consider omitting information useful only to attendees, such as
       information on housing, transportation, or rooms and times of sessions. Please do not use
       abbreviations or acronyms for your conference unless you explain them in your text. Many
       people outside your area of specialization will not recognize them. Thank you for your
       cooperation.

Vor allem aber sind in diesem Zusammenhang die erwähnten Interaktionen unter den
Mitgliedern über geltende Normen und zu etablierende Konventionen im (kommunikativen) Verhalten der Listen-Beteiligten zu betrachten. Auf den beiden von mir beobachteten mailing lists haben sich in den letzten Monaten mehrere derartiger Diskussionen herausgebildet (zu den Verfahren der Themenetablierung und -progression in

den Newsgroups vgl. Wetzstein et al. 1995 Kap. VI.5 und Gruber, in diesem Band):

- Über die Frage, ob und in welcher Form über Listen bekanntgegebene (veröf-
  fentlichte?) Diskurse zitiert werden dürfen;
- über die Frage, ob die Listen mißbraucht werden, wenn Informationen erfragt
  werden, die der/die Hilfesuchende über eigenes Bibliografieren und Biblio-
  theksarbeit auch hätte einholen können;
- über die Frage, ob Listen versuchen sollten, durch eine Art Selbstzensur Täu-
  schungsversuchen entgegenzuwirken, die darin bestehen, daß Studierende sich
  Fragen, die sie in häuslicher Arbeit oder als Teil einer Prüfungsleistung selb-
  ständig beantworten sollen, über das Netz von Experten beantworten lassen;
- Über die Frage der Verwendung anderer Sprachen außer dem Englischen.

Die Tatsache, daß Beteiligte ihre normsetzende Interaktion als normativ nicht endgül-
tig bestimmbar, ihren Rahmen als einen sich herausbildenden ansehen, wird dabei
selbst explizit:

(7)   Since the internet is an evolving institution, this guide is not intended to be definitive. Correc-
       tions, additions, comments, suggestions, and criticisms are therefore welcome. Please address
       them to the author at

       [E-Mail-Adresse]

       When the need for revisions and updates become apparent, new versions of the guide will be
       issued.
                                                    ETHNO: 2.11.95 „Electronic Citation")

Die Art des Diskussionsverlaufs und der Kontroversen sind für den vorliegenden
Zusammenhang nicht so interessant wie die folgenden beiden Fragen, zu deren
Beantwortung ich einige Hinweise zusammentragen möchte:

- Wie wird die Unbestimmtheit des Rahmens in diesen expliziten Normendiskus-
  sionen reproduziert?
- Gibt es Hinweise auf eine Verortung des Rahmens zwischen Mündlichkeit und
  Schriftlichkeit durch die Teilnehmer?

Eines der Hauptmittel, über die die Unvertrautheit des neuen Rahmens markiert wird,
ist der Vergleich oder die Analogiebildung mit etablierten Interaktionsformen:

(8)   Asking someone to do work for you is never acceptable, wether that person is your next-door-
       neighbor in the dorm, or an expert total stranger half-way around the world.
                                    LINGUIST 11.10.95; 6.1404; „Disc: Self-censorship, Cheating")

(9)   If the opportunity for cheating exists on the list, e.g., getting someone elso to do your home-

work, it exists elsewhere as well, even if not in as convenient or cheap a form.[4]
(LINGUIST 19.10.95 „Disc: Self-censorship"; 6.1458)

Die Analogiebildungen beziehen sich dabei nicht nur auf face-to-face-Interaktion:

(10)   The internet is a bundle of information, and should be treated as a (very) large encyclopedia.
LINGUIST 14.10.95 „Disc: Self-censorship"; 6.1424)

Der Versuch, sich dem neuen und damit zunächst fremden Medium kognitiv und handlungsleitend über die Analogie zu Vertrautem zu nähern, hat - wie wir alle wissen - eine weit zurückreichende Tradition in Form der Metaphorik von *desk*, *file*, *Papierkorb*, *Kartenstapel*, *Fenster*, *Seite*, *Stift*, *Menü* etc. Auch das *Posten* z.B. aus der „Listensprache" verweist metaphorisch auf das Schwarze Brett. Die zugrundeliegenden Prozesse sind spätestens seit Lakoff & Johnson 1980 auch leicht erklärlich.

Vor dieser durch Analogie oder Metaphorik hergestellten Folie des Vertrauten wird dann das Besondere der Interaktion im neuen Medium herausgearbeitet; damit wird eine Art expliziter Rahmensetzung vorgenommen. Das als spezifisch Herausgestellte betrifft z.B. die Anonymität und die damit verbundenen Glaubwürdigkeitsprobleme:

(11)   In fact, students should be warned that it is probably safer to sticking to asking people they
know for help, since they have no guarantee that the answers they receive over the net are
accurate. [...] The net is not without its own practical jokers and idiots, and it's hard to tell
which is which just from an email address. (LINGUIST 11.10.95; 6.1404; „Disc: Self-censorship, Cheating")

Die Unsicherheit hinsichtlich der neuen Interaktionsform läßt sich nicht nur an dem Vergleichsbedürfnis mit Vertrauten ablesen, sondern ebenso an der Explikation von - ansonsten - Selbstverständlichem, die damit eine Implikatur im Grice'schen Sinne auslöst:

(12)   The contributions I make are made in the belief that I have a sensible contribution to make,
and may be in the context of my particular expertize or my general background in the area.
(LINGUIST 11.10.95 „Disc: Self-censorship"; 6.1393)

Auch die Rezeptionsgewohnheiten werden expliziert, was im Zusammenhang mit vertrauten Medien in den meisten Kontexten hochgradig abweichend wäre:

(13)   I have a good mail reader on a fast machine and can skip through things quickly. The chaff
messages don't get read, the queries only get scanned if a key word in the subject grabs my
attention. The summaries I am interested in get scanned.
(LINGUIST 19.10.95 „Disc: Self-censorship"; 6.1458)

---

4 Zu „elsewhere" ist im Vorgängersatz u.a. genannt: „telephones and collegues who can be button-
holed and queried in the halls as in public at conferences etc."

Zu unserer Frage nach der Verortung des zu konstruierenden Rahmens zwischen Mündlichkeit und Schriftlichkeit finden wir sogar explizite Definitionen:

(14)   However, the fact is that traditional sources of information (books, articles, actual research, personal communication) have clearly defined standards of acceptability, and electronic communications should be treated more like spoken communications, and less like written, if only because they are similarly transient, local and unverifiable.

(LINGUIST 12.10.95 „Disc: Self-censorship"; 6.1404)

Unabhängig davon, ob die hier vorgenommene Verortung zwischen Mündlichkeit und Schriftlichkeit - und vor allem ihre Begründung - einer genaueren Betrachtung standhält: Hier kommt zum Ausdruck, daß die Kategorien Mündlichkeit und Schriftlichkeit zur kontextuellen Orientierung der Beteiligten genutzt werden. Wir werden im nächsten Abschnitt in einigen Aspekten versuchen zu überprüfen, welche kontextuellen Merkmale die *Form* der computervermittelten kommunikativen Aktivitäten selbst implizit erzeugt und ob hierbei eine Einordnung auf der Skala zwischen Mündlichkeit und Schriftlichkeit - größerer und geringerer Somatizität - sinnvoll ist.

5.   Formale Kontextualisierungsmittel

Es gibt in der elektronischen Kommunikation der Listen eine Vielzahl von nicht explizit gerahmten Aktivitäten auf lokaler oder globaler Ebene, die durch ihre Form und ihre Plazierung innerhalb des aufgebauten Kontextes bestimmt werden. Zu einer über die Liste geschickten Bitte um Literaturhinweise findet sich z.B. die *Nachfrage*:

(15)   Dear Patricia; are you seeking reading on history and philosophy of progressivism or the methodology? ...

(ETHNO: 9.2.96 „Re: request for references")

Fachspezifische Aktivitäten innerhalb der LINGUIST list sind das Erbitten von Grammatikalitätsurteilen oder von struktureller Information über eine Reihe von Einzelsprachen, die kaum in anderer Form einen derart großen Adressatenkreis in derart kurzer Zeit erreichen würden. Es gibt aber auch alltägliche Formen wie Vorwurf-Rechtfertigungs-Diskurse:

(16)

> David,

Donald.

> I suspect I'm as perplexed as your original respondent. You ask a
> "question" part of which seems like nothing other than a request for any and
> all information about Whorf's position on language as a social contract, but
> then inform the first respondent who offers such information that you are so
> well read in Whorf that you are on to reading other folks.

I'm sorry. perhaps you see how 'cultural determinism' is synonymous with
'social contract', but I do not. I was trying to get at an idea that I've
been told approaches some of Habermas' (although I'm careful not to read
him until I have my own opinions more fully formed), that a system of
morality may be formed based upon communicative interaction, as any and
all social interaction presupposes it's existance. Perhaps I supposed an
intersubjectivity which did not exist?

> To top it all
> off, you cite Whorf, chapter and verse, on the very topic about which you
> originally claimed need for information.

I quoted Whorf in order to make clear my meaning, and in response to a
previous quote which I felt obscured it. I also hoped to demonstrate that
I'm interested in discussing his works, not being told about them.

(ETHNO: 3.11.95 „Re: Social Contracts")

Bei gefaxten Sendungen, die auch von Hand erstellt werden können, tragen *grafische Elemente* zur lokalen Kontextualisierung bei: Nicht nur die schon erwähnte Verwendung von Formularen, sondern auch

- die Benutzung von Briefpapier mit Bild(ern),
- das Einfügen von Grafiken in den elektronisch erzeugten Text,
- die Anordnung des Textes auf der Seite,
- die sparsame Nutzung nur eines Teils der Seite für die Botschaft,
- die Entscheidung für Hand- oder Maschinen-/Computerschrift,
- die Wahl der Type bei computergeschrieben Texten oder
- das Verzieren mit Zeichnungen

sind - typisch schriftorientierte - Mittel der Rahmung der gesamten Botschaft, die in dieser Weise auch Briefe kontextuell bestimmen könnten:

(17)

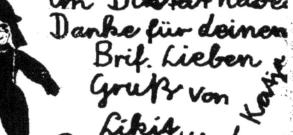

Liebe Uta.

Meine Mama hat

mit das Buch Gruß

und Kuß

Dein Julius. geschen-

kt, weil ich wieder ~~nur~~
nur 2 kleine Fehler
im Diktat habe
Danke für deinen
Brif. Lieben
Gruß von
Likit und Karin

[Nachname] [Stadtname]

(18)

XYZ GMBH   +49 ·················· 11-01-96   13:14

Hallo Julian!
Ich komme am Samstag etwas später.
In der Schule, auf die ich gehen möchte, ist Tag der offenen Tür.
Einen Tischtennisschläger bringe ich mit.
Liebe Grüße bis Samstag,

dein Benjamin

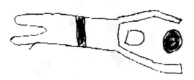

(19)

XYZ GmbH +49 .... 0. 14:45 t9i3

Hallo liebe Julian!!
Vielen Dank für dein Fax. Am 15.12. hätte ich auch
Zeit. Wo treffen wir uns? Soll ich dich besuchen? Bitte
gebe mir eine Antwort.
Viele Grüße dein

Auch die Notwendigkeit der Orientierung an der Orthographie macht die computervermittelte Kommunikation mit der schriftlichen vergleichbar. Kontrastiert man allerdings hier herkömmlich versendete persönliche, private Briefe mit persönlichen E-Mail-Sendungen, so fällt in den E-Mail-Botschaften eine sehr viel höhere Toleranz gegenüber orthografischen Fehlern auf. Interessant ist dabei die andersartige Dynamik, die diese Normabweichung im Vergleich mit herkömmlicher schriftlicher Kommunikation auslöst: Die Fehler werden als Ausdruck schnellen flüchtigen Schreibens wahrgenommen - und nicht etwa als Zeichen mangelnder Bildung. Es geht also bei unserem Versuch der Analyse von Normsetzungsprozessen nicht nur um die Beobachtung auftauchender Phänomene, sondern auch um die Frage, was den Phänomenen jeweils attribuiert wird.[5]

(20)   [...]. Finde die Arbiet auch recht gut, wenn es mir aber auch zu viele Kategorrien sind. ...],
       und scghoenesSkifahren.   (Persönliche E-Mail, 1995)

---

5 Es ist natürlich besonders dann verführerisch, die Fehler im Text zu belassen, wenn man über das private Modem mit dem Netz verbunden ist, und jeder Korrekturdurchgang in Form der Telefonrechnung im wahren Sinne des Wortes bezahlt werden muß.

(21)   Waraum soll die Verbindung nicht weiterbestehen? Mein BI account wird aufgelöst, aber ich
         kann mich inzwische auch vie Modem ins DOnetz einloggen, also alles O.K.
         Herrzlichst, [Vorname]   (Persönliche E-Mail, 27.6.95)

Im Zuge der Etablierung der Netiquette scheint sich hier in den letzten Jahren allerdings aus meiner subjektiven Sicht ein strengerer Maßstab im Hinblick auf orthografi-
sche Korrektheit durchzusetzen. Die Flüchtigkeit der Botschaft wird aber dennoch oft
markiert, und zwar beispielsweise durch durchgängiges Kleinschreiben und Abkürzungen:

(22)   i posted a msg. some time ago regarding a study on the socio-psychological ramifications of
         internal immigration in both germany and columbia. i am now a finalist for the grant [...]
                                                                        (ETHNO list)

Durch den Verbleib derartiger Fehler oder durch die Vermeidung der offensichtlich zu
zeitaufwendigen SHIFT-Taste wird eher der Rahmen einer schnell hingeworfenen
Notiz als eines Briefes erzeugt. Der Diskurs mit dem Empfänger wird als so informell
charakterisiert, daß die für das Schriftliche sonst typischen Korrekturdurchgänge
unterbleiben können.

Für eine Notiz gilt im Normalfall ein geringeres zeitliches Intervall zwischen
Produktion und Rezeption als für Briefe, die auf dem Postwege versandt werden. Dies
ist Bestandteil dieser Rahmung von computervermittelter Kommunikation über die
Orthographie, die wir durch weitere Beobachtungen später als eine Art Muster erkennen werden.

Ein weiterer Vergleichspunkt zwischen persönlichen Briefen und Fax- bzw. E-Mail-
Sendungen ergibt ebenfalls einen bezeichnenden Unterschied: die Anrede. Während in
privaten Briefen immer noch das etablierte „Liebe/r + Vorname" akzeptabel ist -
wenn es auch, besonders bei jungen SchreiberInnen, mehr und mehr durch das informelle „Hallo + Vorname" verdrängt wird - finden wir in computervermittelter
Kommunikation sehr oft die tageszeitorientierte Grußformel: z.B. „Guten Morgen,
Vorname". Das gilt für relativ regelmäßige Fax- und E-Mail-Beziehungen dann, wenn
der Produzent annehmen kann, daß der Zeitpunkt der Rezeption in derselben Tageszeit
liegt wie die Produktion[6]:

(23)   From: Prof. NN
         Subject: AN DAS TEAM
         ───────────────────────────
         Guten Morgen, Ihr Lieben! (Persönliche E-Mail)

---

6 Seltener sind nachts geschriebene und versendete Botschaften, die in der Unterstellung morgendlicher
Lektüre auch mit *Guten Morgen, Vorname* beginnen.

Hier ist klar ersichtlich, daß der geringe Abstand zwischen Produktion und Rezeption sprachlich reinszeniert wird. Ein Brief, von dem man nicht einmal sicher weiß, an welchem Tag er ankommt, wird i.a. nicht mit *Guten Morgen* beginnen.

Bei persönlich adressierten Antworten in der öffentlichen Kommunikation der Listen findet sich häufig nur der Name als Anrede, ohne daß dies notwendigerweise denselben Charakter von Brüskheit hat, den dasselbe Verfahren bei - auch öffentlichen (Leser) - Briefen hätte. Das hat mit der ganz andersartigen Funktion der Anrede in diesen Beiträgen zu tun: Hier soll nicht eine persönliche schriftliche Botschaft eingeleitet werden, sondern hier wird quasi ein Turn in einem Gesprächszusammenhang eröffnet:

(24)   Jan
         I would like to get a copy of the dissertation [. . .]
                                 (ETHNO 5 Aug 96 „Re: gaze & hands in interaction")

Daß diese Art der Eröffnung weniger den Charakter einer persönlichen Anrede hat, zeigt der Schluß einer anderen Botschaft:

(25)   [Nach den abschließenden Initialen des Beiträgers:]
         (in the last few days, I've been called dennis, duncan and NOW david!!! Is there something
         about me that suggests a non-donald-ness?)
                                 (ETHNO 3.11.95; 6.1404; „Re: Social Contracts")

Häufiger noch und besonders typisch für die E-Mail-Kommunikation als die bloße Namensnennung ist das Fehlen jeglicher Anrede als Eröffnung der Botschaft in persönlicher wie öffentlicher Netz-Kommunikation:

(26)   Subject: Re: gaze & hands in interaction

         Yopu [sic] may be interested to look at [. . .]
                                                                   (ETHNO 5 Aug 96;)

Ansonsten läßt sich in der Listen-Kommunikation auch die Vielfalt der Anreden feststellen, die die Grundlage für eine jeweils spezifische Rahmung der Botschaft wie in traditionellen Schreiben ausmacht:

(27)   Sehr geehrte Frau Kollegin,
         sehr geehrter Kollege   (LINGUIST 7-1301, Sep 18 1996)

(28)   Collegues: (ETHNO 31 Jul 96)

(29)   Dear all   (ETHNO 05 Aug 96)

Mit den Formen der Eröffnung eines Turns sind wir bei dem Thema der Dialogizität in persönlicher und öffentlicher computervermittelter Kommunikation. Wetzstein et al. (1995: 74) sprechen von „Dialogsimulation" im Netz, die durch die verbreitete Technik des Quotens erreicht wird. Ein vorhergegangener Beitrag auf einer Liste oder eine eingegangene Sendung in persönlicher E-Mail-Kommunikation wird vom Antwortenden zitierend in die Antwort eingeblendet und dabei in einzelne Abschnitte gegliedert; so daß jeder dieser Abschnitte gesondert beantwortet oder kommentiert werden kann (vgl. den Ausschnitt (16) oben).

Bei Fax-Kommunikation kann sogar der sequentielle Charakter der Turns näherungsweise gewahrt werden, indem dasselbe Fax immer wieder mit einem neuen Schreibbeitrag versehen zurückgesendet wird. Dem folgenden Fax-Dialog ging als erster Turn die gefaxte Kopie des Briefes eines Dritten an die Dialogpartnerin H voraus:

(30)

Von [Vorname][Nachname] An [Nachname]   Datum: 14.11.96 Uhrzeit. 11.40 03   Seite 1 von 1

Der Schmäh ist nicht mehr zu übertreffen - - die Ironie ist eine Unverschämtheit.

Was macht Ihr jetzt?

U.

Ich finde, es ist der beste Zeitpunkt um von unserem XYZ-Antrag zurückzutreten! → Mit Begründung. Gruß, H.

Ja, finde ich auch!

Es gibt auch noch andere Merkmale, über die Dialogizität simuliert wird, z.b. die fehlende Anrede, die den Beitrag als einen Turn in einer Sequenz markiert statt eines in sich geschlossenen Textes (s.o. Bsp. (26))

Gegenüber dem Vergleichsmaßstab, der mit dem Ausdruck 'Dialog' eindeutig in der mündlichen online-Interaktion liegt und der damit auf die Charakteristika verweist, die wir einleitend herausgearbeitet haben (s.o. 2), weisen diese Strukturen des Austauschs in der computervermittelten Kommunikation die folgenden Besonderheiten auf:

-    Die Hier- und Jetzt-Origo ist zwar aufgehoben, allerdings in einer Weise, die im Vergleich zu herkömmlicher schriftlicher Kommunikation sehr einge- schränkt ist (s.u.).

-    Der transitorische Charakter der mündlichen Kommunikation ist aufgehoben (vgl. auch Wetzstein et al.1995), soweit der externe Speicher betroffen ist. Allerdings ist durch die Fülle der speicherbaren Kommunikationsvorgänge die Bereitschaft zum Speichern gegenüber schriftlicher Kommunikation gesunken bzw. das Speicherproblem wird durch das Problem der (Wieder)Auffindbarkeit abgelöst.

-    Die Mehrkanal-Kommunikation unter Einschluß der non-verbalen Kommunika- tion aus der Mündlichkeit ist aufgehoben; dafür werden aber visuelle Kanäle anderer Art hinzugewonnen (z.B. Zeichnungen und grafische Elemente).

-    In Netz-Gesprächen kann die Sequentialität der Beiträge systematisch gestört sein, weil angesichts der Informationsflut die Beiträge zu einem Thema nicht notwendigerweise in der Reihenfolge ihrer Produktion oder auch Veröffentli- chung rezipiert werden (vgl. auch Wetzstein et al.1995). Das hängt mit dem nicht-transitorischen Charakter der Beiträge zusammen. Allerdings gibt es offensichtlich eine gewisse sequentielle Orientierung der members und mithin keine „Zeitlosigkeit" im Netz, weil Beiträge, die thematisch ein nicht mehr ganz aktuelles Thema betreffen, i.a. mit einem *account* vom Typ „Ich habe jetzt erst zur Kenntnis nehmen können . . ." eingeleitet werden:

-    Die kommunikativen Kriterien *recipient design*, wechselseitige Darstellung und Interaktion als gemeinsame strukturelle Leistung können gegenüber der face-to- face-Interaktion nur mit Abstufungen umgesetzt werden, insoweit ihr Funktio- nieren auf die Ko-Präsenz und damit auf die unmittelbare, auf mehreren Kanä- len online operierende Reziprozität zwischen den PartnerInnen angewiesen ist. Insoweit die Prinzipien allerdings Bestimmungsstücke von Interaktion generell sind, gelten sie in der persönlichen computervermittelten Kommunikation aber ebenso wie in face-to-face-Gesprächen, Telefongesprächen oder beim Brief-

wechsel.[7] Der Unterschied liegt jeweils darin, daß die konstitutive Sequentialität zwischen den Turns aufgrund des unterschiedlich langen Intervalls
zwischen Produktion und Rezeption einer Äußerung in unterschiedlichem Grad
„auseinandergezogen" ist. Dieses Bild macht die Tatsache ganz deutlich, daß
die persönliche Kommunikation via Fax oder E-Mail sehr viel näher an der
face-to-face-Kommunikation liegt als etwa der traditionell übermittelte Brief-
wechsel.

Als erhellend hat sich entsprechend - nach dem Abgleich mit der prototypischen
Mündlichkeit - wiederum der eigentlich näherliegende Vergleich dieser Art von
Dialogizität mit herkömmlichen schriftlichen Kommunikationsformen herausgestellt.
Wir formulieren diesen Vergleich noch einmal mit Bezug auf die Hier- und Jetzt-
Origo: Computervermittelte Kommunikation kann die kommunizierenden Individuen
im Vergleich zu traditioneller schriftlicher Kommunikation sowohl örtlich als auch
zeitlich sehr viel näherbringen. Das geringe zeitliche Intervall zwischen Produktion
und Rezeption wurde schon im Zusammenhang mit der Rahmung der einzelnen Botschaft als etwas herausgearbeitet, das die Interaktanten auch kontextualisierend darstellen. In dem Maße, in dem Zeit und Raum miteinander zusammenhängen, wirkt sich
das geringe zeitliche Intervall auch im Rahmen der dargestellten Dialogizität als eine
Überwindung räumlicher Distanz aus. Das gilt besonders für Kommunikation über
Erdteile hinweg.

Außerdem ermöglicht die elektronisch vermittelte Kommunikation auch noch eine
andere Form der partiellen Re-Installierung der Hier-Origo, die substitutiv im Rahmen
eines anderen Kommunikationsmediums eingesetzt werden kann: Relevante Aspekte
der physischen Kommunikationsituation (Zeichnungen, Zahlentabellen etc), die bei
Telefongesprächen eben nicht gemeinsam zur Verfügung stehen, können schnell zum
anderen übertragen werden („Ich fax dir das eben rüber"). Sie ermöglichen damit eine
der face-to-face-Situation stärker angenäherte Interaktion, insofern schnell ein gemein-
sames Zeigfeld hergestellt werden kann, das dann für mündliche online Kommunikation ohne gemeinsame lokale Umgebung zugrundegelegt wird.

Diese spezielle medienbedingte Ausprägung der lokalen und temporalen Koordinaten
von computervermittelter Kommunikation wird in den Kontextualisierungen auf subtile
Weise als rahmenrelevant reproduziert: Die Form der Botschaften - besonders der

---

7 Aus Raumgründen kann ich hier z.B. Beobachtungen zu Formen der Selbstdarstellung und zur
Herstellung von Wir-Gefühl in elektronischer Kommunikation nicht präsentieren, die klar den Gesetzen
von *Recipient Design* und *mutual display* folgen.

persönlichen - suggeriert auf unterschiedliche Weise so etwas wie eine ständige Kommunikationbereitschaft (ermöglicht durch das Medium), angesichts derer die Schwelle der Ansprache folglich niedriger ist: Menschen, die zusammenleben, reden auch nicht ständig miteinander, aber wenn ihnen etwas in den Sinn kommt, das gesagt werden kann oder muß, so sagen sie es. Menschen, die telefonieren oder sich besuchen, reden dagegen normalerweise ständig miteinander, weil sie einen eigens hergestellten Anlaß zur Kommunikation auch nutzen müssen.

Diese Inszenierung von ständiger Kommunikationbereitschaft wird nahegelegt durch die niedrige Schwelle in der Nutzung des technischen Kanals: Ich muß i.a. nicht befürchten, daß ich den Adressaten - wie bei einem Besuch oder einem Anruf - störe, ich muß mich aufgrund des durch das Medium gegebenen externen Speichers nicht darum kümmern, ob der Kommunikationpartner zum Sendezeitpunkt erreichbar ist, ich muß keine langen Laufzeiten meiner Botschaft einberechnen. Die wechselseitige Darstellung von ständiger Kommunikationbereitschaft selbst verläuft über die Kontextualisierungsmittel von Informalität, die z.T. oben beschrieben wurden: Informelle Register, geringere Beachtung orthographischer Normen, Kürze, die insgesamt eine Rahmung als Notiz statt als Brief hervorbringen.

Aber selbst wenn die Botschaft in elektronischer Kommunikation als relativ formell kontextualisiert wird, wird die Besonderheit des ständig nutzbaren Kanals in der Art der Aktivitäten reinszeniert:

(31) Lieber Herr [Name],
Soeben habe ich erfahren, dass mein [Anlaß] für Freitag, [Datum] angesetzt worden ist. Ich wollte Ihnen das nur so rasch wie möglich mitteilen, da Sie ja zu diesem Termin nach [Ortsname] kommen wollen und [Vorname] mir sagte, dass Sie an diesem Wochenende Zeit haetten.
Viele Grüesse
[Vorname Nachname] (Persönliche E-Mail: 26.4.95)

Wenn wir uns fragen, ob diese Nachricht in dieser identischen Form auch als mit snail-mail zu versendender Brief geschrieben worden wäre, öffnet sich der Blick für die Besonderheit: Gegenüber der erwarteten Form eines üblichen über Dienstpost verschickten Briefes fehlt dieser Botschaft der in formellen Briefen i.a. übliche „Vorlauf" vor dem Vorbringen des eigentlichen Anliegens; statt dessen wird mit *soeben* auf die Unmittelbarkeit des Kontaktes abgehoben:

(32) Sehr verehrte Frau [Name],
Ganz herzlichen Dank für die fristgerechte Zusendung des Artikels. Ich habe ihn sogleich gelesen und finde ihn inhaltlich interessant und aufschlußreich für [Zielgruppe].
(Persönlicher Brief 12.5.93)

(33) Sehr verehrte Frau [Name],
       vielen Dank für Ihren Brief, den ich nach einer kleinen Verzögerung erst nach dem Urlaub
       beantworten kann.

       Mit Ihrem Vorschlag bin ich sehr einverstanden.
       (Persönlicher Brief 28.4.92)

Natürlich ist es nicht so, daß es keine snail-mail-Briefe gibt, die nicht auch relativ
unmittelbar das thematische Anliegen formulieren:

(34) Sehr verehrte Frau [Name]!
       Nach der Herausgebersitzung kann ich Ihnen mitteilen, daß Ihr Manuskript zum Druck angenom-
       men wurde. [...]
       (Persönlicher Brief 13.7.93)

Aber auch dieser Brief vermittelt - nicht zuletzt aufgrund seiner Anaphorik (*nach der
Herausgebersitzung*) den Eindruck einer vergleichsweise *ad hoc* formulierten Nachricht innerhalb einer vorausgesetzten Kommunikationsgeschichte. Ein formeller Brief,
der mit *soeben* die Unmittelbarkeit in der Verbindung zwischen Schreibimpuls und
ausgeführtem Brief ausdrückt, wäre zumindest eher ungewöhnlich.

Diese Beobachtung stimmt mit den Befunden von Grabowski-Gellert & Harras
(1988: 36) überein, die in experimentellen Settings festgestellt haben, daß dasselbe
Anliegen in Briefform übermittelt im Vergleich zu face-to-face, Telefon und Bildtele-
fon systematisch durch mehr inhaltliche Vorausorganisation gekennzeichnet ist. Da der
Brief in ihrer Studie die einzige offline Modalität darstellt, interpretieren Grabowski-
Gellert & Harras das Ergebnis im Sinne der fehlenden lokalen Rückkoppelung. Meine
Beobachtungen, die noch eher impressionistisch und nicht quantitativ systematisiert
sind, bestätigen diese Erklärung indirekt in gewisser Weise: Zwar sind die von mir
betrachteten Fax- und E-Mail-Botschaften, die offensichtlich auch innerhalb formeller
Rahmungen in systematischer Weise eher ohne einen derartigen Vorlauf auskommen,
auch offline. Das gegenüber herkömmlichen Briefen auf Minuten verkürzte zeitliche
Intervall aber zwischen Produktion und Rezeption und die durch das Medium naheleg-
te ständige Kommunikationbereitschaft reproduzieren sich in einer Form, die zum
Ausdruck bringt, daß hier kein besonderer Anlaß des kommunikativen Austauschs
geschaffen und eingeleitet werden muß.

Welchen Stellenwert hat nun - zusammenfassend gefragt - die Kategorie der Somatizität innerhalb dieser zusammengetragenen Beobachtungen?

Durch die zeitliche Annäherung zwischen Produktion und Rezeption einer schriftlichen Äußerung, die auch in räumlicher Hinsicht Annäherung besonders dann nahelegt,
wenn die überwundene Entfernung über Länder und Erdteile hinweg geht, sowie durch

die schnell zu realisierende Möglichkeit der Herstellung einer partiell gemeinsamen physischen Umgebung im Fall von Gesprächen zwischen nicht ko-präsenten TeilnehmerInnen via Fax z.b. ist im Vergleich zur herkömmlichen persönlichen schriftlichen Interaktion und auch im Vergleich zu herkömmlicher öffentlicher Kommunikation über Schrift ein größerer Grad von Nähe suggeriert. Ich habe zu zeigen versucht, daß es in der Tat auch diese Nähe ist, die von den TeilnehmerInnen sprachlich als rahmenrelevant reinszeniert wird, die also ein wesentliches Element der *Kontextualisierung* ist. Nähe aber suggeriert nach den Erfahrungen der Gattung körperliche Nähe, wobei die Somatizität im Fall *hand*-schriftlicher (und *hand*-gemalter!) Faxe noch durch die Spur der körperlichen Motorik verstärkt wird.

Mit Sicherheit ist es dieses Erlebnis des Einander-näher-Rückens über Zeit und Raum hinweg, die einen Teil der Faszination der neuen Medien ausmacht. Die Alternative wäre dabei das Schreiben von Briefen, die u.U. wochenlang unterwegs sind, und nicht das Gespräch am Küchentisch. In diesem Sinne ist also gerade nicht kulturpessimistisch Vereinzelung zu beklagen, sondern mehr Nähe in der Kommunikation zu begrüßen.

Literatur

Bühler, K. 1934. Sprachtheorie. Jena.

Goffman, E. 1974. Frame Analysis. New York etc.: Harper & Row.

Goodwin, Ch. 1995. Sentence Construction Within Interaction. In: Quasthoff, U. (Hrsg.). 1995. Aspects of oral communication. Berlin, New York: de Gruyter. 198-219.

Grabowski-Gellert, J. /Harras, G. 1988. Über Regeln kooperativen Handelns. Zur Einwirkung von alten und neuen Kommunikationskanälen auf komplexe Aufforderungen. In: Weingarten, R. /Fiehler, R. (Hrsg.). 1988. Technisierte Kommunikation. Opladen: Westdeutscher Verlag. 31-42.

Gumperz, J. J. 1982. Contextualization conventions. In: Gumperz, J. J. 1982. Discourse Strategies. Cambridge: Cambridge University Press. 130-152.

Lakoff, G. /Johnson, M. 1980. Metaphors we live by. Chicago, London: The University of Chicago Press.

Luckmann, Th. 1990. Social communication, dialogue and conversation. In: Markova, I. /Foppa, K. (Hrsg.). 1990. The Dynamics of Dialogue. New York etc: Hervester Wheatsheaf. 45-61.

Murray, D. E. 1991. Conversation for Action. The Computer Terminal as Medium of Communication. Amsterdam, Philadelphia: Benjamins.

Postman, N. (im Gespräch mit Susanne Gaschke und Uwe Jean Heuser) 1996. Das Internet taugt nicht für die Hausaufgaben. Ein Gespräch mit dem Medienkritiker Neil Postman über Bildung und Computer in der Schule. DIE ZEIT Nr. 43, 18.10.1996, 46.

Quasthoff, U. M. 1996. Mündliche Kommunikation als körperliche Kommunikation: Beobachtungen zur direkten Interaktion und zum Fernsehen. In: Hohberg, F. /Biere, H. U. (Hrsg.). 1996. Mündlichkeit und Schriftlichkeit im Fernsehen. Tübingen: Narr. 9-28. (= Studien zur deutschen Sprache, Bd. 5)

Scollon, R. /Scollon, S. 1995. Somatic Communication: How useful is 'Orality« for the Characterization of Speech Events and Cultures? In: Quasthoff, U. (Hrsg.) 1995. Aspects of oral communication. Berlin, New York: de Gruyter. 19-29.

Star, S. L. (Hrsg.). 1995. The Cultures of Computing. Oxford: Blackwell.

Walther, J. B. /Burgoon, J. K. 1992/93. Relational Communication in Computer-Mediated Interaction. In: Human Communication Research. Bd. 19: 50-88.

Wetzstein, Thomas A. /Dahm, H. /Steinmetz, L. /Lentes, A. /Schampaul, St. /Eckert, R. 1995. Datenreisende. Die Kultur der Computernetze. Opladen: Westdeutscher Verlag.

Internetkommunikation und Sprachwandel

Martin Haase, Michael Huber, Alexander Krumeich, Georg Rehm

1.   Einleitung

Die weltweite Vernetzung von Computern im Netz der Netze, dem sogenannten *Internet*, ermöglicht eine neue Form von Mensch-zu-Mensch-Kommunikation, deren Bedeutung ständig wächst. Computervermittelte Kommunikation unterliegt besonderen Bedingungen, die sprachliche Besonderheiten nach sich ziehen. Diese sollen unter Beschränkung auf ein im wesentlichen deutschsprachiges Korpus in diesem Beitrag[1] beleuchtet werden. Nach einigen Ausgangsüberlegungen bietet Abschnitt 2 eine kurze technische Einführung in die Internet-Kommunikation, die der versierte Nutzer getrost überschlagen kann.

Nicht-technische Besonderheiten der Internet-Kommunikation werden im Abschnitt 3 referiert. Die Ergebnisse unserer empirischen Untersuchung[2] finden sich in Abschnitt 4. Obwohl der Untersuchungsgegenstand „Internetsprache" sehr speziell ist, versprechen die Ergebnisse, für die allgemeine Diskussion über Sprachwandel von Belang zu sein.

1.1   Computervermittelte Kommunikation und Sprachwandel

Um diesen neuen Forschungsgegenstand in Angriff zu nehmen, erscheint es sinnvoll, an verwandte Forschungsbereiche (insbesondere Jugendsprache, Werbesprache, Sprachwandel) anzuknüpfen und Hypothesen an den Anfang zu stellen, die die empirsche Forschung anleiten sollen.

---

1 Er entstand in Zusammenhang mit dem von Martin Haase im Studiengang *Computerlinguistik und Künstliche Intelligenz* (Universität Osnabrück) im Wintersemester 1996/97 durchgeführten Seminar *Computer, Diskurs, Text*. Außer den genannten Koautoren beteiligten sich Gerd Bongardt und Michael Burke an der Diskussion und brachten Anregungen ein. Die Autoren sind unter den E-Mail-Adressen {haase|huber|krumeich|rehm}@cl-ki.uni-osnabrueck.de zu erreichen.

2   Sie basiert auf einem umfangreichen Textkorpus, das unter http://www.cl-ki.uni-osnabrueck.de/cdt/ eingesehen werden kann.

1.2   Sondersprache

Die Sprache des Internets kann als gruppenspezifische Sondersprache der Internet-Nutzer betrachtet werden. Sie wird für die verschiedenen Kommunikationsformen eingesetzt, die in Abschnitt 2 technisch vorgestellt werden. Da die Nutzung des Internets (im deutschsprachigen Raum mehr als in Amerika) relativ jungen Datums ist, gehören die Nutzer eher der jungen Generation an. Jugendsprachliche Züge (Schlobinski et al. 1993) dürften deshalb nicht überraschen. Begriffe der Computerterminologie sind den Internet-Nutzern in der Regel geläufig und charakterisieren daher auch die Sprache der Netze. Wegen des hohen Anteils männlicher Nutzer ist die Sprache des Internets als „Männersprache" bezeichnet worden (Herring 1993). Die technologische Vorreiterrolle Amerikas schlägt sich in der großen Zahl von Anglizismen nieder, die aber nicht vor allem deshalb verwendet werden, weil deutsche Ausdrücke fehlen, sondern sie sind an sich – ähnlich wie in der Werbesprache (Schütte 1996) – Träger einer Signalfunktion: sie signalisieren technisches Know-How, Gruppenidentität, Modernität und Jugendlichkeit.

1.3   Hypothesen

Anhand des Korpus können zwei Hypothesen überprüft werden. Zumindest die erste ist von großem Interesse in der Sprachwandeldiskussion.

Hypothese 1: Neue besondere Kommunikationsbedingungen schlagen sich in sprachlicher Innovation nieder. Die Bedingungen der Internetkommunikation sind zum einen technischer, zum anderen konzeptioneller Natur (siehe im folgenden).

Hypothese 2: Obwohl die Computerkommunikation bisher über Tastatur und Bildschirm an ein schriftliches Medium gebunden ist, wird sie in großen Teilbereichen eher sprechsprachlich als schriftsprachlich konzipiert. Diese sprechsprachliche Konzeption wird insbesondere über medial schriftsprachliche Innovationen vermittelt, die zwar oralen Ausdrucksmitteln entsprechen, aber nicht unmittelbar medial transferiert, d.h. vorgelesen werden können.

Es folgt daraus, daß das Spannungsfeld zwischen Mündlichkeit und Schriftlichkeit (Koch & Oesterreicher 1994) bei den im Internet zu beobachtenden sprachlichen Innovationen eine besondere Rolle spielt (siehe Abschnitt 3).

1.4 Sprachwandel

Die Sondersprache des Internet zeigt sprachliche Innovationen, die als solche natürlich Fälle von Sprachwandel sind. Interessanterweise lassen sich die Bedingungen der Innovationen klar beobachten, so daß nicht etwa ein abstrakter „Sprachgeist" bemüht werden muß, um sie zu erklären. Verschiedene Besonderheiten der Internetsprache zeigen sich auch zwischen Internet-Nutzern in lautsprachlichen Gesprächen. Mit der zu erwartenden Ausweitung der Computerkommunikation werden sich diese Besonderheiten ebenfalls verbreiten, so daß schon jetzt ein Sprachwandel größeren Ausmaßes prognostiziert werden kann. Gleichzeitig wird der Charakter einer Sondersprache mehr und mehr verloren gehen, womit auch die Bedeutung einiger hier erörterter Besonderheiten zurückgehen wird.

2.   Technische Einführung

Im folgenden werden diejenigen Kommunikationsdienste des Internet vorgestellt, die wir auf linguistische Phänomene untersucht haben. Hierbei handelt es sich um *E-Mail*, die elektronische Post, die *Newsgroups* – schwarze Bretter – und den *Internet Relay Chat*, IRC.

2.1   Asynchrone Kommunikation
2.1.1   Eins-zu-Eins-Kommunikation: E-Mail

In den sechziger Jahren wurden die ersten Computernetzwerke entwickelt und großflächig, z.B. an Universitäten, eingesetzt. So entstand Bedarf für eine neue Art von Programmen, die eine – direkte und indirekte – Kommunikation mit anderen Teilnehmern des Netzwerkes ermöglichen. Auf diese Weise entstand die elektronische Post, *E-Mail*. E-Mail bietet die Möglichkeit einer zeitversetzten, d.h. asynchronen Kommunikation, wie sie von der herkömmlichen Briefpost bekannt ist. Zwar besitzt E-Mail einige Nachteile wie z.B. das Fehlen der persönlichen Note einer Handschrift, jedoch existieren auch viele Vorteile: Eine E-Mail befindet sich im Regelfall schon nach wenigen Sekunden im Briefkasten des Adressaten, es ist möglich, die verschiedensten Dateien, z.B. Bilder oder Töne, an eine E-Mail anzuhängen, und man kann Kopien einer E-Mail an Dritte schicken, indem man deren E-Mail-Adresse mit in die Empfängerliste aufnimmt.

Weiterhin existieren Tausende von *Mailing-Listen*, über die Diskussionen zu bestimmten Themengebieten geführt werden, indem eine E-Mail von einer zentralen Adresse aus an alle Listenteilnehmer weiterversandt wird, was auch einer Kommunikationssituation *Eins-zu-Viele* entspricht. Die Handhabung von Mailing-Listen war (und ist) nicht einfach: Um Teilnehmer einer Liste zu werden, mußte ein Interessent eine kryptisch anmutende E-Mail an eine Verwaltungsadresse schicken und daraufhin automatisch zurückgeschickte Benachrichtigungen der Mailing-Listen-Software zur Absicherung oft mehrmals quittieren. Des weiteren mußte man häufig sehr lange recherchieren, um herauszufinden, welche verschiedenen Listen zu welchen Themen existieren.[3]

2.1.2 Eins-zu-Viele-Kommunikation: Newsgroups

Aus diesen Gründen wurde ein neues Medium entwickelt, das prinzipiell das elektronische Pendant zu den bekannten „Schwarzen Brettern" darstellt. Diese *Newsgroups* sind über speziell dafür vorgesehene Programme *(Newsreader)* einsehbar. Beim ersten Start eines solchen Programmes werden alle verfügbaren Gruppen angezeigt, so daß man eine persönliche Auswahl treffen kann. Allerdings wird diese Auswahl durch die Tatsache erschwert, daß weltweit mehr als 20.000 Gruppen existieren. Hat man nun eine Gruppe, z.B. `comp.ai` – eine englischsprachige Gruppe, die sich mit grundlegenden Diskussionen zum Thema *Künstliche Intelligenz* beschäftigt – angewählt, so kann man vorhandene Artikel lesen. Diese Artikel bezeichnet man auch als *Postings* (von engl. *to post* 'anheften'). Öffentliche Antworten heißen *Follow-Ups,* persönliche Antworten per *E-Mail* an den Autor eines Postings werden als *Reply* bezeichnet. Diskussionen, die oft aus bis zu 100 und mehr Postings bestehen, bezeichnet man als *Threads* (von engl. *thread* '(roter) Faden (einer Unterhaltung)'). Über das *Usenet,* ein Netzwerk von *Newsservern,* die auch größtenteils dem Internet zugehörig sind, werden Artikel über die gesamte Welt verteilt, wobei man – im Gegensatz zu E-Mail – nicht in Sekunden, sondern noch in Stunden und Tagen rechnet, da viele Newsserver auch heutzutage noch – von Privatleuten betrieben – zwei oder dreimal pro Tag über Telefonleitungen mit dem netztopologisch *nächsten* Newsserver kommunizieren, um neue

---

3 Dieses Problem besteht heute nicht mehr, da die vielen über das *World Wide Web* erreichbaren Suchmaschinen innerhalb von Sekunden nahezu alle relevanten Informationen, die im Internet und speziell im WWW zu einem bestimmten Thema zugänglich sind, zur Verfügung stellen können.

Artikel auszutauschen.

Um eine bessere Übersicht zu gewährleisten, werden die Gruppen in verschiedene Hierarchien eingeteilt. Es gibt sieben dieser – ausnahmslos englischsprachigen – wichtigen „Obergruppen", die auf nahezu jedem Newsserver verfügbar sind, die *big seven*:

comp   Informatik, Hardware, Software.

news   Hier finden sich Anleitungen für Neulinge, sogenannte *FAQ*-Listen (Frequently Asked Questions), Hinweise zur Benutzung von Newsreadern.

rec   Hobbies, Sport, Freizeitbeschäftigungen, Kunst (von engl. recreation 'Erholung').

sci   Forschung und Technik. Abgesehen von der ausgegliederten Informatik (comp) ist hier jede Wissenschaft mit eigenen Gruppen und sogar Unterhierarchien vertreten; so bezeichnet z.B. sci.lang die Sprachwissenschaft.

soc   Soziale Themen, Soziologie, Kultur, Politik.

talk   Informelle Gespräche über die unterschiedlichsten Themen.

misc   Verschiedenes, also Themen, die nicht in eine der anderen Kategorien passen.

Darüber hinaus haben sich unzählige weitere Hierarchien gebildet, z.B. alt (Populärwissenschaftliches, leichte Literatur und informelle Diskussionen über verschiedene („alternative") Themen), bionet (biologische Themen aller Art) oder de, in der alle deutschsprachigen Newsgroups zusammengefaßt sind.

Ähnlich wie bei der elektronischen Post fallen die Vorzüge des Mediums Newsgroup sofort ins Auge: Diskussionen mit tausenden von Netzteilnehmern sind möglich, wobei ein Artikel schon nach wenigen Stunden nahezu weltweit verteilt ist. Gerade bei computerbezogenen Themen ist es selbstverständlich, sowohl mit Neulingen, z.B. Schülern, als auch mit Experten zu diskutieren, die z.B. bestimmte Programme entwickelt haben und nun Fragen dazu beantworten. Grobe Verhaltensrichtlinien sind in der *Netiquette*[4] formuliert, die unter anderem vorsieht, daß man Artikel nur in die dafür vorgesehenen Gruppen absetzen sollte oder daß die *Signature,* eine Art elektronische Visitenkarte, maximal vier Zeilen lang sein sollte. Des weiteren sind einige Gruppen *moderiert,* d.h. man schickt einen Artikel, den man veröffentlichen möchte,

---

4 Z.B. http://www.rz.uni-osnabrueck.de/rz/general/howto/netiquet.htm

zunächst per E-Mail an den Moderator, der daraufhin die Relevanz des Artikels für die Gruppe prüft und ihn dann ggf. in der Newsgroup veröffentlicht. Dieses Verfahren erinnert zwangsläufig an Zensur, jedoch ist es für Gruppen, in denen sonst mehrere tausend – oft redundante – Artikel pro Tag auftauchen würden, unerläßlich. Um dem Aspekt der latenten Zensur von vornherein entgegenzuwirken, werden viele Gruppen, die in moderierter Form vorliegen, auch unmoderiert angeboten, damit das Recht auf freie Meinungsäußerung, das von vielen Netzteilnehmern großgeschrieben wird, nicht verletzt werden kann.

2.2   Synchrone Kommunikation

2.2.1   Eins-zu-Eins-Kommunikation: Talk

Programme zur *direkten Kommunikation* mit anderen Netzteilnehmern existieren schon sehr lange. Diese Tools, z.B. *Talk,* bieten allerdings kaum Komfort und sind oft lediglich für ein Gespräch mit genau einem weiteren Partner geeignet. Des weiteren muß man detailliert wissen, an welchem Rechner des Netzwerkes der Partner arbeitet, um mit ihm ein „virtuelles Gespräch" führen zu können. Talk arbeitet in Echtzeit, d.h. jedes Zeichen wird nach dem Tippen sofort zum Gesprächspartner übertragen. Der Schirm ist dabei in Hälften unterteilt: In der oberen Hälfte sieht man den eigenen Text, in der unteren Hälfte erscheinen die Sätze des Partners.

Mit dem Einzug des Internet in die europäischen Hochschulen Ende der achtziger Jahre entstand der Bedarf nach einer Software, die Gespräche[5] in Echtzeit ermöglicht. Dabei sollten unbegrenzt viele Personen teilnehmen können.

2.2.2   Viele-zu-Viele-Kommunikation: Internet Relay Chat – IRC

Ein finnischer Student entwickelte daraufhin den *IRC, Internet Relay Chat,* der seinen Vorfahren, den kompliziert zu bedienenden *Relay Chat* des *Bitnet*[6], schon nach wenigen Monaten vollständig verdrängt hatte.

---

5 Dieser Terminus bezieht sich bei uns auf *virtuelle Konversationen,* die per Tastatur und Bildschirm geführt werden (s.u.).

6 Das *Bitnet* konstituierte sich aus mehreren hundert Großrechnern, die jedoch mittlerweile fast alle außer Dienst gestellt wurden.

Der IRC ist vom Prinzip her am ehesten vergleichbar mit CB-Funk[7]: Mehrere Personen, von denen jede einen eindeutigen Namen besitzt, treffen sich auf verschiedenen *Kanälen,* um dort Gespräche zu führen. Weltweit benutzen ca. 15.000-20.000 Menschen gleichzeitig den IRC, wobei einige tausend Kanäle existieren. Es besteht ein sehr wichtiger Unterschied zwischen IRC und herkömmlichen Gesprächen: Jeder IRCer kann entscheiden, wann er wem antworten möchte. Mit Hilfe des Befehls `ignore` kann man andere Teilnehmer vollständig ignorieren, d.h. Nachrichten von ihnen tauchen auf dem eigenen Bildschirm nicht weiter auf. Im IRC gibt es also keine *erzwungenen Gespräche.*

Der IRC steht den Newsgroups in puncto Themenvielfalt in nichts nach: Es existieren Kanäle, auf denen sich weltweit verteilte Mitglieder von Projektgruppen treffen, um ihre gemeinsame Arbeit zu koordinieren, es gibt Kanäle, auf denen von Experten Fragen zu bestimmten Themen beantwortet werden, was besonders bei dringenden Problemen äußerst nützlich sein kann und zu guter Letzt existieren auch Kanäle, die nur der reinen Unterhaltung dienen. Der Einfallsreichtum einiger Netzteilnehmer ist dabei beachtlich: Auf einigen Kanälen sind kleine „Roboter" (oft auch *Bots* genannt) Dauergäste. Diese Bots sind kleine Programme, die es anderen Teilnehmern des Kanals z.B. ermöglichen, ein Spiel zu spielen, oder die automatisch bestimmte Informationen oder Binärdateien zur Verfügung stellen. Während des Golfkrieges oder des Putsches in Moskau 1991 war der IRC für viele beteiligte Menschen der einzig verbleibende Zugang zur Weltöffentlichkeit. Auf diese Weise gelangten in Echtzeit Augenzeugenberichte[8], die sich oft in wesentlichen Punkten von offiziellen Pressemitteilungen unterschieden, an einige Hundert IRC-Benutzer des Kanals `#report` in aller Welt.

Mit dem Aufschwung des World Wide Web wurden – oft auf der Basis von IRC – sogenannte *Chats* entwickelt, die eine Kommunikation mit anderen durch eine WWW-Oberfläche ermöglichen. Da diese Chats technisch jedoch zum einen oft isoliert vom eigentlichen IRC ablaufen und zum anderen nur von einem eingeschränkten Benutzerkreis in Anspruch genommen werden, wollen wir sie in dieser Betrachtung außer Acht lassen. Der Vollständigkeit halber seien noch die *Internet-Phone*-Systeme erwähnt: Mit Hilfe einer geeigneten Software, einer Hardwareerweiterung zur Erzeugung von Klängen und Tönen und einem Mikrophon ist es möglich, gleichsam syn-

---

7 *Citizen Band,* ein Radioband, das für den Funkverkehr unter Privatleuten freigegeben wurde.

8 Die entsprechenden – schon fast historisch zu nennenden – Logfiles sind auch heute noch auf vielen Rechnern, z.B. `http://irc.pages.de`, im Internet zu finden.

chron mit anderen Netzteilnehmern zu reden. Aus technischen Gründen funktioniert
dieses Verfahren jedoch nur in den seltensten Fällen: Die Übertragungen der digitali-
sierten Tondateien, die die gesprochene Sprache enthalten, benötigen oft länger als
erwünscht und die Tonqualität ist meist nur minderwertig.

Medium	Absender	Empfänger	Art
E-Mail	Einer	Einer	asynchron
E-Mail (an eine Mailingliste)	Einer	Alle Abonnenten der Liste	asynchron
Netnews	Einer	Unbestimmt viele	asynchron
Talk	Einer	Einer	synchron
IRC	Viele	Viele	synchron

Tabelle: Wichtige elektronische Kommunikationsmedien im Überblick

3.   Mediale und konzeptionelle Schriftlichkeit

In der Schriftlichkeitsdiskussion stößt man auf begriffliche Schwierigkeiten durch die
Doppeldeutigkeit der Begriffe „mündlich" und „schriftlich" (Koch & Oesterreicher
1994). Diese beiden Begriffe beziehen sich zum einen auf das Medium der Realisierung sprachlicher Äußerungen und zum anderen auf die Konzeption, die diesen
zugrunde liegt. Im Falle der medialen Interpretation kann man die beiden Begriffe
„mündlich" und „schriftlich" klar voneinander abgrenzen, wobei hier auch die äqui-
valenten Begriffe „phonisch" und „graphisch" geläufig sind. In der konzeptionellen
Interpretation ist diese Trennung nicht so eindeutig, da z.B. ein Privatbrief zwar
medial schriftlich ist, jedoch konzeptionell der Mündlichkeit näherstehen kann.

Medium und Konzeption sind voneinander unabhängig zu sehen, jedoch gibt es
ausgeprägte Affinitäten zwischen „medial schriftlich" und „konzeptionell schriftlich"
bzw. „medial mündlich" und „konzeptionell mündlich". Als Beispiel diene ein Gesetzestext (medial schriftlich/konzeptionell schriftlich) oder ein familiäres Gespräch
(medial mündlich/konzeptionell mündlich). Für die Kultur- und Sprachgeschichte sind
jedoch die gegensätzlichen Kombinationen interessant, da es bei ihnen immer wieder
zu Veränderungsprozessen kommt. Ein Beispiel für eine solche Kombination ist ein
wissenschaftlicher Vortrag, der mündlich realisiert wird, aber konzeptionell schriftlich
ist.

3.1 Mediale Mündlichkeit und Schriftlichkeit

In der medialen Interpretation von Mündlichkeit und Schriftlichkeit bilden diese beiden Begriffe eine Dichotomie. Ein Text wird entweder gesprochen oder geschrieben realisiert. Beispiele für Kommunikation im mündlichen Medium sind Telefongespräche, Diskussionen, Vorträge, Konferenzen, Sitzungen usw. Im schriftlichen Medium werden Bücher, Artikel, Briefe oder Zeitungen produziert.

In der Computerkommunikation existiert derzeit praktisch nur ein Medium, in dem Sprache realisiert werden kann: der geschriebene Text.[9] Mündliche Äußerungen, wie sie z.B. in Gesprächen vorkommen, werden also in ein neues Medium verschoben. Der geschriebene Text wird dann über Netzdienste, z.B. E-Mail oder IRC, verbreitet. Viele Menschen haben heutzutage vernetzte Computer zu Hause und am Arbeitsplatz. Wegen der hohen Geschwindigkeit und Bequemlichkeit der elektronischen Post werden heute viele Telephonate oder private Mitteilungen durch E-Mail ersetzt. Viele Studenten und Jugendliche benutzen IRC, um mit Leuten aus der ganzen Welt kommunizieren zu können, dadurch wird wieder eine große Anzahl Gespräche im graphischen Medium realisiert.

Im Unterschied zu den phonischen Sprechhandlungen wechseln die ehemals medial graphisch realisierten sprachlichen Äußerungen durch Computerkommunikation nicht ihr Medium. Die meisten Artikel oder Bücher werden nicht mehr mit der Schreibmaschine, sondern mit Hilfe von Computern verfaßt.

3.2 Konzeptionelle Mündlichkeit und Schriftlichkeit

Im Unterschied zur medialen Interpretation sind die Schlüsselbegriffe Mündlichkeit und Schriftlichkeit in der konzeptionellen Interpretation nicht eindeutig trennbar. Mathematisch modelliert repräsentieren sie die Endpunkte eines Kontinuums (Koch & Oesterreicher 1994). Der konzeptionellen Mündlichkeit entsprechen z.B. ein Gespräch unter Freunden oder ein privates Telefonat, wohingegen ein Gesetzestext oder ein Zeitungsartikel der konzeptionellen Schriftlichkeit zuzuordnen sind. Oft überlappen die beiden Bereiche: wie im Falle eines Privatbriefes oder eines wissenschaftlichen Vortrags. Hier kann man nur ungefähr angeben, welchem Endpunkt des Kontinuums

---

9 Zwar existieren auch Verfahren, gesprochene Sprache – ähnlich dem Telefonieren – zu übertragen, jedoch sind diese Techniken nur sehr bedingt einsetzbar (vgl. 2.2.2).

die jeweilige Gattung nähersteht.

Dieses Kontinuum wird mit Hilfe der neuen Medien der Computerkommunikation mit neuen Abstufungen erweitert, was zu konzeptionellen Verschiebungen führt.

Die in Kapitel 2 vorgestellten Mittel der Computerkommunikation haben das folgende konzeptionelle Profil: Talk und IRC sind größtenteils konzeptionell mündlich, wobei – abhängig vom jeweils aktuellen Diskussionsgegenstand – eine geringe konzeptionell-schriftliche Komponente vorhanden sein kann. Auch die konzeptionelle Verortung von E-Mail ist vom Diskussionsgegenstand abhängig, wobei zusätzlich der Diskussionspartner eine wichtige Rolle bei der Einteilung in die konzeptionelle Mündlich- oder Schriftlichkeit spielt, da eine E-Mail an einen engen Freund sicherlich anders formuliert wird als eine an einen Unbekannten gerichtete.

Artikel, die in Newsgroups erscheinen, sind im allgmeinen konzeptionell schriftlich, wobei Artikeln, die z.B. in der wissenschaftlichen Hierarchie `sci.*` veröffentlicht werden, ein anderes Konzept zugrunde liegt als denen, die in `de.talk.bizarre`, einer Smalltalk-Gruppe, erscheinen. Eine generelle Einordnung der Newsgroups ist also nicht ohne weiteres möglich.

Hinter den Begriffen *konzeptionelle Mündlichkeit* bzw. *konzeptionelle Schriftlichkeit* stehen grundlegende Eigenschaften von Kommunikationssituationen. Alle diese Eigenschaften können (nach Koch & Oesterreicher 1994) auf die *kommunikative Distanz* vs. *kommunikative Nähe* zwischen Kommunikationspartnern zurückgeführt werden. Auch diese beiden Begriffe bilden ein Kontinuum mit skalierbaren Parametern wie: Öffentlichkeit, Vertrautheitsgrad der Kommunikationspartner, Emotionalität, Dialog/Monolog, Spontaneität u.a. Die zentralen Begriffe der konzeptionellen Mündlichkeit und Schriftlichkeit können auf die Begriffe der *Nähe* und *Distanz* abgebildet werden, wodurch auch die schon erwähnte Doppeldeutigkeit (medial vs. konzeptionell) aufgelöst wird. Im Zusammenhang mit den Begriffen der kommunikativen Nähe vs. Distanz spricht man auch von einer *Sprache der Nähe* bzw. *Sprache der Distanz*; geläufig sind auch Begriffe wie *Distanzbereich* vs. *Nähebereich*. Anstelle des Attributes *kommunikativ* wird manchmal auch das Wort *konzeptionell* benutzt. Durch den Einfluß der Computerkommunikation verfeinert sich auch das Nähe/Distanz-Kontinuum, da neue skalierbare Parameter für computerspezifische Aspekte erforderlich sind. Dies wird in den nächsten Abschnitten diskutiert.

3.3 Aspekte des Sprachausbaus

3.3.1 Textuell-pragmatische Aspekte

Auf der textuell-pragmatischen Ebene gibt es im Falle kommunikativer Nähe bestimmte Signale zwischen den Kommunikationspartnern, die den Verlauf eines Gespräches beeinflussen können. Einige Beispiele dafür sind Gliederungssignale, *turn-taking*-Signale, *hesitation phenomena* und Korrektursignale (Koch & Oesterreicher 1994). Im Falle von kommunikativer Distanz zwischen den Beteiligten sind größere Textkohärenz, eine strukturierte Semantik und explizite Verknüpfungen zwischen den jeweiligen Textteilen erforderlich.

In der Sprache der Nähe kommt durch Computerkommunikation eine neue Distanzkomponente hinzu. Die zum Teil non-verbalen Signale der Mündlichkeit müssen durch andere Mittel ersetzt werden. Typisch für diesen Aspekt ist der IRC, in dem sich gewisse Verfahren herausgebildet haben, die diese Signale substituieren (siehe Kapitel 4). Gewisse Signale sind jedoch schwer reproduzierbar und werden durch nichthinreichende Mittel ersetzt, was dazu führt, daß das Gespräch einen Teil seiner persönlichen Note einbüßen muß. Ein Gespräch via Talk hat nicht so viele Nachteile wie IRC-Gespräche, da es sich um eine Eins-Zu-Eins-Kommunikation handelt: Man kann sich direkt auf die Äußerungen seines Gesprächspartners konzentrieren, ohne durch Dritte gestört zu werden, was im IRC oft der Fall ist. Gleiches gilt für einen im Nähebereich befindlichen privaten Brief, der per E-Mail verschickt wird, wobei hier – ebenso wie in den News – Rede und Gegenrede entkoppelt sind (Lange 1996), da es sich um ein asynchrones Kommunikationsmedium handelt.

Im Distanzbereich ergeben sich auf der textuell-pragmatischen Ebene keine wesentlichen Änderungen, da die Computerkommunikation den allgemeinen Eigenarten des Distanzbereichs unterworfen ist.

3.3.2 Syntaktische Aspekte

Syntaktische Wohlgeformtheit ist insbesondere bei kommunikativer Distanz erforderlich. Im Nähebereich wird mangelhafte syntaktische Korrektheit durch die Verwendung non-verbaler und paralinguistischer Signale zwischen den Kommunikationspartnern meist kompensiert. Im Falle eines Privatbriefes ist syntaktische Wohlgeformtheit bis zu einer bestimmten Verständlichkeitsgrenze erforderlich. Überschreitet sie diese Grenze, wird der Briefinhalt fehlerhaft oder gar nicht interpretierbar. Diese Grenze ist jedoch schwer zu definieren, da sie von vielen Faktoren abhängig und extrem situationsspezifisch ist. Ein Beispiel: Für einen deutschen Muttersprachler, der die englische Sprache nicht gut beherrscht und einen in Englisch verfaßten Brief liest, können syntaktische Kongruenzfehler schon zu Verständnisproblemen führen, während beim Lesen eines deutschen Briefes solche Fehler problemlos überwunden werden können. Kongruenzfehler und leichte Wortstellungsfehler sind für den Leser weitgehend unproblematisch; grobe syntaktische Verstöße können das Verstehen eines Textes jedoch stark beeinträchtigen.

Im allgemeinen gilt das Gesagte entsprechend für die Computerkommunikation. Bei Talk kann man feststellen, daß die syntaktische Wohlgeformtheit keine wichtige Rolle spielt. Viele Wörter sind aufgrund von Tippfehlern orthographisch fehlerhaft geschrieben. Es treten Konstruktionsbrüche (*Anakoluthe*) bzw. Satzabbrüche (*Aposiopesen*) auf. Im Falle einer gänzlich unverständlichen Äußerung gibt es natürlich die Möglichkeit, den Gesprächspartner aufzufordern, seine Äußerung neu zu formulieren. Auch im IRC spielt die syntaktische Wohlgeformtheit keine außerordentlich wichtige Rolle; die gleichzeitige Beteiligung mehrerer Personen an einem Gespräch führt jedoch oft zu unübersichtlichen, nicht-kohärenten Sequenzen, die das Verfolgen des Gesprächs behindern. Angesichts dieser Tatsache ist hier die Korrektheit der Syntax relevanter als bei Talk. Bei E-Mail ist es natürlich unterschiedlich, abhängig von der bereits angesprochenen Vertrautheit zwischen Sender und Empfänger, ob eher kommunikative Nähe oder Distanz angestrebt ist. Newsgroups erfordern im allgemeinen kommunikative Distanz und hiermit auch syntaktische Wohlgeformtheit.

3.3.3 Lexikalisch-semantische Aspekte

Unter den Bedingungen konzeptioneller Nähe hat die Wortwahl dasselbe Gewicht wie andere Faktoren, die ein Gespräch bestimmen, z.B. der Situations- und Wissenskontext oder die anwesenden Gesprächspartner. Im Distanzbereich werden die fehlenden außersprachlichen Kontexte durch eine Differenzierung des benutzten Wortmaterials kompensiert.

In der Computerkommunikation verhält sich der Distanzbereich entsprechend, wobei jedoch für die Sprache der Nähe andere Faktoren gelten: Bei Talk, normalerweise von miteinander vertrauten Kommunikationspartnern benutzt, spielt die Wortwahl keine wichtige Rolle, dennoch ist sie durch die physische Abwesenheit des Gesprächspartners stärker ausgelastet als bei einem normalen Gespräch. Im Vergleich zu Talk ist im

IRC die Wortwahl relativ wichtig. Grund hierfür ist die oft schwer verständliche, mehrdeutige Gesprächsstruktur und die für die Gesprächskohärenz erforderliche spezifische Terminologie.

3.3.4 Neue Diskurstraditionen und fremdinitiierter Ausbau

Der Begriff *Diskurstradition* bezieht sich auf Textsorten, Gattungen, Stilrichtungen, sowie Gesprächsformen innerhalb einer Sprache. Durch den Fortfall gewisser Diskurstraditionen, durch die Erweiterung bereits existierender oder die Entwicklung neuer Diskurstraditionen findet Sprachveränderung statt.

Die Computerkommunikation hat durch E-Mail, Talk, IRC u.a. zur Bildung neuer Diskurstraditionen geführt und auch in diesem Bereich einen Sprachwandel hervorgerufen. Hier ist auch der *Hypertext* als eine neue Textsorte und Diskurstradition zu erwähnen.

Ein *fremdinitiierter Sprachausbau* ist ein Sprachausbau, der unter dem Einfluß einer anderen Sprache stattfindet. Im Falle starker kultureller Beeinflussung werden viele Wörter aus der einen Sprache in die andere übernommen. Die Menge der Ausdrucksmittel der aufnehmenden Sprache vergrößert sich, neue Ausdrucksmittel können aber auch alte ersetzen.

Computerkommunikation steht auch in Verbindung mit dem fremdinitiierten Ausbau einer Sprache, da dieses Kommunikationsmedium durch die hauptsächlich englische Terminologie der Computerwelt viele Anglizismen mit einbezieht. Durch die Benutzung von Computern tauchen mehr und mehr englische Fachbegriffe der Datenverarbeitung auch im deutschen Wortschatz auf. Von der Semantik her bleiben sie aber nicht nur in diesem Bereich, sondern werden auch in anderen Kontexten und mit anderen Bedeutungen benutzt (siehe 4.2.1).

4.   Sprachliche Korrelate
4.1   Pragmatik

Hier handelt es sich zum einen um die oft benutzten Ideogramme *(Smileys)* und um verschieden dargestellte Zustands- und Gefühlsäußerungen. Wir werden zum anderen auf die grundlegenden Mechanismen eingehen, wie in den hier besprochenen Medien Textkohäsion erreicht wird. Des weiteren werden wir aufzeigen, welche Besonderheiten deiktische Ausdrücke in der elektronischen Kommunikation aufweisen und wie Emphasen ohne Zuhilfenahme gesprochener Sprache realisiert werden.

4.1.1 Ideogramme

Benutzt man ausschließlich textbasierte Medien wie z.B. E-Mail, News oder IRC, so ist man entweder gezwungen, jede ironische Bemerkung explizit als solche zu kennzeichnen, oder man benutzt gewisse – auf Konventionen basierende – Glyphen, mit denen bestimmte Phrasen oder Sätze annotiert werden. Diese Glyphen bezeichnet man auch als *Smileys* oder *Emoticons* (*Emotion* + *Icon*); wir benutzen den Terminus Ideogramme. Ohne den Einsatz von Ideogrammen kommen sehr leicht Mißverständnisse auf, ursprünglich ironisch gemeinte Bemerkungen werden ernstgenommen usw.

Ein gewisser Scott Fahlman benutzte 1980 in einem Newsartikel, der über ein privates Mailbox-System in den USA verteilt wurde, das erste Ideogramm: :-) (Raymond 1996). Den Sinn dieses Zeichens erkennt man leicht, wenn man den Kopf um 90 Grad nach links neigt: Der Doppelpunkt stellt ein Paar Augen dar, das Minus-Zeichen die Nase und die Klammer den lächelnden Mund. Ein Augenzwinkern wird mit einem Semikolon dargestellt: ;-). Oft wird das Minus-Zeichen weggelassen: :) oder :/ (kennzeichnet Traurigkeit). Hunderte von Ideogrammen sind bekannt (für eine kleine Auswahl siehe Anhang A), da es ein Hobby vieler Datennetzbenutzer ist, neue Arten zu erstellen. Von den vielen verschiedenen Ideogrammen werden jedoch nur sehr wenige benutzt, sie sind „umgangssprachlicher" als andere. So finden sich in unserer mitprotokollierten IRC-Sitzung irc, die ca. 500 Zeilen enthält, 57 Vorkommen von :), 44 Vorkommen von :-) und 27 Vorkommen von ;). Das ausgefallenste Ideogramm findet sich in Zeile 503 und stellt einen stilisierten Weihnachtsmann dar: *<|:-).

In den News ist es gruppen- und themenabhängig, ob und in welchem Ausmaß Ideogramme benutzt werden. In den von uns untersuchten 131 Beispielartikeln (Newskorpus) finden sich 24 Vorkommen von :-), 18 Vorkommen von :) und 12 Vorkommen von ;). Man sieht also, daß die in de.newusers.questions erscheinenden Artikel auch durchaus lustige Bemerkungen enthalten können; sehr viel weniger Ideogramme wird man z.B. in de.soc.politik entdecken, sehr viel mehr in de.talk.jokes.

Die erwähnten Ideogramme befinden sich nahe an der konzeptionellen Mündlichkeit, und zwar in einem Bereich, in dem die eigentliche Schriftsprache als unzureichend empfunden wird. Ideogramme sind an das schriftliche Medium gebunden und finden in der Schriftsprache schon seit ältester Zeit Verwendung; neu ist jedoch ihr Einsatz im Sinne konzeptioneller Mündlichkeit.

4.1.2 Zustands- und Gefühlsäußerungen

Neben Ideogrammen existiert eine weitere Möglichkeit, Gefühle darzustellen, ohne sie explizit in einem herkömmlichen Satz detailliert zu schildern. Da hierfür unseres Wissens kein geläufiger Terminus bekannt ist, nennen wir diese Möglichkeit *Zustands- und Gefühlsäußerungen*. Hierbei handelt es sich größtenteils um Verben, die eine isolierte Stellung außerhalb des Satzzusammenhangs kennzeichnet. Gefühlsäußerungen werden meist in Asteriske („*") eingebettet, um ihre Sonderstellung zu markieren (Zeilen 22, 368, 385) (IRC-Korpus).

```
<janosch> mr_white: aber das ist doch nicht weiblich *lach*
<Groover> janosch: oh *freu* so mag ich dich lieber ;)(
<COuntZer0> georg: *grins* :)
```
Beispiel 1: Beispiele von Zustands- und Gefühlsäußerungen

Zustands- und Gefühlsäußerungen tauchen vornehmlich im IRC auf: In unserer Beispiel-Sitzung finden sich sechs Vorkommen[10] von „*lach*", fünf Vorkommen von „*grins*" und drei Vorkommen von „*freu*".

In unseren 131 Beispiel-Newsartikeln hingegen findet sich nur ein einziges Vorkommen einer Gefühlsäußerung: „*rotfl*". Hier läßt sich die geringe Benutzung dieses Stilmittels darauf zurückführen, daß die von uns untersuchte Gruppe technikorientiert ist. In denjenigen Gruppen, die Smalltalk zum Thema haben, finden sich wesentlich mehr Zustands- und Gefühlsäußerungen. Diese Smalltalk-Gruppen (z.B. die deutsche IRC-Newsgruppe de.comm.chatsystems) werden auch von Personen benutzt, die ebenfalls im IRC anzutreffen sind. Diese haben vermutlich das Phänomen *Zustands- und Gefühlsäußerungen* in die Newsgruppen gebracht. Im Hinblick auf die kommunikative Nähe bzw. Distanz spielen diese Phänomene dieselbe Rolle wie Ideogramme.

---

10 Wir machen bei der Zählung keinen Unterschied, ob das Verb in Asteriske gesetzt wird oder nicht.

4.1.3 Textkohäsion

Obwohl sich synchrone und asynchrone Computerkommunikation in vielen Punkten gleichen, gibt es im Bereich der Textkohäsion gravierende Unterschiede, die jedoch hier medien- bzw. situationsbedingt sind.

Antwortet man auf einen Artikel, der in einer Newsgroup erschienen ist, so möchte man sicherstellen, daß auch in diesen Thread neu hinzukommende Leser die wichtigsten bislang genannten Argumentationspunkte mitverfolgen können. Des weiteren liegt mit einem Bezugsposting eine vollständige Rede vor; einem asynchronen Medium ist inhärent, daß es dem Antwortenden nicht die Möglichkeit bietet, direkt in die Rede einzugreifen. Daher werden diejenigen Stellen eines Artikels oder einer E-Mail, auf die man sich bezieht, zitiert:

```
Hans-Joachim Mueller (hajo@no.such.domain.org) schrieb:
> Kann mir bitte jemand mitteilen, wo ich im World Wide Web
> Informationen zur Computerlinguistik finden kann?

Hallo Hans-Joachim,

Ein guter Start ist http://www.cl-ki.uni-osnabrueck.de,
aber auch http://www.ims.uni-stuttgart.de ist eine Reise wert.
Willi
```

Beispiel 2: Zitieren von Bezugstext in einem Newsartikel

Zunächst wird der Autor des Bezugsartikels genannt. Hier existieren verschiedene Varianten und Kombinationen von E-Mail-Adresse, dem Namen und der *Message-ID*[11]. Daraufhin zitiert der Antwortende die für ihn relevanten Zeilen und setzt sie von seinem Text ab, was durch ein nicht-alphanumerisches Zeichen, üblicherweise „>", geschieht. In eine Begrüßung und eine Verabschiedung – ähnlich einem herkömmlichen Brief – eingeschlossen, findet sich dann die eigentliche Antwort. Hält man sich an die in der Netiquette empfohlenen Quoting-Regeln (von engl. to quote 'zitieren'), ist für den Leser nachvollziehbar, in welcher Beziehung Rede und Gegenrede stehen. Zuweilen kommt es jedoch vor, daß man – um weiterhin eine sinnvolle Kohäsion zu gewährleisten – mehr als eine Zitierebene benutzen muß, da sonst Mißverständnisse aufkommen können. So können z.B. Aussagen von anderen (bewußt oder unbewußt) in einen falschen Zusammenhang gestellt werden. In solchen Fällen wird ein bereits zitierter Text erneut zitiert (Artikel 77, Newskorpus). Ein weiterer Sonderfall ist das stichwortartige Neuformulieren eines Bezugstextes, da das Zitieren

---

11 Jedes Posting besitzt eine eindeutige Nummer, die sich u.a. aus dem Rechnernamen und der verwendeten Newsreader-Software zusammensetzt.

dieses Bezugstextes einen für den Leser zu langen oder irrelevanten Abschnitt ergeben würde (22, Newskorpus). Dies geschieht z.B. in Fällen, in denen eine einfache Frage sehr ausschweifend formuliert wurde.

```
Hans-Joachim Mueller (hajo@no.such.domain.org) schrieb:
[Frage nach CL-Servern geloescht]

Ein guter Start ist http://www.cl-ki.uni-osnabrueck.de, ...
```

Beispiel 3: Reformulieren von Bezugstext

Im IRC hingegen wird der Textzusammenhang auf eine andere Weise hergestellt: Wie schon geschildert, handelt es sich beim IRC um eine Art virtuellen CB-Funk: Auf einem Kanal unterhalten sich einige Menschen über ein oder mehrere – nicht zwingend gemeinsame – Themen. Da sich die Themen – wie im folgenden Beispiel – oft überschneiden, setzt man vor seine Antwort üblicherweise den Spitznamen (*nickname*) des Angesprochenen, damit deutlich wird, auf wessen Rede referiert wird:

```
<Karin> Horst: Wirst Du Dir auch den Film heute abend ansehen?
<Theo> Meike: Ich weiss noch nicht, vielleicht ein Steak.
<Horst> Karin: Ja, aber sicher!
```

Beispiel 4: Sich überschneidende Gespräche im IRC

In diesem Beispiel finden offensichtlich zwei verschiedene Gespräche statt: Karin und Horst unterhalten sich über einen Film, wohingegen Theo und Meike eine Unterhaltung über Essen führen. Aufgrund der expliziten Nennung des Adressaten sind die beiden Gespräche auch für Außenstehende transparent. Neben einem einzelnen Nickname finden sich auch häufig Mengen wieder, um mehr als eine Person anzusprechen bzw. auf sie Bezug zu nehmen: all:, an die Muenchner: etc.

Die jeweiligen Methoden, Textkohäsion zu gewährleisten, zeigen den Aufwand, der betrieben wird, um eine in ein anderes Medium transferierte Sprechhandlung kohärent zu halten.

4.1.4 Deixis und emulierte Prosodie

Auch in der Computerkommunikation existieren deiktische Ausdrücke und auch hier führen sie gelegentlich zu Mißverständnissen, wie das folgende Beispiel aus dem IRC verdeutlicht:

```
<Karin> Horst: Gleich wird Theo herkommen.
<Horst> Karin: Hier in den IRC?
<Karin> Horst: Nein, er kommt mich besuchen für das Wochenende.
```

Beispiel 5: Ausdrücke der Ortsdeixis im IRC

Für Horst ist nicht klar, auf welche Lokation Karin mit dem ortsdeiktischen Ausdruck „herkommen" referiert. Horst interpretiert diesen Ausdruck auf eine distale Weise: Er zieht den IRC, das Medium selbst, als Referenzobjekt heran, wohingegen Karin mit ihrer Rede eine proximale Auslegung intendiert. Diese spezielle Situation ist weder auf ein Gespräch am Telefon noch auf eine Unterhaltung zweier sich gegenübersitzender Personen übertragbar, da man in diesen Situationen nicht das Medium als solches als Referenzobjekt auflösen kann. Um solchen Mißverständnissen vorzubeugen, benutzen einige die Abkürzung RL, um mit ihr Personen, Orte oder Gegenstände des 'wahren Lebens' (von engl. *real life*) zu annotieren: RL:Muenster (die Stadt Münster) vs. muenster (der IRC-Kanal #muenster).

Deiktische Ausdrücke sind in unmittelbaren lautsprachlichen Gesprächen bisweilen schon problematisch. Im Distanzbereich werden sie noch unschärfer und brauchen oft zusätzliche explizite Information für ihre Interpretation. Im Falle der Computerkommunikation stellt sich das Problem in besonderem Maße, wenn sich mehrere Personen an einem Gespräch beteiligen.

Sowohl im IRC als auch in den News existieren verschiedene sprachliche Mittel, um deiktische und anaphorische Ausdrücke zu kennzeichnen, die man in einem (medial) mündlichen Gespräch durch eine Zeigegeste oder durch eine gewisse Emphase deutlich macht. Aufgrund der mangelnden typographischen Möglichkeiten des ASCII-Zeichensatzes[12] wurden die Netzwerkbenutzer vor einigen Jahren erfinderisch:

```
<Karin> Horst: Ich habe neulich Theo getroffen.
<Horst> Karin: *DEN* Theo?
```

Beispiel 6: Emulierte Prosodie im IRC

Durch den Kontext, die vollständige Großschreibung und durch das Setzen des Artikels in Asteriske wird hier Verwunderung ausgedrückt, was in einem mündlichen Gespräch durch eine spezielle Emphase des Wortes erfolgen würde. Diese emulierte Prosodie ist – ganz im Gegensatz zu gesprochener Sprache – nur in wenigen Abstufungen realisierbar: den → *den* → *DEN* → *D E N* (Zeilen 238, 484) (IRC-Korpus). Oft findet man in diesem Zusammenhang sowohl in der synchronen als auch in der asynchronen Kommunikation Buchstaben-Reduplikationen vor: Ich meine DEEEEEN Willi! (vgl. 4.3.2).

Auch Satzzeichen werden redupliziert (<Karin> Nein, ich war das nicht!!!!!!

---

12 ASCII: American Standard Code of Information Interchange. Der ASCII-Zeichensatz ist eine genormte Tabelle, die eine Abbildung von Zahlen (0-255) auf Buchstabenzeichen (a-z, A-Z, 0-9 und gewisse Sonderzeichen) darstellt. Typographische Informationen sind nicht codiert.

(Zeile 155) (IRC-Korpus)), um Aussagen zu bekräftigen. Ebenso wie im IRC ist der Einsatz von mehr als einem Ausrufe- bzw. Fragezeichen in den Newsgroups sehr häufig zu beobachten. Dieses Verhalten kennzeichnet vor allem neue Netzteilnehmer und wird gelegentlich gerügt. Solche Häufungen von z.B. Fragezeichen sind auch isoliert zu finden (92, Newskorpus), um völliges Unverständnis auszudrücken (vgl. 4.5). Die verschiedenen Notationen für die jeweiligen Gefühlsabstufungen sind wieder ein Versuch, die für das phonische Medium charakteristischen Signale (3.3.1) zu ersetzen. Auch diese Notationen lehnen sich an der konzeptionellen Mündlichkeit an; durch ihre Stabilisierung können sie zu neuen Instrumenten der Schriftsprache werden.

In einem Posting oder einer E-Mail können zitierte Worte mit nicht-alphanumeri- schen Zeichen wie z.B. dem Zirkumflex („^") „unterstrichen" werden, um auf sie zu fokussieren oder um eine spätere Referenz eindeutig zu bezeichnen. Auch hier kann man von einer Art Emulation von Prosodie oder Zeigegesten sprechen.

```
Hans-Joachim Mueller (hajo@no.such.domain.org) schrieb:
> Kann mir bitte jemand mitteilen, wo ich im World Wide Web
> Informationen zur Computerlinguistik oder zur KI finden kann?
  ^^^^^^^^^^^^^^^^^^^^^^^^^^^^^^^^^^^^^^^^^^
http://www.ims.uni-stuttgart.de
```

Beispiel 7: Emulierte Zeigegesten im IRC

Der Autor dieses News-Beitrags bezieht seine knappe Antwort auf einen Rechner, der nur Informationen zur Computerlinguistik anbietet, was er durch das „Unterstreichen" der für ihn relevanten Worte anzeigt (5, 54, Newskorpus). Wie man sieht, wird oft – vor allem von Leuten, die sehr viele Artikel schreiben – auf die Begrüßung und eine lange Einführung in das Thema verzichtet. Statt dessen wird z.B. auf eine Frage hin eine knappe, aber für die Lösung des Problems durchaus ausreichende Antwort gegeben.

4.2   Lexikalisierungen

Ein weiteres Phänomen, auf das man bei der Betrachtung von Kommunikation in Datennetzen trifft, ist die Lexikalisierung (im Sinne eines Ausbaus des Lexikons). Es sind verschiedene Arten von Lexikalisierung zu unterscheiden. Die hier aufgeführten Beispiele sind unabhängig vom verwendeten Kommunikationsdienst zu sehen. Weiter- hin sind diese Phänomene – anders als Deixis – nicht auf die Kommunikation mit Hilfe des Computers beschränkt, sondern finden sich auch in der face-to-face-Kom- munikation zwischen Mitgliedern der *Hacker-Subkultur*. Die Beobachtung, daß gerade in solchen Kommunikationskontexten z.B. Abkürzungen flektiert werden, bekräftigt die Annahme, hier von Fällen von Lexikalisierung auszugehen. So wird an das Akronym ROTFL (s.u.) das Suffix ed angehängt, um auszudrücken, daß die Handlung in der Vergangenheit stattfindet.

Die wohl ergiebigste Quelle für Beispiele von Lexikalisierungen ist das von Eric S. Raymond verwaltete *Jargon*-Lexikon (Raymond 1996).

4.2.1 Übergeneralisierung von Fachbegriffen

Obwohl es in den Computernetzen Diskussionen zu verschiedenen auch nicht-informatischen Themen gibt, stellt doch das Kommunikationsmedium Computer häufig den kleinsten gemeinsamen Nenner zwischen den Gesprächsteilnehmern und somit das häufigste Gesprächsthema dar. Somit ist es nicht verwunderlich, daß es in nahezu allen Diskussionen ein Grundwissen an Fachbegriffen gibt, die aus den Bereichen Computer, Netzwerktechnik und Informatik stammen und von allen Teilnehmern verstanden werden. Die Verwendung dieser Fachausdrücke wird häufig übergeneralisiert, so daß sie auch in solchen Kontexten verwendet werden, in denen sie an sich unangebracht sind. Ein Grund für das häufige Auftreten dieses Phänomens kann darin liegen, daß sich Diskussionsgruppen – sei es im IRC oder in den News – gegen Anfänger *(Newbies)* abschotten wollen.

Die erste Kategorie von Beispielen beschreibt Verbalisierungen von Betriebssystembefehlen: *Kannst Du mal die Adresse von Alexander aus der Liste grep'en?* Unter Unix wird das Kommando grep verwendet, um in einer Datei nach Text zu suchen. Der hier Angesprochene wird demnach gebeten, die entsprechende Adresse aus einer Liste herauszusuchen. Analog dazu verhält sich die Verbalisierung des „change directory" Befehl cd, der unter Unix verwendet wird. *I cd'ed to that directory* meint, daß der Sprecher das Verzeichnis gewechselt hat.

Das Beispiel *Mach mal ein ping auf Wilfried.* zeigt, daß auch Nominalisierungen von Kommandos nicht unüblich sind. Der Befehl ping testet, ob ein Rechner im Netzwerk ansprechbar ist. Somit wird hier jemand aufgefordert, Wilfrieds Aufmerksamkeit zu erregen.

Die Übergeneralisierung von Fachausdrücken ist ein typischer Fall von fremdinitiiertem Sprachausbau: Englische Fachbegriffe werden in andere Sprachen aufgenommen, wo sie zusätzliche Bedeutungen bekommen und sich zu neuen lexikalischen Elementen der jeweiligen Sprache entwickeln.

4.2.2 Abkürzungen und Akronyme

Zu einem der ältesten Phänomene im Bereich der Kommunikation in Computernetz-
werken gehört die Verwendung von Abkürzungen und Akronymen. Dies hat verschiedene Gründe: Zum einen erscheint es den Nutzern oft umständlich, längere Ausdrücke, die phrasenhaft verwendet werden, komplett zu tippen. Der andere Grund ist
eher historischer Natur: so waren zu Beginn der Netztechnik die Geschwindigkeiten
der Verbindungen um ein Vielfaches geringer als die heutiger Netze; also war es nicht
nur ein Zeitvorteil, sondern auch eine Kostenreduktion, sich auf Abkürzungsworte für
häufig verwendete Ausdrücke zu einigen, da man die schmalbandigen Leitungen nicht
mit unnötig viel Text belasten wollte. Solche Abkürzungen sind soweit in den normalen Sprachgebrauch vieler Netzbenutzer eingegangen, daß man unbestreitbar von
Lexikalisierungen sprechen kann. Noch auffälliger ist dies bei Akronymen. Wenn
Akronyme im Rahmen einer face-to-face-Kommunikation verwendet werden, werden
die Buchstaben in Phoneme eines Wortes transponiert. Die Betonung liegt i.d.R. auf
der ersten Silbe.

Häufig anzutreffende Abkürzungen sind FYI *(For Your Information)* oder BTW *(By
The Way* von engl. 'übrigens'). Ersteres wird häufig in der Betreff-Zeile einer Nachricht in den News oder einer E-Mail verwendet, BTW findet man als Mittel der Über-
leitung zu einem anderen Thema. Das Akronym ROTFL *(Rolling On The Floor,
Laughing)* wird verwendet, wenn der Sprecher auf eine witzige Bemerkung reagieren
möchte. Hier soll das Bild vermittelt werden, daß der Sprecher sich vor Lachen nicht
mehr halten kann und sich auf dem Boden wälzt. Speziell dieses Akronym wird auch
in der face-to-face Kommunikation verwendet. Es gibt einige Steigerungsformen zu
ROTFL, z.B. ROTFLBTCASTC *(Rolling On The Floor, Laughing, Biting The Carpet And
Scaring The Cat)*, das natürlich nicht mehr ohne Schwierigkeiten aussprechbar ist. Das
folgende Beispiel[13] aus den News zeigt die Verwendung von ROTFL in einer kon-
jugierten Form.

> Auch wenn jetzt jeder rotflt, das Ding ist ein Erinnerungsstueck

Beispiel 8: Flexion von ROTFL

Hauptsächlich im IRC wird das Akronym LOL *(Laughing Out Loud)* verwendet. Es ist
synonym zu ROTFL.

Ernsthafter hingegen ist der Gebrauch von AFAIK *(As Far As I Know* von engl.
'Soweit ich weiß') und IMHO *(In My Humble Opinion* von engl. 'Meiner bescheidenen

---

13 Message-ID: `593tpj$fup@sunsystem5.informatik.tu-muenchen.de`

Meinung nach'). Leider herrscht bei einigen Teilnehmern des Usenet die Tendenz, die eigene Meinung zu wenig zu hinterfragen und andere Ansichten nicht zu akzeptieren. Die Netiquette empfiehlt daher, davon auszugehen, daß die eigene Meinung nicht unbedingt die letzte Wahrheit ist und immer in Betracht zu ziehen, daß andere über größeres Wissen verfügen können als man selbst.

Im Bereich der Abkürzungen und Akronyme wird viel Kreativität darauf verwendet, mit Zahlen umzugehen. So ist eine sehr häufig anzutreffende Schlußformel einer E-Mail cu oder cul8r (*See you!* bzw. *See you later!* von engl. 'Bis später!'). Hier wird das Zahlenzeichen als phonologisches Ideogramm verwendet. Anders verhält es sich bei der Abkürzung i18n *(Internationalisation)*. Die Zahl 18 zwischen dem Anfangs- und dem Endbuchstaben des ausgeschriebenen Wortes bezeichnet die Anzahl der Buchstaben, die der Abkürzung halber herausgelassen werden.

Häufig ist zu beobachten, daß einzelne Buchstaben (oder Zahlen) verwendet werden, um ganze Wörter abzukürzen. Motivation dafür ist die Aussprache der Buchstaben. Die oben genannten Beispiele c und u deuten dies an. Weitere dahingehende Beispiele sind 4 statt *for*, R anstelle von *are*, B statt *be* oder Y statt des Interrogativpronomens *why*. Analog zu cu finden sich Kombinationen wie oic *(Oh, I see.)*. Bemerkenswert ist, daß Abkürzungen nicht nur aufs Englische beschränkt sind. So findet man z.B. auf französischsprachigen IRC-Kanälen die Kurzform pkoi für *pourquoi* (franz. 'warum').

Im Computerbereich werden Abkürzungen nicht nur verwendet, um längere Phrasen nicht ausschreiben zu müssen – es ist generell zu beobachten, daß in der Informatik eine große Affinität zu (dreibuchstabigen) Abkürzungen und Akronymen herrscht, um neue Erfindungen und Technologien zu benennen. In den allgemeinen Sprachgebrauch – auch außerhalb der Computer-Szene – sind z.B. CAD *(Computer Aided Design)* und DTP *(DeskTop Publishing)* eingegangen. Ausdrücke, die diese Entwicklung karikieren, sind YABA *(Yet Another Bloody Acronym* von engl. 'Schon wieder ein verdammtes Akronym') und TWAIN *(Technology Without An Interesting Name* von engl. 'Technologie ohne interessanten Namen'), das eine genormte Softwareschnittstelle von Grafikprogrammen und Scannern kennzeichnet.

Abkürzungen und Akronyme sind zwar kein neues sprachliches Phänomen, jedoch sind sie in der Computerkommunikation von besonderer Bedeutung. Durch die wachsende Bedeutung dieser Kommunikationsform ist zu erwarten, daß sie auch weitergehende Verwendung finden und so einen fremdinitiierten Sprachausbau bewirken.

4.2.3 Soundalike Slang

Ein weiteres Element, das vom rein computerbezogenen Gebrauch in die face-to-face-Kommunikation übernommen wurde, ist der *Soundalike Slang,* die Lexikalisierung von phonologisch minimal variierenden Wörtern. Die Varianten sind meistens Parodien der abgewandelten Wörter. Gerade in diesem Bereich sind einige genuin deutsche Abwandlungen zu beobachten, während in den anderen Gebieten der Lexikalisierung zum großen Teil Anglizismen auf das Deutsche übertragen werden. Die Variationen, die in deutschsprachigen Netzen am häufigsten zu finden sind, schließen die folgenden Beispiele ein: Windows → Windoof: Das Microsoft-Betriebssystem erfreut sich in der Internet-Szene keiner besonders großen Popularität, da es als sehr unstabile und unkomfortable Arbeitsumgebung gilt. Ebenfalls geringer Popularität erfreut sich die Telekom, deren Name zu Telekotz abgewandelt wird. Der Alptraum jedes erfahrenen Netz- oder Computerbenutzers sind Fragen eines DAUs, des 'dümmsten anzunehmenden Users'. Dieser Ausdruck ist eine Abwandlung von GAU, dem 'größten anzunehmenden Unfall' in einem Kernkraftwerk. Dinge, die Programme von selbst erledigen, obwohl der Benutzer es nicht unbedingt erwartet, geschehen automagisch.

Ein besonderer Fall einer phonologisch-graphischen Variante ist YAWN (*Yet Another Unix Nerd* von engl. 'Schon wieder ein missionierender Unix-Benutzer'[14]). Hierbei sieht man gleichzeitig durch die Verschiebung von *U* nach *W*, daß die so bezeichneten Leute nicht besonders populär sind (*to yawn,* engl. 'gähnen').

4.3 Grammatikalisierungen

Neben den Lexikalisierungen sind Fälle von Grammatikalisierung zu beobachten. Hierbei ist die Kreativität der Netzbenutzer, speziell im deutschen Sprachraum, nicht so weit gediehen wie bei den Lexikalisierungen, doch zumindest zwei Phänomene lassen sich beschreiben.

---

14 Den Verfassern ist klar, daß dies nicht die angemessenste Übersetzung von *nerd* ist, doch für diese Zwecke sei sie ausreichend.

4.3.1 P-Convention

Bei Sprechern, die Erfahrung im Umgang mit der Programmiersprache LISP haben, ist zu beobachten, daß ihre Art, Fragen zu stellen, sehr an die LISP-Konventionen angelehnt ist: Prädikate (Funktionen), die ein zweiwertiges Ergebnis haben können, werden in LISP durch das Anhängen eines P gekennzeichnet. So gibt es belegte Fälle, in denen Fragen durch Übernahme dieser *P-Convention* verkürzt werden. Das Beispiel MensaP? zeigt, daß sich durch diese Art zu fragen Ambiguitäten ergeben. So kann die mögliche Bedeutung dieser Frage lauten: „Gehst Du in die Mensa?", „Wollen wir in die Mensa gehen" oder gar „Gibt es eine Mensa?". Ähnlich verhält sich foodp?[15], wobei hier nach Essen generell gefragt wird. Ein aus einer Programmiersprache entlehntes Kommando wird also zu einer generellen Fragepartikel grammatikalisiert.

Raymond (1996) zeigt das Beispiel state-of-the-world-p. Da das -p-Suffix als Antwort T *(true)* oder NIL (engl. 'nichts', also 'falsch') erfordert, ist die logisch richtige Antwort auf diese Frage 'Yes, the world has a state'. Dennoch wird diese Frage wohl informativer beantwortet werden.

4.3.2 Reduplikation

Als Mittel der Emphase werden gelegentlich Reduplikationen verwendet. Als Beispiele dienen hier die Namen zweier Newsgruppen.

```
alt.ensign.wesley.die.die.die,
alt.sadistic.dentists.drill.drill.drill
```

Beispiel 9: Reduplikation in Namen von Diskussionsgruppen

Das erste Beispiel bezieht sich auf die Science-Fiction Serie *Star Trek – The Next Generation.*[16] Der Gründer der Diskussionsgruppe hat seine Antipathie gegenüber Fähnrich Crusher durch die dreifache Wiederholung von die (engl. 'stirb') im Gruppennamen kenntlich gemacht. In der anderen genannten Newsgruppe diskutieren die

---

15 Man beachte, daß Groß-Kleinschreibung an dieser Stelle nicht signifikant ist. Da es eines der Hauptziele guter Programmierer ist, Redundanzen zu vermeiden, wird man auch eher selten ein Fragezeichen sehen, denn es ist durch das -p-Suffix impliziert.

16 Der Charakter des Fähnrich Wesley Crusher verhält sich in nicht allen Situationen, mit denen er konfrontiert wird, angemessen. Trotz dieser Fehlleistungen ist er auf der Kommandobrücke des Raumschiffs Enterprise beschäftigt. Daß man ihm im Usenet nicht wohlgesonnen ist, läßt sich leicht am Namen der Gruppe ablesen.

Teilnehmer über – wahrscheinlich schlechte – Erfahrungen mit Zahnärzten ('sadistische.Zahnärzte.bohr.bohr.bohr').

Die Reduplikation rückt Äußerungen wie diejenigen des obigen Beispiels in die Nähe konzeptioneller Mündlichkeit.

4.4 Vereinfachungen

Viele Vereinfachungen in der elektronischen Kommunikation wurden schon in den Abschnitten „Abkürzungen", „Ideogramme" und „Gefühlsäußerungen" gezeigt; oft benutzte Abkürzungen gehören ebenso in diesen Bereich wie sogenannte Smileys, die – mit zwei oder drei Tastendrücken erzeugt – einen Satz wie „Das ist aber ziemlich lustig!" ausdrücken.

Einige weitere Phänomene sollen hier noch Erwähnung finden: So kommt es oft vor, daß man sich – sowohl im IRC als auch in den News – auf konsequente Kleinschreibung beschränkt. Dies hat vor allem ökonomische Gründe: Es ist wesentlich einfacher, einen Text zu verfassen, wenn man nicht gezwungen ist, auf korrekte Groß- und Kleinschreibung zu achten. Aus dem gleichen Grund werden längere Nicknames auch oft abgekürzt, z.B. mit den Anfangsbuchstaben oder der ersten Silbe des Namens (Zeilen 180, 182, 230, 237, 452, IRC-Korpus). Eingebürgert hat sich im IRC ein einfaches Fragezeichen als Zeichen für völliges Unverständnis. Betritt ein IRCer einen Kanal, auf dem er vor kurzer Zeit schon zugegen war, so begrüßt er die anderen mit einem schlichten `<Heiner> re` oder `<Heiner> rehi`, was soviel bedeutet wie 'Da bin ich wieder!' Oft wird dies von den anderen Teilnehmern des Kanals ebenfalls mit `re Heiner` quittiert.

Viele achten in den News auf eine normgerechte Interpunktion. Im IRC hingegen wird darauf zugunsten einer möglichst schnellen Folge von Rede und Gegenrede häufig verzichtet. Oft bleibt dem Leser nichts anderes übrig, als die gemeinte Lesart zu hinterfragen; vor allem dann, wenn weder Ideogramme noch Gefühlsäußerungen eingesetzt werden:

```
<Karin>     horst wie jetzt du gehst weg du haettest ruhig etwas
            sagen können weil ich auch nicht mehr viel zeit habe
            theo kommt nämlich nachher vorbei sauer bin ich jetzt

<Horst>     Karin: Bitte? Was meinst Du?
```

Beispiel 10: Vereinfachungen im IRC

Auch in den News tauchen Beiträge auf, die viele Vereinfachungen enthalten. Diese

Postings werden meist von Anfängern geschrieben, die noch nicht mit den verschiedenen Konventionen vertraut sind. Es folgt ein Beispielartikel[17], in dem lediglich die
defekten Umlaute zwecks besseren Verständnisses bereinigt wurden. Der Betreff
dieses Artikels ist `Habe Homepage Probs`:

> ```
> Hallo ich habe mir eine Homepage über Hüwiz bei Compuserve ge-
> macht. Alles gut und schön bei mir mit den Bildern auch wenn ich
> Online auf die Page gehe nur wenn meine freunde auf die Page gehen
> über Uni sagt er wenn er die Bilder laden will ERROR. Weiß zufäl-
> lig jemand woran das lieg wenn ja dan schikt mir die antwort bitte
> als PM ich danke euch. Ihr könnt ja auch mal versuchen rein zu
> kommen.
> ```

Beispiel 11: Vereinfachungen in den News

Ein weiterer Grund, der für das häufige Hinterfragen von geäußerten Sätzen verantwortlich ist, liegt in der Geschwindigkeit des IRC: Befinden sich auf einem Kanal ca.
20 Personen, von denen jede in ein Gespräch eingebunden ist, so bedarf es einer
gewissen Übung, die für einen selbst relevanten Passagen herauszufiltern. Die dann
noch verbleibende Zeit zum Lesen dieser Passagen ist sehr kurz, weil auf einem
herkömmlichen IRC-Klienten-Programm meist nur 22 Zeilen Text dargestellt werden.

Ein anderes sprachliches Phänomen, das durch die hohe Geschwindigkeit des IRC
entstanden ist, sind Konstruktionen, die der Aposiopese nahestehen: `<Karl> Heiner:`
`Gabi ist im Krankenhaus. *Mandeln*.` Karl antizipiert die Frage, die Heiner ihm
nun vermutlich stellen würde und gibt den Grund für Gabis Aufenthalt im Kranken-
haus – deutlich abgesetzt vom Satz – in Asterisken eingebettet an. Zum einen wird
somit die Antwort auf eine etwaige Nachfrage von Heiner direkt vorweggenommen,
zum anderen kann man solche Satzkonstruktionen schneller bilden und tippen als
semantisch äquivalente kausale Nebensätze.

Treten in einer Rede in den News oder im IRC Orthographiefehler auf, so werden
diese meist ignoriert. Es gibt jedoch Fälle, in denen ein Fehler zu einem neuen Wort
und somit zu einer neuen Bedeutung führt. In solchen Fällen stellt der Autor diesen
Fehler entweder selbst richtig, oder er wird von Lesern auf die Unverständlichkeit
hingewiesen.

Der vermehrte Gebrauch einer Sprache, die oft von der jugendlichen Spielecom-
puter-Szene benutzt wird, ist sowohl in den News als auch im IRC nicht sehr angesehen. Diese Sprache ist sehr an die Umgangssprache der heutigen Jugend an-

---

17 Message-ID: `6Mhj4nIwe7B@exoc.heavenon.line.org`

gelehnt, wie das folgende Beispiel[18] verdeutlicht.

```
Hey, wer von euch kann mir sagen wie ich mein windoof-proggi
NotePad ueberreden kann auch bei files, die larger sind als 30
kilobyte, zu funzen?
thanx, scatty
```

Beispiel 12: Jugendsprachlicher Slang in den News

4.5 Comic-Sprache

Neben der in 4.2.1 *(Übergeneralisierung von Fachbegriffen)* schon angesprochenen Terminologie der Informatik und Datenverarbeitung findet man eine weitere Sprachform, aus der die Computerkommunikation Ausdrucksmittel bezieht: Es handelt sich um die Comic-Sprache. Schlobinski et al. haben festgestellt (Schlobinski et al. 1993), daß sowohl Anglizismen als auch aus Comics entlehnte Lautwörter eher selten von Jugendlichen benutzt werden. Auf den IRC, der vorwiegend von Jugendlichen und jungen Erwachsenen benutzt wird, trifft diese Behauptung jedoch nicht zu: Verschiedene sprachliche Formen, die eindeutig auf Comics zurückzuführen sind, treten im Internet Relay Chat – und auch nur dort – immer wieder auf, wobei spezielle Formen der Gefühlsäußerung, wie sie auch in unserem Korpus (IRC-Korpus) auftauchen (Zeilen 167 bzw. 454), sehr auffällig sind:

```
<Isegrim>    8msg groover ich steh' auf lila *rrrroooooooaaaarrr*
             ...
<Cord>       *iiiieeeeks*
```

Beispiel 13: Entlehnungen aus der Comic-Sprache

Des weiteren stellen Schlobinski et al. fest, daß Entlehnungen von Lautwörtern aus der Comic-Sprache nur in bestimmten Gruppen von Jugendlichen auftreten. Diese Feststellung trifft auch auf den IRC zu: Auf verschiedenen Kanälen sieht man immer wieder die gleichen Nicknames; sehr viele, wenn nicht alle, IRC-Benutzer haben also einen Stamm-Kanal. Auf einigen dieser Kanäle, die hier als *Gruppen* fungieren, existiert das o.g. Phänomen, auf anderen nicht.

Ein weiteres Phänomen ist sehr personenspezifisch: die Gedankenblasen der Comics. Einige IRC-Benutzer versuchen, mit ASCII-Zeichen Gedankenblasen darzu-

---

18 Übersetzung: *Hallo, wer von Euch kann mir sagen, wie ich mein Windows-Programm "Notepad" dazu bringen kann, auch bei Dateien, die größer sind als 30 Kilobyte, korrekt zu funktionieren? Danke, Scatty.*

stellen.[19] In folgendem Beispiel taucht das Phänomen explizit auf (86, IRC-Korpus):

```
* Isegrim faellt um, macht *plauz* und denkt:
 .oO(janosch ist umwerfend)
```

Beispiel 14: Emulation einer Gedankenblase

Die Comic-Sprache steht in der Nähe konzeptioneller Mündlichkeit. Ihre Verwendung erhöht also den nähesprachlichen Charakter des medial-schriftlichen Textes.

5.   Besonderheiten der Kommunikation
5.1   Begrüßungen

Bei Begrüßungen – sowohl im IRC als auch in den News – fallen verschiedene Phänomene auf. Die Situation im IRC ist recht einfach: Schaltet sich jemand in einen Kanal ein, so wird er meist nur dann begrüßt, wenn er ein *Regular,* ein regelmässiger IRC-Teilnehmer auf diesem Kanal ist. Ist er jedoch den anderen Personen, die sich auf dem Kanal befinden, unbekannt, so wird er im schlimmsten Fall völlig ignoriert und im besten Fall eher formell gegrüßt – im Gegensatz zu den sehr herzlichen Begrüßungen, die *Regulars* zuteil werden (Zeile 366ff, IRC-Korpus).

In den News finden Begrüßungen nur sehr selten statt; sie tauchen in nur ca. 14% der von uns untersuchten Artikel (Newskorpus) auf. Fast ausnahmslos wird hier die Floskel „Hallo" benutzt, was eine gewisse Informalität ausdrückt und auf konzeptionelle Mündlichkeit hinweist (vgl. Kapitel 3). Diejenigen, die sehr viele Artikel lesen und schreiben, verzichten aus zeitökonomischen Gründen vollständig auf Begrüßungen und auch auf Verabschiedungen: Es kostet zuviel Zeit, vor jeden Artikel eine Floskel wie „Hallo zusammen" zu setzen. Zusammen mit der Tatsache, daß sich diese Personen nur auf die wirklich wesentlichen Punkte beschränken und wenige Füllwörter und -phrasen benutzen, ergibt sich so für Neulinge sehr oft ein Bild der Respektlosigkeit oder Arroganz. Dieses Phänomen hängt damit zusammen, daß Computerkommunikation an sich kommunikative Distanz vermittelt, die es durch nähesprachliche Ausdrucksmittel abzubauen gilt.

---

19 Sowohl im Usenet als auch im Internet gibt es eine große Anzahl von Menschen, die sich mit *ASCII-Art* beschäftigen, d.h. sie erschaffen Bilder, Grafiken, Schriftzüge und ähnliches ausschließlich auf der Basis des ASCII-Zeichensatzes (vgl. die Newsgroup `alt.ascii-art`).

5.2 Verabschiedungen

Wie schon erwähnt, findet man in ca. 80% aller Newsartikel eine Verabschiedungs-floskel. Hier wird meist der Vorname des Autors benutzt, oft in Verbindung mit „Gruß", „Tschüß" oder „Bye". Einige benutzen aber auch konzeptionell schriftliche Begriffe wie „MfG" oder „Vielen Dank". Oft findet man neben der Verabschiedung oder in einem Postscriptum eine Gefühls- oder Zustandsäußerung, wie sie schon in 4.1.2 beschrieben wurden (Artikel 13, Newskorpus). Auffällig ist, daß geläufige, sowohl medial als auch konzeptionell mündliche Verabschiedungen wie „Schönes Wochenende" oder „Frohe Feiertage" gar nicht in den News auftauchen, da sie zu sehr an bestimmte Tage, an denen sie geäußert werden, gebunden sind. Derartige Floskeln werden vermieden, da die Laufzeiten von Newsartikeln bis zu einer Woche und mehr (vgl. Kapitel 2) betragen.

Verabschiedungen im IRC sind vollkommen anderer Natur: Indem sich die Personen, die sich regelmässig auf den Kanälen treffen, mit der Zeit näher kennenlernen (Sittek 1995), nehmen phatische Kommunikationssituationen einen zunehmend breiten Raum ein. Aussagen wie * Groover ist traurig (Zeile 241, IRC-Korpus) sind ebenso phatischer Natur. Hier werden Bemerkungen über den aktuellen Gemütszustand gemacht, oder es wird gesagt (Zeile 336, IRC-Korpus), daß man bald gehen müsse. Auf solche Äußerungen finden nahezu immer Reaktionen statt, da man nicht möchte, daß sein Gesprächspartner geht. Verabschiedungen können aber auch indirekt stattfinden, indem man sagt: Ich habe eine Vorlesung oder * Groover geht nen kaffee trinken (Zeile 382, IRC-Korpus).

5.3 Emuliertes Flüstern

Befindet man sich zusammen mit anderen Personen auf einem IRC-Kanal, so möchte man gelegentlich eine Nachricht an nur eine Person schicken. Diese *private messages* werden mit Hilfe des Befehls /msg nickname text versendet.[20] Diesen Befehl machen sich viele IRC-Benutzer zu Nutze, um damit eine Art Flüstern nachzuahmen (Zeile 160ff, IRC-Korpus):

```
<Isegrim>   7msg Groover sag mal, haben die janosch was in den
            Kaffee getan? ;)
<janosch>   isegrim: was trinkst du denn auch am morgen?
```

---

20 Die beschriebene Syntax ist gültig für den sehr oft benutzten Unix IRC-Klienten ircii.

```
<janosch>     groover: oh mann
<Isegrim>     uuuups
```

Beispiel 15: Emuliertes Flüstern im IRC

Zunächst erscheint ein auf den ersten Blick falsch getippter /msg Befehl, der an den
Benutzer mit dem Spitznamen Groover gerichtet ist. Jedoch handelt es sich hier um
eine absichtliche Fehlleitung der „privaten" Nachricht an Groover in den Kanal
hinein, um so eine Art Flüstern oder Tuscheln nachzuahmen. Dies ist ein Versuch,
Merkmale eines herkömmlichen Gesprächs unter Freunden in das elektronische
Pendant zu übernehmen, um so Vertraulichkeit herzustellen. Auch hier geht es also
um die Herstellung kommunikativer Nähe.

5.4   Satzbau

Sowohl im IRC als auch in den News kann man sehr viele sprachliche Phänomene
entdecken, die mit dem Satzbau zu tun haben. So findet man im IRC z.B. nur sehr
selten hypotaktische Konstruktionen, was auf eine vorherrschende Nähe (konzeptionelle Mündlichkeit) hinweist. Nebensätze treten oft isoliert vom eigentlichen
Hauptsatz bzw. völlig ohne Hauptsatz in elliptischen Konstruktionen auf. Dieser
Nominalstil findet sich auch in den News wieder. Das geht so weit, daß gar nicht
mehr in ganzen Sätzen, sondern in einem Aufzählungsstil geantwortet wird (Artikel
108, Newskorpus).

In Newsartikeln sieht man immer wieder Fragen, die fälschlicherweise mit Ausrufezeichen oder Punkten abgeschlossen werden. Auch tauchen Aussagesätze auf, die
mit Fragezeichen beendet werden. Dieses Phänomen ist darauf zurückzuführen, daß
solche Fragesätze den semantischen Gehalt einer Aussage haben. Entsprechend haben
die Aussagesätze eher den Gehalt eines Fragesatzes. Der Grund liegt darin, daß sich
die Autoren von Postings oft nicht genügend Gedanken um einen korrekten Satzbau
machen und so unbewußt Anakoluthe erzeugen, die dann intuitiv mit dem entsprechenden Satzzeichen abgeschlossen werden (79, 105, Newskorpus).

```
    _     eine Frage zu Video-Editingkarten für PC?
    _     koennte mir jemand erklaeren, wie das gemacht wird bzw. wie
          ich ([...] oben genanntes) Problem loesen kann.
```

Beispiel 16: Vertauschungen von Satzzeichen in den News

Bereits Beispiel 11 machte deutlich, daß Autoren von Newsartikeln nicht sehr viel
Wert auf Satzzeichen legen (115, Newskorpus). Dieses Phänomen ist u.U. ein Zeichen

für konzeptionelle Mündlichkeit. Gleiches gilt für die vielen Vorkommen von Partikeln wie „denn" (20), „doch" (27) oder „wohl" (14) in unseren 131 Beispielartikeln.

6. Neue Schriftlichkeit?

Weingarten stellte die These auf, daß das elektronische Publizieren zu weiteren Ausdifferenzierungen von Lese- und Schreibkulturen führen werde (Weingarten 1994). Unsere Untersuchungen zeigen, daß auch andere computerbezogene Medien wie z.B. die Computerkommunikation Einfluß auf die Schreibkultur haben können: Die Sprache des Internets erweist sich als ausgesprochen innovativ. Die Innovationen stehen in einem Zusammenhang zu den besonderen Bedingungen der Kommunikationsform. Eine größere Zahl von Besonderheiten der Internetsprache läßt sich als (materielle) Vereinfachung der Ausdrucksmittel bezeichnen (Abkürzungen, Parataxe, Anakoluthe, Aposiopesen usw.); dabei werden die Ausdrucksmittel pragmatisch komplexer, d.h. ihre genaue Funktion oder Bedeutung muß aus dem Kontext erschlossen werden. Das ist für die Schriftsprache untypisch, sondern ein Merkmal gesprochener Sprache. Die Aufgabe morphosyntaktischer Komplexität zugunsten pragmatischer ist sicher nicht ausschließlich darauf zurückzuführen, daß die Kommunikation (zum Teil unter Zeitdruck) über eine Tastatur erfolgen muß, sondern hängt auch damit zusammen, daß mit der sprechsprachliche Konzeption die Sprecher-Hörer-Nähe symbolisch erhöht werden soll.

Unter den Mitteln, die Sprecher-Hörer-Nähe vermitteln sollen, finden sich solche, die an das Medium der Schrift gebunden sind; es sind dies die Ideogramme, die funktional in etwa Gestik, Mimik und Intonation entsprechen und diese in das schriftliche Medium transferieren. Dieser Transfer ist möglicherweise unzureichend, da die Ideogramme unterspezifiziert sind; ihrerseits lassen sie sich daher auch nur mit Schwierigkeiten wieder mündlich verbalisieren (zum Beispiel während des Vorlesens von Internettexten, für das eine besondere Transliterationskonvention für Ideogramme vereinbart werden muß). Ideogramme haben offenbar kein eindeutiges medial-mündliches Pendant.

Auch bei der Stiftung von Textkohäsion, insbesondere in der Viele-zu-Viele-Kommunikation, zeigt sich, wie unabhängig die Innovation von den Modellen der Schrift- und Sprechsprache ist. Es kann also von einer neuen Schriftlichkeit und somit von einer neuen Schriftsprache gesprochen werden; es sollte aber nicht übersehen werden, daß eine große Zahl der Innovationen aus einer anderen Perspektive gar nicht so neu ist: so gibt es Ideogramme und Abbreviaturen schon in mittelalterlichen Handschriften. Mit der Alphabetisierung großer Bevölkerungsschichten ging ihre Verwendung (zumindest im europäischen Schriftraum) zurück. Ähnliche Tendenzen sind für die Zukunft des Internets nur in einem beschränkten Maße zu erwarten, da Ideogramme und auch Abkürzungen einen essentiellen Bestandteil der Internetsprache darstellen. Diese Korrelate werden vermutlich erst dann verdrängt werden, wenn sich die medial mündlichen Medien der neuen Generation – Internet-Telephonie und Videokonferenzsysteme – durchgesetzt haben.

Durch den überaus massiven Einsatz von Computern in allen möglichen Bereichen, durch die Tatsache, daß immer mehr Menschen einen Computer zu Hause haben und immer mehr Jugendliche einen großen Anteil ihrer Freizeit den Computern widmen, wird die textbasierte Computerkommunikation eine immer größere Rolle spielen, sofern sie nicht von neuen Videokonferenzsystemen verdrängt wird. Die Frage nach der Stabilität der besonderen Schriftsprache in der Computerkommunikation erübrigt sich: da inzwischen viele Menschen computervermittelt kommunizieren, ist es selbstverständlich notwendig, daß die Konventionen, Regeln und Eigenheiten der neuen Sprachform gefestigt werden, um die Sicherheit und Geschwindigkeit der Kommunikation zu garantieren. Ein weiterer Aspekt ist das Gefühl der Gruppenzugehörigkeit: die gemeinsame kodifizierte Computersprache vermittelt den Computerbenutzern (insbesondere Jugendlichen oder jungen Erwachsenen) das Gefühl, einer Gruppe anzugehören. Auch dies trägt zur Stabilisierung der sprachlichen Besonderheiten bei.

Diese Stabilisierung kann wiederum einen weitergehenden Sprachausbau nach sich ziehen. Der Sprachausbau ist abhängig davon, inwieweit Computerbenutzer die computerspezifische Sprachform im täglichen Leben einsetzen (sowohl im herkömmlichen graphischen Medium, als auch im phonischen Medium durch die phonische Transposition gewisser Phänomene der Computerkommunkation).

Die neuen, durch Computerkommunikation eingeführten Gattungen (E-Mail), Textsorten und Gesprächsformen (IRC, Talk), sowie die in unserem Wortschatz eingegangenen Anglizismen (siehe Abschnitt 4.2.) leisten ebenfalls einen Beitrag zum Ausbau und zur Veränderung der Sprache.

Im Hinblick auf mediale Mündlichkeit und Schriftlichkeit muß der Computer als ein weiteres, neues Medium betrachtet werden. Was die konzeptionelle Mündlichkeit und Schriftlichkeit bzw. kommunikative Nähe und Distanz betrifft, so entstehen durch das neue Medium (mit neuen Parametern) weitere Abstufungen des erwähnten Kontinuums, wodurch konzeptionelle Verschiebungen und somit Sprachveränderungsprozesse stattfinden.

Ideogramme

Die folgende Liste von Ideogrammen stammt aus einem Newsartikel, der in der deutschsprachigen Gruppe `de.newusers.questions` erschienen ist.

`:-)`	Der Ur-Smiley
`;-)`	Ein zwinkernder Smiley
`:-(`	Ein trauriger Smiley
`:-¦`	Dieser Smiley kennzeichnet Gleichgültigkeit
`(-:`	Der Benutzer ist Linkshänder
`:->`	Ein verschmitzter Smiley
`>:->`	Ein teuflischer Smiley
`>;->`	zwinkernd teuflisch
`%-)`	Der Benutzer saß die letzten 15 Stunden vor dem Bildschirm
`[:]`	Der Benutzer ist ein Roboter
`8-)`	Der Benutzer trägt eine Sonnenbrille
`B:-)`	Die Sonnenbrille ist auf dem Kopf
`::-)`	Der Benutzer ist Brillenträger
`8:-)`	Der Benutzer ist ein kleines Mädchen
`:-{)`	Der Benutzer trägt einen Schnurrbart
`:-{}`	Der Benutzer trägt Lippenstift
`{:-)`	Den Benutzer ziert ein Toupet
`}:-(`	Das Toupet hebt ab
`:-[`	Der Benutzer ist ein Vampir
`:-E`	Ein Vampir mit vorstehenden Zähnen
`:-F`	Einer der Zähne fehlt
`:-*`	Der Benutzer aß gerade Saures
`:--)`	Der Benutzer ist verschnupft
`:'-(`	Der Benutzer heult
`:'-)`	Der Benutzer heult vor Glück
`:-&`	Der Benutzer ist mundfaul
`-:-)`	Der Benutzer ist ein Punk
`-:-(`	Punks lachen nicht
`+-:-)`	Der Benutzer ist der Papst
`¦-`	Der Benutzer ist eingeschlafen
`:-O`	Der Benutzer gähnt
`:-Q`	Der Benutzer ist Raucher
`:-?`	Der Benutzer ist Pfeifenraucher
`O:-)`	Der Benutzer ist ein Engel
`:-P`	Dieser streckt die Zunge heraus
`:-D`	Der Benutzer lacht Dich doch aus
`:-X`	Der Benutzer ist verschwiegen
`<¦-)`	Der Benutzer ist ein Chinese

Abkürzungen

Die meisten dieser Abkürzungen wurden dem Jargon-File (Raymond 1996) entnommen. Die Erklärungen wurden größtenteils beibehalten. Obwohl es sich ausschließlich um englische Akronyme handelt, sind sie auch in deutschsprachigen Newsgruppen und IRC-Kanälen geläufig.

AFAIK	As far as I know
BTK	Back to keyboard
BTW	By the way
BYE?	Können wir die Unterhaltung beenden?
CU	See you
CU18er	See you later
FYI	For your information
FYA	For your amusement
GRMBL	Grumble
HELLOP	Hello? (vgl. 4.3.1)
JAM	Just a minute
NIL	No
OO	Over and out
OBTW	Oh, by the way
OTOH	On the other hand
R U THERE?	Are you there?
T	Yes
TNX	Thanks
TNX 1.0E6	Thanks a million
WRT	With regard to, or with respect to.
<g>	Grin
<gr&d>	Grinning, running, and ducking
BBL	Be back later
BRB	Be right back
IMHO	In my humble opinion
LOL	Laughing out loud
ROTF	Rolling on the floor
ROTFL	Rolling on the floor laughing
AFK	Away from keyboard
b4	Before
TTYL	Talk to you later
OIC	Oh, I see
ppl	people

Literatur

Herring, Susan. 1993. Men's Language: A Study of the Discourse of the LINGUIST List. Proceedings of the XVth Int. Congress of Linguists Vol. 3, Seiten 347-350. Quebec: Université Laval.

IRC-Korpus. Mitschnitt eines Aufenthalts im IRC-Kanal #muenster. Diese Datei (ca. 550 Zeilen) ist erhältlich über http://www.cl-ki.uni-osnabrueck.de/cdt/IrcLog.

Koch, Peter und Oesterreicher, Wulf. 1994. Funktionale Aspekte der Schriftkultur. In: Günther, H. und Ludwig, O. (Hrsg.), Handbuch Schrift und Schriftlichkeit. Bd.I. Berlin: de Gruyter. 587-604.

Lange, Barbara. 1996. Kings of Mail. iX, Ausgabe 10/1996, Seiten 90-92.

Newskorpus. 131 Artikel aus der deutschen Newsgruppe de.newusers.questions, die über http://www.cl-ki.uni-osnabrueck.de/cdt/ erhältlich sind.

Raymond, Eric S. 1996. The Jargon File. Version 4.0.0 vom 24.7.1996. Erhältlich über ftp://prep.ai.mit.edu/pub/gnu/jarg400.txt.gz

Schlobinski, Peter, Kohl, Gaby und Ludewigt, Irmgard. 1993. Jugendsprache – Fiktion und Wirklichkeit. Opladen: Westdeutscher Verlag.

Schütte, Dagmar. 1996. Das schöne Fremde. Opladen: Westdeutscher Verlag.

Sittek, Dietmar. 1995. Zur zunehmenden Computerisierung der Gesellschaft – eine soziologische Analyse ausgewählter Aspekte. Magisterarbeit im Fachbereich Soziologie an der Universität Münster 1995 (Manuskript).

Weingarten, Rüdiger. 1994. Perspektiven der Schriftkultur. In: Günther, H. und Ludwig, O. (Hrsg.), Handbuch Schrift und Schriftlichkeit. Bd.I. Berlin: de Gruyter. 573-586.

Dialogizität und Degrammatikalisierung in E-mails

Petra Pansegrau

> „If it wasn't for email right
> now, I would feel as if I've been
> sent into exile."[1]

> „... und die Möglichkeit, jetzt
> bei einem Telefreund in Austra-
> lien und im nächsten Augenblick
> wieder ganz bei sich selbst zu
> sein."[2]

1. Einleitung

Im Zuge der Technisierung von Kommunikation ist auch eine wissenschaftliche
Auseinandersetzung entstanden, die die Auswirkungen dieser Entwicklung auf Kom-
munikationsstrukturen beobachtet. In zahlreichen Publikationen wird eine Diskussion
dokumentiert, die aufzeigt, daß die modernen Schreib- und Lesetechnologien die Kommunikation verändert haben, wie einst die Einführung des Buchdrucks im 15. Jahrhundert.[3] Die Weiterentwicklung der neuer Technologien schreitet mit einer noch immer
enormen Geschwindigkeit voran, im Rahmen der technischen Neuerungen entstehen
parallel auch ständig neue Formen der kommunikativen Interaktion. Außer nahezu
uneingeschränkt vielfältigen Gestaltungs- und Modifizierungsmöglichkeiten der Schriften und Graphiken, der Speicherung, raschen Verfügbarkeit und Reproduzierbarkeit
von Dokumenten etc. gehört zu den jüngeren Fortschritten vor allem der weltweite
elektronische Austausch von Nachrichten in Sekundenschnelle.

Dieser elektronische Austausch von Informationen und Nachrichten wird ermöglicht
durch die - im Prinzip - globale Vernetzung von Computern durch das sogenannte
Internet. Jeder (vernetzte) Benutzer kann sich darin einen elektronischen Briefkasten
(Mailbox) verschaffen und über diesen elektronische Post (electronic mail, E-mail[4])
empfangen und versenden. Es ist dabei sowohl möglich, persönliche Nachrichten an
einen oder mehrere Kommunikationspartner zu adressieren, als auch Teilnehmer in

---

1 Aus einem privaten E-mail.

2 Frühwald (1996: 38).

3 Vgl. z.B. Giesecke (1990); Giese & Januschek (1990).

4 Trotz des inzwischen recht hohen Verbreitungsgrades der E-mail-Kommunikation existiert noch
immer keine konventionalisierte Schreibweise: email, Email, e-mail, E-mail etc.

einer oder mehreren Diskussionslisten zu werden, die permanent Diskussionsbeiträge zu einem bestimmten Thema austauschen. Dabei ist es völlig unerheblich, ob man sich selbst aktiv an der Diskussion beteiligt oder lediglich die Beiträge anderer Teilnehmer rezipiert.

Ebenso wie in vielen anderen Bereichen ist inzwischen auch ein Großteil der wissenschaftlichen Arbeitsplätze mit Computern ausgestattet und an das Internet angeschlossen. Die Benutzer sind dadurch in die Lage versetzt worden, sich an den verschiedenen Formen der Internetkommunikation zu beteiligen. Die Vernetzung durch das Internet ermöglicht aber eben nicht nur einen mehr oder weniger raschen Zugriff auf Informationen, sondern bietet quasi als Nebenprodukt auch einen schnellen Informationsaustausch unter den angeschlossenen Nutzern. Textnachrichten können in kürzester Zeit an Kommunikationspartner in aller Welt und auch in die nächste Arbeitsumgebung verschickt und ebenso von dort empfangen werden. Das vielbeschriebene und -diskutierte globale Dorf scheint dadurch in greifbare Nähe gerückt zu sein.

Offensichtlich werden E-mails in der wissenschaftlichen Kommunikation zunehmend zu einem zentralen Mittel des Informations- und Nachrichtenaustausches[5]. Dies hat vermutlich unterschiedliche Gründe. Zunächst einmal entstehen keine unmittelbaren Kosten[6], das ist ein wesentliches Argument in Zeiten der Ressourcenknappheit und macht die E-mail-Kommunikation damit im Vergleich zur Telefonkommunikation attraktiv. Weiterhin erfährt sie eine nur zu vernachlässigende Zeitverzögerung, das ist ein unschätzbarer Vorteil gegenüber der Briefkommunikation, und schließlich ist die Handhabung bzw. Bedienung in aller Regel schnell und unproblematisch, zumal der größte Teil der Nutzer ohnehin über zumindest rudimentäre Kenntnisse der Computerbedienung verfügt. Darüber hinaus ist es offensichtlich ein höchst zuverlässiger Kommunikationskanal. E-mails werden in der Regel schneller beantwortet als konventionelle Briefanfragen (dies ergaben mehrere informelle Umfragen im KollegInnenkreis der Autorin). Gründe dafür liegen vermutlich in den o.g. Argumenten, auch verfügen E-mails offensichtlich über einen hohen Aufforderungscharakter.

Die Verbreitung des Internets und die damit entstehenden neuen Kommunikationskanäle gehen einher mit der Ausbildung und Etablierung spezifischer Kommunika-

---

5 Eine Befragung unter den wissenschaftlichen MitarbeiterInnen eines Forschungsschwerpunktes hat ergeben, daß E-mail-Kommunikation häufiger genutzt wird als Telefon oder konventionelle Postwege. Vgl. Freiburg 1995.

6 Zumeist übernehmen die angeschlossenen Hochschulen die Kosten durch eine Pauschale, für den einzelnen Benutzer entstehen dadurch keine Kosten.

tionsstrukturen. Die Nutzung dieses Mediums ermöglicht eine neue Form der Mensch-zu-Mensch-Kommunikation, die - weil technisch transportiert - besonderen Bedingungen unterliegt und spezifische sprachstrukturelle Eigenschaften nach sich zieht. Diese sollen in dem vorliegenden Beitrag untersucht werden.

Der Untersuchungsgegenstand sind nicht die elektronischen Diskussionslisten[7], die hier als *öffentliche* E-mail-Kommunikation bezeichnet werden. Der Terminus 'öffentlich' bezieht sich auf die Tatsache, daß im Prinzip *jeder* Teilnehmer sein kann und daß der Sender keinerlei Einfluß auf den Rezipientenkreis hat. Im Zentrum stehen vielmehr die Kommunikationsmuster zwischen einzelnen E-mail-Nutzern, also die - wenn man so will - *individuelle, adressierte* - E-mail-Kommunikation. Im Unterschied zu den elektronischen Diskussionslisten werden hier eine oder mehrere explizit nicht-anonyme Adressierungen an bekannte E-mail-Adressen vom Sender vorgenommen. Die zugrundegelegten Daten bestehen aus privaten E-mails mehrerer Nutzer einer Universität und repräsentieren damit nur einen kleinen Ausschnitt der elektronischen Kommunikationsmöglichkeiten.

In den folgenden Überlegungen wird es zunächst darum gehen, die spezifischen Merkmale der E-mail-Komunikation zu charakterisieren, um so eine Stilistik der privaten E-mails zu entwerfen. Anschließend werden symptomatische Aspekte der sprachlichen Handlungsmuster unter dem Gesichtspunkt der konzeptionellen Mündlichkeit erörtert.

2.   Annäherung an eine Stilistik der Textsorte E-mail

2.1   Konzeptionelle Vorüberlegungen

Es ist inzwischen wohl hinlänglich bekannt, daß das Erschließen neuer Technologien - und damit auch ihre wissenschaftliche Beschreibung und die Auseinandersetzung darüber - zumeist über die Analogienbildung bzw. den Vergleich mit vertrauteren Mustern vor sich geht. Man nähert sich also auf bekannten Wegen, um dann festzuhalten, wo die Unterschiede zwischen dem Alten - Vertrauten - und dem Neuen liegen. E-mails stellen nun eine noch relativ neue Form der elektronischen Korrespondenz dar und werden dementsprechend in den wenigen bislang erschienenen Arbeiten zur E-mail-Kommunikation zumeist in Anlehnung an die Textsorte „Brief" charakterisiert.[8]

---

7 Vgl. dazu z.B. die Beiträge von Gruber und Quasthoff in diesem Band.

8 Vgl. z.B. Schanze & Kammer (1990).

Sie werden dann in der Regel als 'defizitäre Briefe' beschrieben. Es ist m. E. jedoch nicht ausreichend, E-mails lediglich als moderne Form der Briefkommunikation zu klassifizieren. Auch wenn sich gewisse strukturelle Ähnlichkeiten aufzeigen lassen, gibt es einige wesentliche Unterschiede, die die Konstituierung einer eigenen Textsorte „E-mail" in jedem Fall rechtfertigen.

Wenn man davon ausgeht, daß dem Gebrauch einer Textsorte eine komplexe Handlungsorientierung zugrunde liegt, dann heißt das, daß die Interagierenden offensichtlich über ein mehr oder weniger intuitives Wissen über Organisationsprinzipien und die Eignung der Textsorte für bestimmte kommunikative Zwecke verfügen. Bei den folgenden Überlegungen wird dementsprechend davon ausgegangen, daß die zu beschreibenden spezifischen Kommunikationsmerkmale und -abläufe sich nicht zufällig ergeben, sondern daß es sich um einen gezielten und systematischen Einsatz bestimmter Stilmittel und Praktiken handelt. Auch wenn sich E-mail-Kommunikation z.T. an vertrauten Mustern orientiert, entwickeln sich eigenständige Strukturen, die sich eben *nicht* als ein lediglich schnellerer, flüchtigerer, defizitärer oder „laxer" (Schanze und Kammer 1990) Briefstil beschreiben lassen. Vielmehr handelt es sich um textsortenspezifische Charakteristika, die in ihrem Einsatzgebiet voll funktionstüchtig sind.

Die folgende Analyse versucht, einen ersten Schritt zur Entwicklung und Beschreibung einer eigenständigen Stilistik der Internetkommunikation, insbesondere der Textsorte „E-mail" zu leisten. Wohl wissend, daß es in der traditionellen Stilistik eine Reihe von konkurrierenden Definitionen und Abgrenzungen gibt, wird diesen Überlegungen ein relativ „offener" Stilbegriff zugrunde gelegt. Stil wird hier verstanden als die Art und Weise, wie sprachliche Handlungen durchgeführt werden und welche Auswahl dabei aus den Möglichkeiten des Mediums getroffen wird. Untersucht werden dabei in erster Linie Kontext- und Stilmittel in bezug auf das Resultat; die Produktions- und Rezeptionsaspekte spielen lediglich eine untergeordnete Rolle.

Selbstverständlich kann die Beschreibung exemplarischer Phänomene für die Entwicklung einer Stilistik nicht ausreichen. Eine umfassendere Beschreibung wird notwendig sein, damit die traditionelle Stilistik nicht Gefahr läuft, lediglich einen immer kleineren Bereich der Kommunikationsakte abzudecken[9]. Sie kann und soll an dieser Stelle nicht geleistet werden.

---

9 Vgl. Handler (1995).

2.2   E-mail-Adressen als formale Kontextualisierungsmittel

Wie andere sprachliche Handlungsmuster auch benötigen E-mails zunächst formale Kontextualisierungsmittel[10]. Geleistet wird das durch einen „technischen Briefkopf". In „from" und „to" Zeilen sind der Sender und der Empfänger mit ihren E-mail-Adressen verzeichnet. Darüber hinaus gibt es eine sogenannte „subject" Zeile, aus welcher sich der Anlaß der Nachricht in stark verkürzter Form erschließen läßt. Viele Mailboxes ermöglichen es außerdem, einzusehen, wann die Nachricht eingegangen ist. Mit diesen Angaben sind wesentliche Anforderungen an Kontextualisierungsmittel erfüllt. Sowohl die Identifikation von Produzent und Adressaten als auch Zeit, Ort und Referenzobjekte können die Lokalisierung einer spezifischen sprachlichen Handlung in einer konkreten Situation leisten.

Im Unterschied zu personengebundenen deiktischen Signalen sagt die E-mail-Adresse jedoch nicht explizit etwas über den Ort der Textproduktion bzw. -rezeption aus. Das hängt im wesentlichen mit der Virtualität der E-mail-Adressen zusammen. E-mail-Adressen sind weltweit so strukturiert, daß der Name (bzw. ein persönliches Kürzel) zu Beginn der Adresse steht, dann folgt das @-Symbol (das zumeist mit „at" übersetzt wird), danach der jeweilige Netzanschluß, also in der Regel die Institution mit dem entsprechenden Netzserver oder eines der kommerziellen Netze und am Ende ein Nationalitätenkürzel. Der Computer, von welchem eine E-mail versendet wird, muß sich nicht zwangsläufig an dem Ort des Netzservers befinden. Mit einem entsprechenden Modem ist es ohne weiteres möglich, Nachrichten vom heimischen Computer über einen Universitätsserver zu versenden. Ebensowenig muß das in der „subject" Zeile verzeichnete Referenzobjekt nicht unbedingt mit dem Inhalt der Nachricht übereinstimmen oder es bezeichnet nur einen Ausschnitt der Nachricht, dient also u.U. nur sehr mittelbar als Referenzobjekt.

Beispiel 1:
          From: [E-mail-Adresse]
          subject: Reisekosten
          to: [E-mail-Adresse]

          Liebe Frau [Nachname]
          die Korrekturen sind angekommen. Ich nehme sie mit nach Dresden, um in der Bahn das
          endgueltige Manuskript herzustellen. Das Buch geht noch vor Weihnachten an den Verlag. Im
          Moment sitze ich an der Natur, um ihr den Todesstoss zu geben, jedenfalls kommunikativ.
          Darum kuemmere ich mich um die Fahrkarte naechste Woche.
          Herzlichen Gruss
          [Vorname Nachname]

---

10   Zu inhaltlichen Kontextualisierungsmitteln vgl. genauer den Beitrag von Quasthoff in diesem Band.

Am Rande eine kleine Anekdote, das @-Symbol, das „den Menschen von der Maschine trennt"[11], ist inzwischen schon Gegenstand linguistischer Forschung. Die Lin-
guistin Karen Steffen Chung hat im Internet ein über 1500 Zeilen langes Referat
veröffentlicht, in dem sie die vielfältigen Übersetzungen des @-Zeichens in vierzig
Sprachen dokumentiert.[12]

2.3 Interaktionsstrukturen in E-mail-Kommunikationen

Die Vernetzung durch das Internet, die Interaktion quasi zum Prinzip erklärt, ermöglicht eine Reihe *spezifischer* Interaktions- und Kommunikationsmuster. Grundsätzlich ist sie gekennzeichnet durch eine relativ große Unabhängigkeit von Zeit und
Raum[13]. Das Versenden und Empfangen von privaten E-mails beinhaltet immer eine
starke Partnerorientierung der Kommunikation. Partnerorientierte Kommunikation
unterliegt in der Regel einer Reihe von Einschränkungen, z.B. ist es entweder notwendig, daß sich der Adressat am gleichen Ort aufhält (Face-to-Face) oder am Ort der
Telefonadresse. Anders als im Rahmen eines Telefongespräches hat der Empfänger
jedoch stärkeren Einfluß auf die Zeit und Form der aktiven Teilnahme. Er kann die
Nachricht sofort lesen und beantworten, er kann es auf später verschieben oder sie
gleich an einen anderen Empfänger weiterleiten, da er bereits aus den kontextualisie-
renden Hinweisen ersieht, daß er nicht kompetent ist. Die Kommunikation erfährt aber
in jedem Falle eine größere Zeitverzögerung als beim Telefongespräch. Selbst im
günstigsten Fall vergeht die Zeit, die der Adressat zum Lesen der Nachricht und zum
Formulieren der neuen braucht. Trotzdem wird auch für die innerinstitutionelle
Kommunikation zunehmend auf E-mails zurückgegriffen. „Ob und durch welchen
Äußerungskanal Sprache produziert wird, entscheidet sich oft auf der Basis einer
Aufwands- und Ertragskalkulation".[14] Auch die kurze Anfrage via E-mail, ob der
Kollege von nebenan mit zum Mittagessen kommt, erfordert keine Unterbrechung des
eigenen Arbeitsablaufes und bedeutet keine Störung für diesen Kollegen.

---

11 Vgl. Die Zeit, Nr. 11/ 7.3.1996.

12 Das etwas kurios anmutende, aber äußerst spannende Dokument ist im Internet unter der Adresse
http://www.emich.edu/ ~ linguist/issues/html/7-986.html abrufbar.

13 An dieser Stelle ist nicht der physische und soziale Raum gemeint, als der das Internet inzwischen
auch verschiedentlich thematisiert wurde. Vgl. z.B. Paetau (1996).

14 Grabowski (1995: 22).

Das neue Medium eröffnet also neue Kommunikationswege, dadurch etablieren sich wiederum neue Interaktions- und Dialogstrukturen. Im folgenden sollen zwei unterschiedliche Formen von Dialogizität durch E-mails diskutiert werden.

Konventionelle dialogische Strukturen

Beispiel 2:
>   Hi [Vorname],
>   arbeitest Du auch schoen?
>   [Vorname]

Beispiel 3:
>   Hi [Vorname],
>   ab jetzt - 12.07h - (aber nur kurz 1 - 2 Std.). Gestern haette ich gern einen Kaffee o.ae. mit
>   Dir getrunken, leider war der Versuch sehr erfolglos. Arbeiten Gesundheitswissenschaftler nur
>   jeden 2. Tag?
>   Liebe Gruesse [Vorname]

Beispiel 4:
>   Hi [Vorname],
>   aber nein, gesundheitswissenschaftler gehoeren vielmehr zur schwer arbeitenden bevoelkerung
>   die den ganzen Tag im schweisse ihres angesichtes durch einsame uniflure hetzt, immer auf der
>   suche nach den loesungen saemtlicher Probleme der menschheit! Schade, dass ich nicht da war.
>   Klappt bestimmt ein ander mal.
>   Ciao, [Vorname]

Die Beispiele 2 - 4 verdeutlichen, daß aus der Face-to-Face- oder Telefonkommunikation vertraute Dialogmuster einfach über ein neues Medium transformiert werden, daß sich aber an der grundsätzlichen Struktur z.T. nur wenig ändert. Trotz der strukturellen Ähnlichkeiten existieren jedoch einige Unterschiede. Die Eröffnungen durch die Anreden und die Abschlüsse durch Nennung der Namen stellen für diesen Kommunikationstyp notwendige Signale zur Sprecher-Hörer-Identifizierung dar, die in der mündlichen Kommunikation entfallen könnten bzw. durch personaldeiktische Ausdrücke ersetzt werden. Anders als in einer mündlichen Kommunikationssituation müssen ebenso die temporaldeiktischen Prozeduren expliziert werden. Die in Beispiel 3 formulierte Antwort „ab jetzt" würde offensichtlich für eine Orientierung des Hörers nicht ausreichen und muß durch die Nennung der Uhrzeit präzisiert werden. Der jeweils explizite Abschluß durch die Verabschiedungen setzt Signale zum turn-Wechsel. Das Frage-Antwort-Muster, das ebenfalls ein Signal zum systematischen turn-Wechsel darstellt, eröffnet darüber hinaus den Beteiligten die Option für eine Weiterführung der Interaktion. Die Anreden, ein aus der konventionellen schriftlichen Kommunikation übernommenes Muster, die hier als turn-taking-Signale fungieren, und die narrativen Elemente lassen darauf schließen, daß es sich um Handlungssequenzen handelt, bei denen es weniger um die Übermittlung von Inhalten als vielmehr um die bloße Aufrechterhaltung der Interaktion geht. Es ergibt sich allerdings eine zeitliche Verschiebung (insgesamt ca. 40 Minuten), die in Face-to-Face-Kommunikationen oder Telefongesprächen nicht in der Weise auftreten würde. Interessant ist dann genau dieser Punkt, daß trotz differierender Bedingungen z.T. die vertrauten Strukturen beibehalten werden.

E-mail ermöglicht jedoch noch eine weitere, interessantere Form von Dialogizität.

Dialog-E-mails

Mit dem Terminus „Dialog-E-mail" wird eine Form bezeichnet, die wiederum auch eine neue Form der Dialogizität charakterisiert. Dialog-E-mails unterscheiden sich von den o.g. Interaktionsstrukturen dadurch, daß die ursprüngliche Anfrage bzw. der zunächst gesendete Text im Antwort-E-mail mitgeführt wird und die Antworten entweder am Ende angehängt oder an jeweils passender Stelle eingefügt werden. Die übermittelten Texte werden also ohne Verlust des Bezugspunktes für die Antwort, Weitergabe etc. bearbeitbar.

Beispiel 5:
    [Nutzername] writes:

    >Lieber [Vorname],
    >den Aufsatz aus [Zeitschrifttitel] kann ich Dir zuschicken. Da der
    >Verlag sehr grosszuegig mit den Freiexemplaren ist, kannst du auch
    >ein Exemplar von [Vorname] Diss. bekommen. Er wird mir Ende
    >der Woche ein Exemplar mitbringen. Gruss, [Vorname]

    [Vorname]- na, das ist ja phantastisch! Schoenen Dank, [Vorname]

Beispiel 6:
    Dear [Vorname Nachname]
    >Having talked to [Vorname Nachname], who came back yesterday, things look a little
    >bit clearer now. We could come over to meet each other on the 12th, 13th or 14th,
    >but [Vorname Nachname] would very much prefer to meet here, since he'll be leaving
    >again after the 15th till the end of [Monat].

    I will see what I can do on the 12th. It depends on train schedules. Also on what plans my wife has. I'll be in touch tomorrow.

    >In [Stadt] we could either have an informal meeting, or we could arrange a lecture for
    >you.

    Informal is fine. If you want, I can talk to a group. It depends on your ideas. I guess the most important thing is to discuss mutual interests in research on science.

    >Your travel expenses, hotel costs etc. would be covered in any case.

    If it's the 12th, I'd have to do it in one day. I teach the 11th and the 13th.

> If this isn't convenient for you, we could make the way to [Stadt]. It would be
> worthwhile to discuss our joint interest in neo-institutionalism either here or there.

We can also discuss neoinstitutionalism in general. As you probably know, I have in the last
few years focused on such idea applied to world society and it's impact on national societies.

Yours, [Vorname]
> Yours, [Vorname Nachname]

Die durch ein (vom System eingefügten) „ > " Zeichen hervorgehobenen Zeilen zeigen
den Text bzw. die Anfragen der ersten Nachricht, die nicht gekennzeichneten Textteile
beinhalten die Antworten bzw. Reaktionen. Auf diese Weise ist es möglich, daß
beliebig viele Dialogebenen gleichzeitig dargestellt werden. Für jede neue Ebene wird
jeweils ein neues „ > " Zeichen vom System eingefügt. Die Linearität wird also zugunsten einer zeitlich versetzten aber parallel dargestellten Dialogizität aufgehoben.
Dadurch ergeben sich spezifische Veränderungen von Dialogizität.

Zunächst wird das Gedächtnis durch Dialog-E-mails entlastet, da das Geschriebene
quasi als externer Diskursspeicher dient und die Rezipierbarkeit durch die Konser-
vierung gegeben ist. Es bleibt das Referenzobjekt als einheitlicher Bezugspunkt der
Kommunikation erhalten, dadurch können z.B. rekurrente Formulierungen (nahezu)
vollständig entfallen. Die schriftliche Beantwortung von Fragen erfordert in der Regel
einen Verweis auf das gemeinsame Referenzobjekt, also einen Bezug auf die zu
beantwortende Frage. Da das Referenzobjekt konserviert ist und in dieser Form mitgeführt wird, sind aufwendige anaphorische oder rekurrente Strukturen unnötig. Die
Antwort in Beispiel 5 führt trotz der inhaltlichen und grammatischen Verkürzung zu
keinen Verständnisproblemen. Beispiel 6 zeigt eine weitere Variante der dialogischen
Strukturen, da die Antworten an *jeweils* passender Stelle im *ursprünglichen* Text
eingefügt worden sind. Trotz der relativ komplexen Struktur des ersten E-mails
können die Antworten wie auch in Beispiel 5 in stark verkürzten Formulierungen
eingefügt werden (z.B. „Informal is fine" Z:10). Die komplexe Anfragestruktur bleibt
erhalten, und durch das mitgeführte gemeinsame Referenzobjekt kommt es trotz des
vollständigen Verzichts auf anaphorische und rekursive Mittel zu keinen Verständnisproblemen.

Dialogemails führen damit „zu völlig neuen Ausprägungen der Rede-Antwort-
Gestaltung, weil vordem diskursdeiktische Bezugsformulierungen durch die tatsächliche Positionierung des Antworttexts an der Bezugsstelle hinfällig werden oder zumindest eine andere, zu neuen Redeelementen führende deiktische Ausgangslage

herrscht"[15]. Für den Rezipienten bedeutet das allerdings, daß er mehrere Dialogebenen kognitiv verwalten muß. Der Ursprungstext ist in seinen Textualitätsmerkmalen zerstört oder zumindest aufgesplittet, der neu entstandene Text enthält wiederum eigene Textualitätsmerkmale. Kohärenz und Kohäsion werden dadurch neu definiert, die spezifische - visuell erfahrbare - Deixis und der situative Rahmen konstruieren andere, aber durchaus gültige kohärente und kohäsive Strukturen.

2.4 Stilmittel

An diesem Punkt der Untersuchung soll ein Teil der sprachlichen Erscheinungen, die für die E-mail-Kommunikation kennzeichnend sind, exemplarisch dargestellt werden. Es kann hier ausdrücklich nicht darum gehen, die ganze Bandbreite möglicher Stilmittel zu erfassen. Anhand der Beispiele „Anredesequenzen", „Fehlertoleranz" und „sprachliche Kreativität" wird argumentiert, daß E-mails nicht einen defizitären Stil, sondern eine zweckmäßige und kreative Anpassung an veränderte Kommunikationskanäle repräsentieren.

a) Anredesequenzen
Eröffnungs- oder Anredesequenzen in konventioneller Briefkommunikation werden im allgemeinen durch Formulierungen wie „Sehr geehrteR" oder „LiebeR" konstruiert. Zu den spezifischen Kennzeichen eines E-mail-Stils gehört offensichtlich, daß diese Sequenzen kreativ und situativ gestaltet werden. Selbst das inzwischen unter jüngeren oder vertrauteren Interaktionspartnern gebräuchliche „Hallo" spielt eine zunehmend untergeordnete Rolle.

Beispiel 7:
    So so liebe [Vorname], Du hast Dich also einfach unabhaengig gemacht (...)

Beispiel 8:
    Tach [Vorname],
    (...)

Für das Antwort-E-mail zu Beispiel 8 wurde die Form des Dialog-E-mails gewählt und die ironische Ausdrucksweise bzw. die spielerische Wahl der sprachlichen Mittel aufgegriffen und fortgeführt.

---

15 Handler (1995: 138).

Beispiel 9:
>   > Tach [Vorname],
>   Ebenfalls!
>   (...)

Folgen E-mails besonders schnell aufeinander, kann die Anrede auch ganz entfallen.
Das hängt damit zusammen, daß die Kommunikationspartner sozusagen in einem
direkten Austausch miteinander stehen und eine Sprecher-Hörer-Identifizierung nicht
mehr notwendig ist. Auch das Referenzobjekt wird quasi implizit mitgeführt.

Beispiel 10:
>   Na, das ist ja gut zu wissen (...)

Beispiel 11:
>   Ich muss dann doch noch mal was nachfragen: wieviel Zeit werden wir denn ungefaehr fuer
>   unsere Praesentationen haben?

Zuweilen wird die Eröffnungssequenz auch durch die sprachliche Umsetzung para-
sprachlicher Signale und die Fortführung eines vermeintlichen Kommunikationsrah-
mens gestaltet.

Beispiel 12:
>   Ach [Vorname];
>   (grosser Seufzer, lange Pause...). Wo war ich gleich stehengeblieben? Ach ja, (...)

b) Fehlertoleranz

„Das richtige, gar das stilistisch schöne Schreiben wird dabei unwillkürlich eine Kunst
von gestern, weil es nicht auf Stil und Lektüre, sondern auf rasche Information ankommt. Sprache und Schrift verlieren ihre dominierende Kraft... ", so prophezeit W.
Frühwald in einem Artikel der *Zeit* zu Veränderungen, die das Internet mit sich
bringen wird[16]. Frühwald hat insofern Recht, als daß es in E-mail-Kommunikationen
tatsächlich eine erheblich größere Toleranz im Hinblick auf Sprachrichtigkeit gibt,
orthographische Fehler werden als Tippfehler bewertet und verziehen. Während Briefe
vom Schreiber in der Regel auf Fehler durchgesehen werden, passiert dies anscheinend bei E-mails nicht.

Beispiel 13:
>   > Hallo nach Bielefdeld. Icxh sende mal ein 1. Draft unseres Antrags. Sicher noch mit vielen
>   Fehlern. Also bitte Nachsicht. Aber ich mu_ jetzt nach Innsbruick und bin erst Montag wieder
>   da. Falls das File nicht ausgepackt werden kann, bitte [Vorname] anrufen. oder frau [Nach-
>   hname] - gleiche Tel.Nr. Gr/-e, [Vorname Nachname]

Einerseits zeigt dies Beispiel anschaulich, daß es offensichtlich eine geringe Planungs-

---

16 Frühwald (1996: 38).

intensität gibt (zur grammatikalischen Struktur dieses Beispiels s. Abschnitt 3.1 dieses Beitrags), andererseits kann man wohl davon ausgehen, daß auch keine Überarbeitungs-[17] oder Korrekturphase stattgefunden hat. Darüber hinaus hat der Sender anscheinend nicht bedacht, daß die nur in der deutschen Orthographie gebräuchlichen Buchstaben wie Umlaute oder ß nicht durch das am Englischen orientierte Internet dargestellt werden können. Die orthographischen Fehler sind leicht als Tippfehler zu identifizieren, häufig handelt es sich um Buchstabenkombinationen, die auf der Tastatur unmittelbar nebeneinander liegen und vermutlich versehentlich beide gedrückt wurden. Diese eher motorisch bedingten Fehler (wie z.B. auch Dreher) sind offensichtlich die häufigsten orthographischen Fehler, die in E-mails auftreten. Ebenso wie die oft konsequente Kleinschreibung aller Substantive (die u.U. auch eine Annäherung an das Englische darstellt) hängt das sicher damit zusammen, daß E-mails oft schnell und spontan geschrieben werden. Da sich auch die Empfänger im allgemeinen so verhalten, werden orthographische Fehler dieser Art folgerichtig nicht als Zeichen mangelnder Bildung, sondern als Zeichen großer Zeitnot gewertet.

Dieses Phänomen, die große Toleranz gegenüber eigenen orthographischen Fehlern bzw. den Fehlern anderer, tritt in erstaunlicher Häufigkeit auf, es kann jedoch an dieser Stelle nur vermutet werden, welche Gründe dazu führen. Es könnte in der von Riehm et al. beobachteten „Vorläufigkeit des Schreibens in einem fluiden Element"[18] begründet liegen. Die materialisierte Form eines auf Papier gedruckten Textes gilt bis zu einem gewissen Grad als determiniert und suggeriert stärker eine Endgültigkeit als das durch die Zeilen in einem Texteditor möglich ist. Da die Flüchtigkeit des elektronischen Mediums aber genauso wie die Endgültigkeit des Papiers letztlich eine Illusion ist (jedes E-mail kann ausgedruckt und abheftet werden, jeder Brief kann auf diverse Weisen zerstört werden), wäre es sicher interessant, dies zu überprüfen.

c) Sprachliche Kreativität

Neben der relativ großen Toleranz in Hinblick auf die Sprachrichtigkeit, die ansonsten in wissenschaftlichen Kontexten im allgemeinen eher gering ist, existiert aber auch ein Phänomen, das hier als sprachliche Kreativität bezeichnet wird. Es ist gekennzeichnet durch diverse Ausprägungen, wie z.B. witzige Wortschöpfungen, freien Einsatz von Anglizismen oder Expressivitätsumsetzungen in das Schriftbild. An dieser Stelle nur einige Beispiele.

---

17 Zu den einzelnen Phasen (Planungs-, Übersetzungs- und Überarbeitungsphase) der Textproduktion vgl. z.B. Günther (1993).

18 Riehm et al. (1992.

Beispiel 14:
> Liebe [Vorname], liebe [Vorname],
> keine Angst, meine e-Bellaestigungen werden in Zukunft nicht mehr so haeufig sein. (...)

Beispiel 15:
> Lieber [Vorname],
> kein Problem (weder die e-Haeufigkeit noch die Kopierkosten) (...)

Darüber hinaus tauchen auch relativ häufig Schreibweisen auf, die man nur versteht, wenn man sich die Aussprache vor Augen hält, wie zum Beispiel direkt ins Deutsche überführte Anglizismen.

Beispiel 16:
> Lieber [Vorname]
> schon seit laengerm wollte ich Dich mal anmehlen (...)

Es handelt sich bei den Beispielen 14 - 16 m.E. nicht um vollständig neue Wortbildungsprodukte, die in absehbarer Zeit eine Konventionalisierung z.B. durch Kodifizierung im Lexikon erfahren werden. Vielmehr wird dadurch ein kreativer und spontaner Umgang mit bereits bestehenden lexikalischen Einheiten einerseits und mit spielerischen Entlehnungen an die medienspezifischen Charakteristika andererseits praktiziert. Ob es sich dabei bereits um Erweiterungen des Wortschatzes handelt, ist aber fraglich. Vermutlich tauchen viele dieser Ausdrücke nur einmalig auf und haben einen hohen Bezug zum situativen Kontext.

Ein weiteres Phänomen ist die Expressivitätsumsetzung in das Schriftbild, z.B. wenn Intonationsformen durch Großschreibung oder Satzzeichen ersetzt werden.

Beispiel 17:
> Liebe [Vorname]
> (...), wenn Du meine Meinung dazu direkt hoeren willst: NEEEEIN!!! (...)

Beispiel 18:
> Hallo [Vorname]
> es ist unglaublich aber WAHR, unser Projekt wird verlaengert, YEAH!!!! (...)

In diese Reihe gehören ebenso die im Internet gebräuchlichen Ideogramme und smileys[19] bzw. die häufigen Abschlußsequenzen durch Abkürzungen wie CU (see you) oder BBL (be back later). Kreativer Umgang mit Sprache und ungewöhnliche Wortschöpfungen, ein Phänomen, das auch aus der Jugendsprache bekannt ist, scheint auch etwas für die Internetkommunikation typisches zu sein.

---

19 Vgl. dazu vor allem den Beitrag von Haase et al. in diesem Band.

3.   Mündlichkeit und Schriftlichkeit

Nachdem im vorangegangenen Abschnitt die stilistische und interaktive Struktur der Textsorte E-mail erörtert wurde, konzentriert sich der folgende auf den Bezug zu Schriftlichkeit und Mündlichkeit. Dafür wird die auf Koch und Oesterreicher[20] zurückgehende Unterscheidung zwischen *konzeptioneller* und *medialer* Schriftlichkeit bzw. Mündlichkeit zugrunde gelegt, die hier in aller Kürze dargestellt wird. Koch und Oesterreicher weisen auf die Problematik der Termini *schriftlich* und *mündlich* hin und unterscheiden zwei Lesarten. Die eine bezieht sich auf das Medium, durch welches die sprachlichen Äußerungen realisiert werden, die andere bezieht sich auf die Konzeption, die die Äußerungen prägt. Ein Text kann durchaus konzeptionell schriftlich, aber mündlich realisiert sein. Ein Beispiel dafür ist die politische Rede, die zwar mündlich vorgetragen wird, aber in ihrer Konzeption schriftlich ist. Ebenso ist es möglich, daß ein Text konzeptionell mündlich aber schriftlich realisiert ist. Die Urlaubspostkarte an gute Freunde z.B. steht trotz ihrer graphischen Realisierung häufig konzeptioneller Mündlichkeit näher. Konzeptionelle Mündlichkeit und konzeptionelle Schriftlichkeit zeichnet sich dementsprechend nicht durch das transformierende (realisierende) Medium aus, als vielmehr durch Planung, Sinn und Zweck des sprachliches Handlungsmusters.

Koch und Oestereicher sehen also eine relative Unabhängigkeit von Medium und Konzeption, die jedoch „nicht im Widerspruch dazu (steht), daß einerseits zwischen dem phonischen Medium und konzeptionell mündlichen Äußerungsformen, andererseits zwischen dem graphischen Medium und konzeptionell schriftlichen Äußerungsformen eine ausgeprägte Affinität besteht"(ebda.: 587).

Der Bezug auf die Termini konzeptionelle Mündlichkeit bzw. konzeptionelle Schriftlichkeit beinhaltet die Berücksichtigung fundamentaler Charakteristika von Kommunikationsverläufen. Indikatoren dafür sind z.B. der Grad der raum-zeitlichen Nähe oder Distanz, der Grad der Vertrautheit oder Öffentlichkeit, die emotionale Involviertheit, die Handlungs- und Situationseinbindung, der Referenzbezug oder die Themenfixierung.[21]

In Situationen großer kommunikativer Nähe können eine Reihe von textgliedernden Signalen und Referenz, Kohärenz und Kohäsion herstellenden Mitteln entfallen, die bei größerer kommunikativer Distanz zum Textverständnis notwendig wären. Distanzsprachliche Texte wiederum verzichten weitestgehend auf typisch mündliche Merkma-

---

20 Vgl. z.B. Koch und Oesterreicher (1985 und 1994).

21 Vgl. hierzu genauer Koch und Oesterreicher (1994: 588).

le, wie z.B. einfache Hauptsatzreihen, nicht-hierarchische Textgliederungen oder häufige *und*-Verknüpfungen. Wichtige Hinweise für kommunikative Nähe bzw. kommunikative Distanz liegen oft in der schriftlichen bzw. mündlichen Realisierung eines Textes. Im Rahmen dieser Analyse wird davon ausgegangen, daß trotz der Tatsache, daß Computer zur Zeit im wesentlichen die Schrift als Medium von Sprache bereitstellen, E-mails der konzeptionellen Mündlichkeit näherstehen. Das Internet scheint eine gewisse kommunikative Nähe zwischen den Kommunikationspartnern zu suggerieren, die sich dann in der Wahl der sprachlichen Mittel ausdrückt.

3.1   Konzeptionelle Mündlichkeit in E-mails

Aus der Konversationsanalyse sind die Charakteristika der konzeptionellen (und oft auch medial realisierten) Mündlichkeit bekannt. (Konzeptionell) mündliche Sprache ist, trotz der häufig fehlenden Textgliederungs- und Kohärenzsignale, trotz geringer Variation in der Wortwahl und der häufigen Verwendung von sog. passe-partout- und Gesprächswörtern jedoch nicht defizitär, sondern im Bereich kommunikativer Nähe voll funktionstüchtig. Bedingt ist das vor allem dadurch, daß die Wahl der sprachlichen Mittel nur *ein* Faktor unter vielen, wie z.B. dem situativen Rahmen, der Vorläufigkeit, der oftmals dialogischen Strukturen und den vielfältigen Möglichkeiten zu Korrektur- und Anakoluthsequenzen ist. Die für Distanzkommunikationen dringend erforderliche syntaktische Wohlgeformtheit kann in kommunikativer Nähe durch diese Faktoren nahezu vollständig kompensiert werden.

Beispiel 19:
>   Hi [Vorname]
>   musste das doch gleich mal ausprobieren.
>   Bis bald [Vorname]

Vorstehendes E-mail ist nur für denjenigen zu verstehen, der weiß, daß der Sender seit längerer Zeit auf einen funktionierenden E-mail-Anschluss gewartet hat. Formulierungen wie „musste" für „mußt du" und das Fehlen des Personalpronomens simulieren deutlich mündliche, umgangssprachliche Strukturen. Dies gilt ebenso für den fehlenden Hinweis auf das Referenzobjekt. Die Antwort macht aber deutlich, daß trotz des Fehlens vermeintlich entscheidender Informationen bzw. Kohärenz herstellender Mittel der Sinn der Nachricht richtig verstanden wurde.

Beispiel 20:
>   Hallo [Vorname]
>   es klappt!!!!!
>   Ciao [Vorname]

Ebenso wie in einigen der vorgenannten Beispiele entfallen hier fast vollständig rekursive und anaphorische Mittel, die Orientierung an einem gemeinsamen Referenzobjekt ist für die Kommunikationspartner offensichtlich in ausreichendem Maße möglich. Die Ausrufezeichen bedeuten an dieser Stelle wieder eine Expressivitätsumsetzung, die in der mündlichen Kommunikation durch Intonation (hier eine erfreute Reaktion) möglich wäre.

Beispiel 21:
 Einen schoenen Tag zusammen!
 Gibts was Neues von Bielefeld: Forschungsstrategisch, Freiburg-spezifisch und bezueglich
 Seewochenend?
 Gruß, [Vorname]

Beispiel 22:
 Liebe [Vorname],
 das ist ja schoen, von Dir zu hoeren. Ja, Weihnachten sind wir da und feiern erstmals in
 unseren eigenen Raeumen. Allerdings kommen auch meine Eltern und [Vorname] Mutter dazu.
 Hoffentlich geht das gut. Wir wuerden uns sehr freuen, von Dir zu hoeren, und vor allem Dich
 zu sehen.
 Bis bald, liebe Gruesse, [Vorname]

Beispiel 23:
 Lieber Herr [Nachname]
 wir freuen uns über eine zusammenarbeit, die ja nicht nur strategisch, sondern auch inhaltlich
 Sinn macht(Das sehen wir so wie Sie). Was halten Sie vom 25.6 oder 26.6 hier in [Stadt]?
 Wir könnten dann Konzepte und Skalen abgleichen. Vorba schicke ich Ihnen zwei Manuskrip-
 te, die unsere erste Studie betreffen. (...)
 beste Grüße
 [Vorname Nachname]

Die Beispiele 21-23 und das Beispiel 12 beinhalten eine Reihe typischer Merkmale mündlicher Kommunikation. In diesen wenigen Sätzen lassen sich z.T. mehrmals die folgenden Phänomene finden: geringe Variation in der Wortwahl (Beispiel 22: „von Dir zu hören"), häufige *und*-Verknüpfungen (Beispiel 22), einfache Hauptsatzreihen (Beispiel 12: „Sicher noch mit vielen Fehlern. Also bitte Nachsicht.", Beispiel 23: „Was halten Sie vom ...? Wir könnten dann Konzepte und Skalen abgleichen") Verwendung von Gesprächswörtern (Beispiel 12: „Also", „Aber", Beispiel 22: „Ja, Weihnachten sind wir da"), Korrektursignale, Nachträge (Beispiel 12: „... bitte [Vorname] anrufen. oder frau [Nachname]") und Anakoluthe (Beispiel 22: „Ja, Weihnachten sind wir da"). Syntaktische Kongruenzfehler (Beispiel 21), fehlende Kohärenz und Kohäsion würden in Situationen der kommunikativen Distanz zu Verständnisproblemen führen. Die Funktion und der referentielle Rahmen konnte jedoch von den Empfängern der Nachrichten ähnlich wie in der mündlichen Kommunikation aus dem kommunikativen Kontext erschlossen werden.

Dies gilt auch für das häufige Fehlen von deiktischen Hinweisen oder die Verwendung von Ellipsen in E-mails (Beispiele 2 und 3: „ab jetzt" als Antwort auf „Arbeitest Du auch schoen?", Beispiel 19: „musste das doch gleich mal ausprobieren".

Beispiel 24:
   Hi Vorname
   jederzeit an jedem Ort!
   Eine gemeinsame Tasse teilen muessen wir uns allerdings nicht, insbesondere da letzten
   Samstag endlich Knete auf meinem Konto war.
   Ich komm um zwei mal bei Dir vorbei, okay?

Beispiel 25:
   Liebe [Vorname],
   danke fuer die Anmeldungen...
   Gruss, [Vorname]

Diese E-mails waren nur für den jeweiligen Empfänger zu verstehen, der eine konkrete Anfrage formuliert hat bzw. einer Anforderung nachgekommen ist. In Beispiel 24 geht es offensichtlich um eine Verabredung zum gemeinsamen Kaffeetrinken. Der abschließenden Zeile fehlen entscheidende Hinweise zum Verständnis der deiktischen Ausdrücke, nur der Adressat ist explizit benannt, die Zeitangabe ist abhängig vom Tag, wird aber ebenso wie der richtige (nicht benannte) Ort als bekannt vorausgesetzt. Der Sender von Beispiel 25 markiert sogar explizit durch die Verwendung der Punkte, daß alles weitere implizit klar zu sein scheint bzw. die nochmalige Nennung von referentiellen Bezügen nicht notwendig ist.

4.   Diskussion

Bereits die eher schlaglichtartige Präsentation spezifischer Phänomene der E-mail-Kommunikation macht deutlich, daß sich hier ein eigenständiger Kommunikations- und Interaktionstypus etabliert, dessen Rahmen erst durch die technologischen Neuerungen gegeben und abgesteckt wurde. Auch wenn sich E-mail-Kommunikation zum Teil an vertrauten Mustern orientiert, so entwickeln und stabilisieren sich doch wesentliche Merkmale und „Texttypen, die den spezifischen Bedingungen und Möglichkeiten eines neuen Mediums Rechnung tragen"[22]. Es konstituiert sich in E-mails eine neue Form von Dialogizität und sprachlicher Kreativität, die sich an mündlichen Kommunikationssituationen zu orientieren scheint und sich damit nochmalig von den Texttypen und -strukturen anderer Formen technisierter Komunikation unterscheidet.

---

22 Vgl. Weingarten (1994).

Die Texttypen und -strukturen und die vielfältigen Ausdrucksmöglichkeiten, die sich durch E-mail-Kommunikation entwickeln bzw. bieten, sind - auch wenn sie nur unzureichend die Charakteristika einer wohlgeformten Schriftsprache aufweisen - nicht defizitär. Vielmehr sind sie optimal an den technischen Möglichkeiten orientiert und für das spezifische Einsatzgebiet in hohem Maße funktionstüchtig.

E-mails stellen trotz allem lediglich eine *Erweiterung* der kommunikativen Praktiken dar. Sie bieten einen zusätzlichen Zugang zu einem bequemen und schnellen Nachrichtenaustausch, sie werden aber sicher in nächster Zukunft nicht die traditionellen Formen der Kommunikation und Korrespondenz vollständig ersetzen, ebensowenig wie auch das - für die 90er Jahre prophezeite - papierlose Büro ein Mythos bleibt.

Literatur

Freiburg 1995. Befragung unter MitarbeiterInnen eines DFG-Forschungsschwerpunktes zur jeweiligen Mediennutzung im Arbeitssprozeß. Universität Freiburg, unver. Ms.

Frühwald, W. 1996. Vor uns: Die elektronische Sintflut. Wie Sprache und Schrift ihre dominierende Kraft an die perfekte Beherrschung der technischen Medien verlieren. In: Die Zeit Nr. 27; 28.6.1996.

Giese, H.W. und Januschek, F. 1990. Das Sprechen, das Schreiben und die Eingabe. Spekulationen über Entwicklungstendenzen von Kommunikationskultur. In: Weingarten, R. (Hrsg.). Informationen ohne Kommunikation? Die Loslösung der Sprache vom Sprecher. Frankfurt, Fischer Tb.

Giesecke, M. 1990. Als die alten Medien neu waren. Medienrevolutionen in der Geschichte. In: Weingarten, R. (Hrsg.). Informationen ohne Kommunikation? Die Loslösung der Sprache vom Sprecher. Frankfurt/M, Fischer Tb.

Grabowski, J. 1995. Schreiben als Systemregulation. Ansätze einer psychologischen Theorie der schriftlichen Sprachproduktion. In: Jakobs, E.-M./ Knorr, D. und Molitor-Lübbert, S. (Hrsg.). Wissenschaftliche Textproduktion. Mit und ohne Computer. Frankfurt/M et al., Peter Lang Verlag.

Günther, U. 1993. Texte planen - Texte produzieren. Kognitive Prozesse der schriftlichen Textproduktion. Opladen, Westdeutscher Verlag.

Handler, P. 1995. Stilistik auf dem Daten-Highway. Überlegungen zum stilwissenschaftlichen Umgang mit den neuen Medien. In: Jakobs, E.-M./ Knorr, D. und Molitor-Lübbert, S. (Hrsg.). Wissenschaftliche Textproduktion. Mit und ohne Computer. Frankfurt/M et al., Peter Lang Verlag.

Koch, P. und Oesterreicher, W. 1985. Sprache der Nähe - Sprache der Distanz. Mündlichkeit und Schriftlichkeit im Spannungsfeld von Sprachtheorie und Sprachgeschichte. In: Romanisches Jahrbuch 36: 15-43.

Koch, P. und Oesterreicher, W. 1994. Schriftlichkeit und Sprache. In: Günther, H. und Ludwig, O. (Hrsg.). Schrift und Schriftlichkeit (Writing and its Use). Ein interdisziplinäres Handbuch internationaler Forschung. Berlin/ New York, de Gruyter Verlag.

Paetau, M. 1996. Informationsgesellschaft, Kommunikationsweise und sozialer Raum. In: Becker, B./ Lischka, Ch. und Wehner, J. (Hrsg.). Kultur - Medien - Künstliche Intelligenz. Sankt Augustin, GMD-Studien Nr. 290.

Riehm, U./ Böhle, K./ Gabel-Becker, I. und Wingert, B. 1992. Elektronisches Publizieren. Eine kritische Bestandsaufnahme. Berlin u.a., Springer Verlag.

Schanze, H. und Kammer, M. 1990. Brief, Dokument und Memorial. Zum Problem der 'Formulare' in der elektronischen Kommunikation. In: Hess-Lüttich, E.W.B./ Posner, R. (Hrsg.). Code-Wechsel. Texte im Medienvergleich. Opladen, Westdeutscher Verlag.

Weingarten, R. 1994. Perspektiven der Schriftkultur. In: Günther, H. und Ludwig, O. (Hrsg.). Schrift und Schriftlichkeit (Writing and its Use). Ein interdisziplinäres Handbuch internationaler Forschung. Berlin/ New York, de Gruyter Verlag.

Themenentwicklung in wissenschaftlichen E-mail-Diskussionslisten. Ein Vergleich zwischen einer moderierten und einer nichtmoderierten Liste

Helmut Gruber

1. Einleitung

Die Berichterstattung über die Möglichkeiten elektronisch vermittelte Kommunikation (E-Mail-Kommunikation) gehörte in den letzten Jahren zum Standardrepertoire der Massenmedien. Das Internet (und im speziellen das World Wide Web) ist „hype". Obwohl alle einigermaßen seriösen Beiträge zu diesem Thema betonen, daß das Internet, ursprünglich als Kommunikationsmittel des amerikanischen Verteidigungsministeriums konzipiert, zwischen Mitte und Ende der 70er Jahre vom wissenschaftlichen (universitären) Bereich praktisch „usurpiert" wurde (vgl. zu einem historischen Überblick Reid 1991), wurde und wird die wissenschaftliche Nutzung des Internet in populären Darstellungen meist nicht ausführlich thematisiert (wohl auch weil dieser Nutzungsaspekt für eine breite Öffentlichkeit der am wenigsten spektakuläre ist). Dennoch hat E-Mail-Kommunikation (nach einer informellen Umfrage im Kollegenkreis des Autors) an vielen wissenschaftlichen Instituten bereits einen großen Teil der brieflichen Kommunikation ersetzt: Sie ist billiger und v.a. bei weitem schneller als der übliche Postverkehr.

Neben dieser „Ersatzfunktion", die E-Mail-Kommunikation im Bereich des wissenschaftlichen und administrativen Briefverkehrs hat, gibt es jedoch einen weiteren Nutzungsaspekt, der in populären Darstellungen des Internet überhaupt nicht thematisiert wird, nämlich die wissenschaftlichen Diskussionslisten. Im Unterschied zu der ausufernden Zahl von „newsgroups" (zur Zeit der Manuskripterstellung waren dem Verfasser über 6000 verschiedene newsgroups zugänglich), die für jeden Internet-Benützer durch die verwendete Software verfügbar sind und in denen es Diskussionsforen zu beinahe allen möglichen (und unmöglichen) Themenbereichen gibt[1], handelt es sich hier um Diskussionsgruppen, deren Teilnehmer sich „einschreiben"

---

1 Es gibt auch hier sogenannte "wissenschaftliche" Diskussionslisten (z.B. sci.lang im Bereich der Linguistik), die jedoch - wenn man die Beiträge etwas genauer betrachtet - eher von interessierten Laien als von Fachwissenschaftlern frequentiert werden.

müssen[2]. D.h. sie müssen einen Softwarebefehl an eine bestimmte E-Mail-Adresse schicken, um in den Verteiler der entsprechenden Diskussionsliste aufgenommen zu werden. Dadurch ist der Teilnehmerkreis derartiger Diskussionslisten eingeschränkt, weil vielen (auch akademischen) Internetusern die entsprechenden Adressen gar nicht bekannt sind[3]. Außerdem haben viele dieser Listen ziemlich spezialisierte Diskussionsgebiete (z.B. Ethnomethodologie/ Konversationsanalyse, Relevanztheorie, Kognitive Linguistik, etc.), die für ein interessiertes Laienpublikum nicht unmittelbar zugänglich sind. Wie im Bereich der newsgroups gibt es allerdings auch hier bereits Klagen von Wissenschaftlern, daß die Zahl der Diskussionslisten überhand nehme und es aus Zeitgründen unmöglich wäre, allen, u.U. interessanten, Diskussionen zu folgen.

Wie auch immer, E-Mail-Diskussionslisten bilden neue Diskussionsforen und -möglichkeiten, die nicht lediglich ältere Formen ersetzen, sondern genuin neue Möglichkeiten eröffnen: So ist es hier möglich (und üblich, s.u.), Fragen (seien es Literaturanfragen oder inhaltliche Fragen) an ein großes (und internationales) Fachpublikum zu richten, das man mit üblichen Kommunikationsmedien nicht erreichen würde (niemand würde wohl hunderte Briefe an ihm/ ihr persönlich überhaupt nicht bekannte Wissenschaftler richten, um Auskünfte zu einem bestimmten Thema einzuholen). Ein weiteres Merkmal von E-Mail-Diskussionen ist der weitgehende Wegfall von Hierarchieunterschieden: Im Prinzip kann jede/r an einer Diskussion teilnehmen bzw. sie initiieren, wenn sich genügend andere finden, denen das Thema relevant und interessant erscheint[4].

---

2 Auch Diskussionsgruppen gibt es sonder Zahl (ca. 40.000, McElhearn, 1996, pers. E-mail-Mitteilung) und zu allen Themen. Der Unterschied zwischen newsgroups und Diskussionslisten ist die Zugänglichkeit: Newsgroups kann man mit einem webbrowser "finden", von einer Diskussionsliste braucht man zumindest die Serveradresse.

3 Wenngleich in den letzten Monaten auch immer mehr wissenschaftliche Diskussionslisten dazu übergegangen sind, Webpages einzurichten, die viel leichter - oft durch Zufall beim "Netsurfen" - auffindbar sind. Eine Auswirkung auf die Diskussionslisten selbst konnte in dieser kurzen Zeit allerdings - zumindest in den von mir subskribierten Listen - noch nicht festgestellt werden.

4 Diese "egalitären" Umgangsformen können auch damit zusammenhängen, daß alle (zumindest mir bekannten) wissenschaftlichen Diskussionslisten englischsprachig geführt werden und demgemäß auch von englischsprachigen Wissenschaftlern dominiert werden. Gerade die anglo-amerikanische wissenschaftliche Kultur ist aber bekannt dafür, daß in ihr Hierarchieunterschiede generell eine geringere Rolle spielen als im deutschsprachigen wissenschaftlichen Bereich. Daß die Dominanz des Englischen in wissenschaftlichen Diskussionslisten auch ein Problem für "non-native speakers" darstellt, ist vollkommen klar, kann hier aber nicht weiter behandelt werden (ebenso wie das Problem, daß die Teilnahme an allen Diskussionslisten natürlich auch ein Problem der Verfügbarkeit von entsprechender Technologie ist, wodurch ein beträchtlicher Teil von Wissenschaftlern aus weniger entwickelten Ländern von aktuellen wissenschaftlichen Diskussionen ausgeschlossen ist).

Es gibt aber auch Merkmale von E-Mail-Diskussionen, die, obwohl technologie-bedingt, v.a. für die sprachliche und kommunikative Dynamik dieser Kommunika-tionsform von großer Bedeutung sind: Sie stellen keine „Gespräche" im herkömmli-chen Sinn mit einer fixen (und bekannten) Teilnehmerzahl dar, sondern jeder Diskus-sionsbeitrag wird (via Software) an jede/n Subskribenten einer Liste weitergeleitet. Da in der Regel niemand alle anderen Listenteilnehmer kennt, handelt es sich bei den Rezipienten jeder Mitteilung um ein großteils anonymes Publikum, wobei jedes Mit-glied dieses Publikums die Möglichkeit hat, auf jeden Beitrag zu reagieren. Hinzu kommt ein weiter Faktor: Es ist für jeden Diskussionsteilnehmer prinzipiell möglich, auf *jeden vorhergehenden* Diskussionsbeitrag zu reagieren, wodurch die Linearität von Gesprächen aufgebrochen wird zugunsten der Möglichkeit von simultanen, „polylo-gischen" (im Gegensatz zu „dialogischen") Interaktionszügen. Für die Themenent-wicklung und -konstitution ergeben sich so neue und spannende Möglichkeiten, um deren genauere Untersuchung es in diesem Beitrag gehen soll.

2.   Elektronisch vermittelte Kommunikation

Elektronisch vermittelte Kommunikation kann nicht als einheitliche Kommunikations-oder Diskursform betrachtet werden. Mit der technologischen Entwicklung des Inter-net und v.a. auch der Verfügbarkeit benutzerfreundlicherer E-Mail-Programme eröff-nen sich für die Anwender immer neue Kommunikationsmöglichkeiten. So ermöglichte es die weitgehende Ersetzung von Zeilen- durch Bildschirmeditoren in der zweiten Hälfte der 80er Jahre, auch längere Mitteilungen zu versenden[5] (vgl. Foertsch 1995).

Während E-Mail-Kommunikation asynchron ist (d.h. nicht alle Teilnehmer müssen gleichzeitig online sein), wurden bereits früh lokale Systeme (meist in Firmen und Institutionen) entwickelt, durch die mehrere Interaktionsteilnehmer synchron miteinan-der kommunizieren konnten (vgl. Murray 1991; Eklundh 1987). Durch die Entwick-lung eines Programms (IRC: Internet Relay Chat), das diese Möglichkeit auch für Internetbenutzer eröffnete, wurden vollkommen neuartige Interaktionsformen möglich (vgl. Reid 1991). Auch die Entwicklung des World Wide Web mit seiner graphischen Benutzeroberfläche erweiterte die Kommunikationsmöglichkeiten. Es gibt seither Zeitschriften, die *ausschließlich* im WWW erscheinen (z.B.: Psycholoquy, Journal of

---

5 Prinzipiell besteht natürlich auch bei der Verwendung eines Zeileneditors die Möglichkeit, längere Mitteilungen zu verfassen, jede/r der/ die das aber jemals versucht hat (und nicht perfekt im Maschi-neschreiben ist), wird wissen, was das bedeutet bzw. welchen Output man dabei produziert.

Computer Mediated Communication) und in deren Beiträgen alle seine technischen
Möglichkeiten (wie etwa Hypertextlinks, Einbindung von Bildern und Tönen bzw.
Videosequenzen) ausgenützt werden.

Die Forschungsliteratur über elektronisch vermittelte Kommunikation spiegelt diese
Situation wieder (vgl. Foertsch 1995): Während in den 80er Jahren v.a. Untersuchungen über technologische Voraussetzungen elektronisch vermittelter Kommunikation
und über die Verwendung lokaler online-Kommunikationssysteme (Murray 1991;
Eklundh 1987) durchgeführt wurden, werden mit zunehmender Verbreitung und
Diversifizierung der elektronischen Kommunikationsmedien immer neue Aspekte
untersucht, wobei sich der Schwerpunkt von der technologischen zu kommunikations-
wissenschaftlichen und kommunikations- und kultursoziologischen Aspekten verlagert
hat (vgl. Reid 1991; 1994; Wetzstein et al. 1995; sowie die Beiträge in Jones (ed.),
1995). In ihnen wird Sprache als einziges Mittel der Identitäts- und Beziehungsgestal-
tung in elektronischer Kommunikation immer wieder thematisiert.

Dennoch fehlen Untersuchungen, in denen speziell die sprachlichen Eigenschaften
und Besonderheiten von E-Mail-Kommunikation untersucht würden, weitgehend (vgl.
Foertsch 1995; E. Reid 1995 (pers. E-Mail-Kommunikation); zwei Ausnahmen stellen
Du Bartell 1995 und Uhlirova 1994 dar). Bei der vorliegenden Arbeit handelt es sich
deshalb um eine explorative Studie, die noch dazu auf einer relativ eingeschränkten
Datenbasis beruht (s.u.). Die Ergebnisse sind deshalb nur mit größter Vorsicht
generalisierbar, dennoch kann davon ausgegangen werden, daß grundlegende Merkmale von (wissenschaftlicher) E-Mail-Kommunikation zumindest in vergleichbaren
Settings gefunden werden können.

3.   Datenmaterial der vorliegenden Untersuchung

Das Untersuchungsmaterial der vorliegenden Arbeit stammt aus zwei linguistischen
Diskussionslisten, der LINGUIST-List und der ETHNO-List. Abgesehen vom fachli-
chen Interesse, das ich den Diskussionen v.a. der ETHNO-List entgegenbringe, wurde
diese Datenauswahl auch aus methodischen Gründen getroffen.

Die LINGUIST-List stellt m.W. nicht nur die älteste Diskussionliste im Bereich der
Linguistik dar (sie besteht seit Mitte der 80er Jahre), bei ihr handelt es sich um eine
moderierte Liste. D.h. die eingesandten Beiträge werden nicht automatisch an alle
Listenteilnehmer verteilt, sondern von einer Redaktion gesichtet, in verschiedene
Kategorien („Questions", „Discussion", „Jobs" (Stellenangebote), „Calls" („calls for

papers"), „ToC" („Tables of content" aktueller Zeitschriften), etc.) sortiert und an die Teilnehmer verschickt. Dieses Vorgehen hat mehrere (positive und negative) Konsequenzen: (1) werden Beiträge mit beleidigendem oder anzüglichem Inhalt nicht weitergeleitet, d.h., daß jede Art von persönlicher Auseinandersetzung („flaming") zwischen Listenteilnehmern unterbunden wird. (2) Können die Listenteilnehmer durch die Kategorisierung der Listenbeiträge vorselektieren, welche Mitteilungen sie auf keinen Fall lesen wollen[6]. Aus der Moderation ergeben sich aber auch Nachteile, nämlich: (3) ergibt sich oft eine Zeitverzögerung bei der Aussendung von Diskussionsbeiträgen. Ist die Kommunikationsdichte in einer Diskussion nicht sehr hoch, bedeutet dieses Vorgehen nämlich, daß die ModeratorInnen Beiträge mehrerer Tage sammeln und dann gemeinsam an die Listenteilnehmer ausschicken. Reaktionen auf einzelne dieser Beiträge erfolgen dann oft erst Tage nach ihrem ursprünglichen Absendedatum. V.a. für die Verfasser der ursprünglichen Beiträge bedeutet das, daß sie die Reaktionen auf ihre Diskussionsbeiträge oft erst sehr spät erhalten. Schließlich folgt (4) aus dem „gebündelten" Verschicken v.a. von Fragen und Diskussionsbeiträgen zu unterschiedlichen inhaltlichen Diskussionen, daß ein Teil der „subject line" (d.h. jener Zeile, in der der (bzw. die) Inhalte einer E-Mail-Nachricht („thematic thread") im mail reader angezeigt wird) auf normal großen Computerbildschirmen abgeschnitten wird. D.h. aber, daß im Prinzip jede Mitteilung einer bestimmten Mitteilungskategorie geöffnet werden muß, um zu erfahren, was tatsächlich alles darin enthalten ist. Inhaltlich ist die LINGUIST-List nicht eingeschränkt, d.h. sie dient als Forum für alle Bereiche der Sprachwissenschaft.

Im Gegensatz dazu ist die ETHNO-List eine unmoderierte Liste, d.h. die Beiträge der Teilnehmer werden automatisch an alle Listenteilnehmer weitergeschickt. Damit fallen alle oben für die LINGUIST-List dargestellten Vor- und Nachteile weg. Festzuhalten ist, daß auch in der ETHNO-List persönliche Auseinandersetzungen praktisch nicht vorkommen. Durch die automatische Verteilung der Beiträge ist die Kommunikationsdichte der Diskussionen generell höher, ein Nachteil ist allerdings, daß aus den „thematic threads" nicht immer auf den Inhalt geschlossen werden kann: denn während in der LINGUIST-List die Themenbezeichnungen von den ModeratorInnen vergeben werden und über eine Diskussion hinweg deshalb konstant bleiben, steht es in der ETHNO-List allen frei, während einer Diskussion eine neue Themenzeile zu verwenden. Inhaltlich ist die ETHNO-List auf Diskussionen im Bereich der Eth-

---

6 Neuerdings ist es auch möglich, bestimmte Beitragskategorien (z.B. „ToC") durch eine neue Funktion der Serversoftware gar nicht mehr zugeschickt zu bekommen.

nomethodologie und Konversationsanalyse eingeschränkt; außer Diskussionsbeiträgen, methodologischen Fragen und Diskussionen und Literaturanfragen gibt es praktisch keine anderen Inhalte (sehr selten werden Konferenzen angekündigt).

Für die Materialauswahl wurde in beiden Listen der Zeitraum von Juli - Oktober 1995 gewählt. Aus diesem Zeitintervall wurden drei Diskussionen (zwei aus der LINGUIST-List, eine aus der ETHNO-List) ausgewählt, die in der Folge qualitativ und quantitativ ausgewertet wurden. Das Datenmaterial umfaßte dabei 51 Beiträge aus den beiden LINGUIST- Diskussionen (17 Beiträge zur Diskussion „sex and language"; 34 zur Diskussion „language and dialect") und 30 Beiträge aus der ETHNO- Diskussion „OJ-Simpson trial". Die Beiträge waren von sehr unterschiedlicher Länge und unterschieden sich auch sonst hinsichtlich quantifizierbarer Merkmale zum Teil ziemlich stark. Aus Platzgründen kann ich auf diese Unterschiede hier allerdings nicht eingehen (vgl. dazu Gruber 1996a). Ich habe versucht, möglichst vollständige Diskussionen zu untersuchen, wie aber die Resultate (vgl. Abschnitt 5, v.a. 5.1.) zeigen, ist es bei E-Mail-Diskussionen in der Regel nicht möglich, ein formales Ende zu finden. Die Textbeispiele wurden, einem Vorschlag von Herring (1996) folgend, anonymisiert, wörtliche Zitate allerdings mit genauem Datum, Listennamen und dem Thema jener Diskussion versehen, aus der sie stammen.

4.   Thema und Themenentwicklung

Für die Untersuchung thematischer Strukturen in monologischen (schriftlichen) Texten gibt es einige etablierte Modelle, so etwa van Dijks Makrostrukturmodell (van Dijk 1980; Kintsch & van Dijk 1978), das Modell der „thematischen Progression", wie es im Rahmen der Arbeiten zur Funktionalen Satzperspektive erarbeitet wurde (Firbas 1995; 1992) und Hallidays systemisch-funktionales Textmodell (Halliday 1994).

Im Bereich gesprochener Texte ist die Forschungslage weniger reichhaltig. Wenngleich schon in sehr frühen Arbeiten zur Analyse gesprochener Sprache die Wichtigkeit der Untersuchung der thematischen Organisation von Gesprächen herausgestellt wird (vgl. etwa Sacks 1972), lassen sich dennoch nur wenige Arbeiten finden, die sich explizit mit dieser Problematik beschäftigen (eine Ausnahme stellen Chafes Untersuchungen zu Themenkonstitution, Definitheit und Bewußtheit von sprachlichen Einheiten (vgl. etwa Chafe 1994) dar, die jedoch für die vorliegende Arbeit kaum verwendet werden konnten, da Chafe bei der Segmentierung von Äußerungen sehr stark auf prosodische Merkmale zurückgreift, was für E-Mail-Diskussionen aus naheliegenden Gründen keine adäquate Untersuchungsmethode sein kann).

Bei der Untersuchung von E-Mail-Diskussionen stellt sich vorerst die Frage, welches Kommunikationsmedium überhaupt als Ausgangspunkt der Untersuchung angenommen werden soll: schriftlich oder mündlich? Nun gibt es in bezug auf E-Mail-Texte überhaupt keine endgültige Antwort auf die Frage, ob es sich hier um mündliche oder schriftliche Textsorten handelt (vgl. DuBartell 1995; Eklundh 1986). Diese Frage kann auch hier nicht gelöst werden, ich möchte allerdings kurz die Überlegungen skizzieren, die mich zum Ausgangspunkt für die vorliegende Untersuchung geführt haben. (V.a. längere) E-Mail-Diskussionsbeiträge können durchaus als in sich abgeschlossene Texte betrachtet werden, die in spezifischen, relativ redundanten Textmustern realisiert werden. Eine solche textimmanente Betrachtungsweise läßt allerdings wichtige Charakteristika außer Acht, die gerade mit der thematischen Entwicklung einer gesamten Diskussion zu tun haben, denn E-Mail-Diskussionsbeiträge sind praktisch nie Texte, die isoliert auftreten, sondern immer Bestandteil eines Kommunikationsprozesses, der von mehreren TeilnehmerInnen in Gang gehalten wird. Zur Untersuchung von thematischen Verläufen in derartigen Diskussionen müssen deshalb hauptsächlich Modelle aus der Gesprächsforschung herangezogen werden, während bei der Untersuchung einzelner Textexemplare (Diskussionsbeiträge) auch Theorien zur Anwendung kommen können, die hauptsächlich zur Analyse schriftlicher Texte entwickelt wurden.

4.1 Themenkonstitution im Diskurs

Die thematische Entwicklung in Gesprächen muß unter zwei Aspekten betrachtet werden: (1) stellt sich die Frage, wie ein Gesprächsthema überhaupt definiert und in einem Gespräch eingeführt werden kann und (2) muß untersucht werden, wie ein einmal etabliertes Thema im Gespräch weitergeführt werden kann.

Themen werden in den meisten Untersuchungen mit Propositionen (bzw. Sets von Propositionen) gleichgesetzt (Chafe 1994; van Dijk 1980; Kintsch & van Dijk 1978; Ochs-Keenan & Schieffelin 1976), die Frage, die sich allerdings im Zusammenhang mit der Themenkonstitution in Gesprächen ergibt, ist vorerst: warum wird ein Thema überhaupt eingeführt? In der einschlägigen Literatur herrscht weitgehende Übereinstimmung dahingehend, daß Gesprächsthemen für den/ die HörerInnen potentiell interessant und soweit ausformuliert sein müssen, daß sie auch verstanden werden können (vgl. Ochs-Keenan & Schieffelin 1976). Daraus folgt, daß Gesprächsthemen

hinsichtlich dieser beiden Faktoren (potentielles Interesse, Explizitheit der Formulierung) gruppenspezifisch sind.

Ein analytisches Problem ist dabei, wie ein Diskursthema durch den Analysierenden
ermittelt werden kann, denn in informellen Gesprächen werden Themen ja nicht (wie
etwa in moderierten Diskussionen) am Beginn vorgegeben und Themenabweichungen
nur sehr selten sanktioniert. Ochs-Keenan & Schieffelin schlagen folgende Definition
vor:

„The discourse topic is based on the question of immediate concern. It is the proposition or set of
propositions that the question of immediate concern presupposes ... Let us call this presupposition the
PRIMARY PRESUPPOSITION" (Ochs-Keenan & Schieffelin 1976: 344; Hervorhebung im Original)

Die „Frage des unmittelbaren Interesses" kann dabei tatsächlich explizit im Gespräch
gestellt werden oder implizit bleiben. Im zweiten Fall muß sie der/ die Analysierende
rekonstruieren, um das Diskursthema bestimmen zu können. Ochs-Keenan & Schieffelin formulieren dann ein vierstufiges Modell, dessen Schritte den Prozeß der erfolgreichen Themeneinführung beschreibt:

1.   Der Sprecher muß sich die Aufmerksamkeit des Hörers sichern.

2.   Der Sprecher muß seine Äußerung klar artikulieren.

3.   Der Sprecher muß dem Hörer genügend Information vermitteln, um Ob-
      jekte etc., die im Diskursthema enthalten sind, identifizierbar zu machen.

4.   Der Sprecher muß dem Hörer genügend Information vermitteln, um seman-
      tische Beziehungen zwischen den Referenten des Diskursthemas rekonstru-
      ierbar zu machen.

In bezug auf die oben dargestellten Charakteristika von E-Mail-Diskussionslisten
lassen sich hier bereits einige potentielle Schwierigkeiten erkennen, vor denen Personen stehen, die eine Diskussion beginnen wollen:

ad 1.: Hier entsteht das Problem, daß niemand wissen kann, wer tatsächlich ein
aktueller Hörer (bzw. Empfänger) einer Mitteilung (Diskussionsaufforderung) ist, die
Aufmerksamkeitssicherung liegt somit ausschließlich im Ermessen des Sprechers
(Senders).

ad 2.: Hier entsteht v.a. für jene Listenteilnehmer ein potentielles Problem, deren
Muttersprache nicht Englisch ist.

ad 3. und 4.: Hier können Probleme aus ähnlichen Gründen wie in (1) entstehen: Wie
eingangs erwähnt wurde, sind Interessantheit und Explizitheit von Themen gruppenspezifisch. Wenn aber für einen Sender überhaupt nicht klar ist, wer die „Gruppe",
mit der er kommuniziert, eigentlich ist, kann er die in (3) und (4) formulierten Anfor-

derungen entweder im Sinne einer Über- oder einer Unterspezifikation eines potentiellen Themas verfehlen. Dies gilt besonders für eine sehr große und inhaltlich wenig spezifizierte Liste wie die LINGUIST-List.

4.2 Themenentwicklung im Diskurs

Mechanismen der Themenentwicklung (im speziellen des schrittweisen Themenwechsels) wurden in einigen konversationsanalytischen Arbeiten untersucht (vgl. Jefferson 1983a,b; 1984; Button & Casey 1984), die jedoch für die vorliegende Arbeit nicht relevant sind, da sie sich mit Phänomenen beschäftigen, die ausschließlich in mündlicher Kommunikation auftreten können (z.B. Partikelgebrauch, Unterbrechungen, Hesitationsphänomene). Auch Sacks (1972) weist darauf hin, daß Gesprächsthemen in den meisten Fällen schrittweise wechseln, werden sie jedoch abrupt eingeführt, sind sie meist von metadiskursiven Sequenzen begleitet (z.B.: „Was ich noch sagen wollte…" etc.).

Ochs-Keenan & Schieffelin (1976) präsentieren ein differenziertes Modell, in dem insgesamt vier Formen der Themenentwicklung unterschieden werden: Ein *kontinuierlicher Diskurs* liegt dann vor, wenn (a) zwei oder mehrere Äußerungen dasselbe Thema haben (in diesem Fall sprechen sie von einem *kollaborativen Diskursthema*, wobei nicht vorausgesetzt ist, daß beide Interaktionspartner *dieselbe Einstellung* zum Thema vertreten), oder (b) ein Äußerungsthema eine Präsupposition des unmittelbar vorhergehenden Themas und/ oder der neuen Information, die darüber eingeführt wurde, ist (das bezeichnen sie als *inkorporierendes Diskursthema*).

Es kann aber auch ein Thema (oder ein Teil davon) eingeführt werden, das irgendwann in der Diskursgeschichte aufgetreten ist, in diesem Fall handelt es sich um ein *wiedereingeführtes Diskursthema*. Wird ein völlig neues Thema begonnen, sprechen Ochs-Keenan & Schieffelin von einem *einführenden Diskursthema*. Diese letzten beiden Formen werden von ihnen als *diskontinuierlicher Diskurs* bezeichnet.

Ochs-Keenan & Schieffelins Modell der Themenkonstitution und -weiterführung kann insofern als Orientierungshilfe für die oben erwähnten Charakteristika der Mündlichkeit in E-Mail-Diskussionen dienen, als es strukturelle Momente der Themenentwicklung in Gesprächen erfaßbar macht.

5. Themenenkonstitution und -entwicklung in den beiden Diskussionslisten

5.1 Die Themeneinführung

Das Konzept der „Frage des unmittelbaren Interesses" von Ochs-Keenan & Schieffelin (vgl. oben Kap. 4.1.) erwies sich in der Untersuchung von E-Mail-Diskussionen als sehr nützlich. Denn wenngleich Ochs-Keenan & Schieffelin in ihrem Aufsatz behaupten, daß explizite Fragen, in denen das Diskursthema formuliert wird, in Erwachsenengesprächen relativ selten, in Erwachsener-Kind-Gesprächen hingegen die Regel seien, waren Fragen *das* Mittel der Themeneinführung in den untersuchten E-Mail-Diskussionen. Daneben traten *metakommunikative Sequenzen* und *explizite Diskussionsaufforderungen* auf. Speziell für die Diskussionen in der LINGUIST-List war charakteristisch, daß sie sich aus anderen Diskussionen heraus entwickelten, jedoch explizit von diesen „Vorgängerdiskussionen" abgesetzt wurden (deshalb auch die metakommunikativen Sequenzen). Folgende Beispiele sind typisch für die Themeneinführung in den beiden Listen:[7]

```
  1.
1 „In the continuing discussion of pronouns, I'm making a summary and a
2 shift. The shift is spurred by the necessity to widen the orbit from
3 pronouns to „sex and language", perhaps an inevitable transition...
4 I have three questions, each of which I provide some of my own views
5 about..." (Thu, 03 Aug 1995, AL1, LINGUIST-List)

  2.
1 „The Filipino discussion was interesting, but even more interesting to
2 me was the discussion of the English word „dialect"....
3 My point is -- and I invite corrections if I'm wrong -- that at least the
4 downgrading implicit in the term „dialect" as opposed to „language" started
5 with an opposition between „written" and „unwritten"....
6 In most languages of the world, AND HERE'S A TOPIC FOR DISCUSSION, there is
7 no lexical opposition of the type „language:dialect"...." (ed, 13 Sep 1995,
8 AL2, LINGUIST-List)

  3.
1 „Believe it or not, the OJ Simpson trial is being shown, almost in its
2 entirety, and most of it live, to European tv audiences (by Rupert Mur-
3 doch's 'SKY' channel). Does anyone have any information on or insights
4 into the copyright of the televised trial - I'm thinking of course in terms
5 of possibilities of using the video/audio for research purposes, which will
6 entail transcribing some of the interaction?" (Wed, 2 Aug 1995, AE1, ETHNO-
7 List)

  4.
1 „Surely, there are more significant theoretical issues to be discussed by
2 ethnomethodologists about the details of this trial as it has been
3 transmitted to all of us via everyday video and multichannel TV coverage
4 than a dispute concerning the dinstinction(s) between „discontinuers„ and
5 „continuers"?" (Thu, 3 Aug 1995 E1, ETHNO-List)
```

---

7 Alle Beispiele werden in der Originalschreibweise und -interpunktion zitiert.

In den Beispielen 1 und 2 wird zu Beginn im Zuge von metakommunikativen Sequenzen explizit auf die vorhergehenden Diskussionen verwiesen. Beide Beiträge sind relativ lang, in Beispiel 1 wird der Themenwechsel angekündigt („I'm making a summary and a shift"). Der Beitrag schließt mit drei expliziten Fragen, die der Sender als Themen für die anschließende Diskussion für relevant erachtet. Damit sehen wir bereits einen Unterschied zwischen der Themeneinführung in mündlicher und E-Mail-Kommunikation: In Gesprächssituationen wäre es wohl sehr ungewöhnlich, ein Thema mit mehr als einer Frage einzuführen, in den untersuchten E-Mail-Diskussionen war dies hingegen die Regel. D.h., daß sich hier bereits zu Diskussionsbeginn die spezifische Kommunikationssituation (viele, meist anonyme Rezipienten und gleichzeitig Interaktionspartner) insofern auswirkt, als kein einzelnes Thema zur Diskussion gestellt wird, sondern ein Themenbündel, aus dem unterschiedliche Rezipienten unterschiedliche Teilthemen auswählen können. Das führt in den untersuchten Diskussionen dazu, daß v.a. in der Anfangsphase häufig die Relevanz einzelner thematischer Aspekte für die Gesamtdiskussion diskutiert und sich das Thema erst nach einer relativ langen Eingangsphase konstituiert[8].

Beispiel 2 ist etwas anders strukturiert. Wieder beginnt der Schreiber mit einer metakommunikativen Sequenz, in der der Themenwechsel aber noch nicht explizit angekündigt wird („The Filipino discussion was interesting, but even more interesting to me was the discussion of the English word 'dialect'"). Vielmehr sehen wir hier eine „Interessantheitsmarkierung" eines Teilthemas der Vorgängerdiskussion. In Anbetracht der Schwierigkeiten, die Diskussionsteilnehmer beim Abschätzen der notwendigen Interessantheit eines Themas für andere (anonyme) Teilnehmer in E-Mail-Diskussionen haben, kann diese Sequenz als eine *indirekte Themenankündigung* verstanden werden. Auch im weiteren Textverlauf stellt der Autor keine expliziten Fragen, sondern markiert vielmehr zwei seiner Behauptungen als mögliche Ausgangspunkte für eine Diskussion (Zeilen 3 und 6; vgl. auch unten Kap. 5.2.3.1.). Diese Markierung ist allerdings nur eine Variante der Formulierung von „Fragen des unmittelbaren Interesses", denn in beiden Behauptungen könnte der durch die metakommunikativen Diskussionsaufforderungen ausgedrückte Aspekt des Selbstzweifels nur durch Fragen paraphrasiert werden.

Beispiele 3 und 4 stellen den Beginn der untersuchten Diskussion in der ETHNO-List dar. Er ist insofern etwas untypisch, als sich die Diskussion eigentlich aufgrund

---

8 Dies könnte auch in Einklang mit den von Garton & Wellman (1995) berichteten Untersuchungen stehen, in denen sich gezeigt hat, daß in E-mail-Arbeitsgruppen Konsens und Gruppenentscheidungen länger brauchen, es dafür aber sehr viele originelle Ideen und Vorschläge zu einem Thema gibt.

eines Mißverständnisses ergibt. Beispiel 3 gibt den initialen Text der gesamten Diskussion ausschnittsweise wieder. Die Einleitungssequenz kann wieder als „Interessantheitsmarkierung" bzw. „Aufmerksamkeitsmarkierung" angesehen werden („Believe it or not"), der unmittelbar eine „Frage des unmittelbaren Interesses" folgt. Obwohl es sich dabei um eine Informationsfrage handelt, zeigen andere Diskussionen in der ETHNO-List, daß sich auch daraus durchaus inhaltliche Diskussionen ergeben können (indirekt ist es auch hier der Fall).

Beispiel 4 gibt eine Reaktion auf diese initiale Mitteilung wieder, in der der Autor (CE1) allerdings zwei vorhergehende (thematisch voneinander unabhängige) Listenbeiträge vermengt hat: nämlich einerseits die Anfrage bzgl. des OJ-Simpson-Prozesses und eine (davon unabhängige) über Literatur zum Thema „Continuers" bzw. „Discontinuers". Eigentlich handelt es sich dabei um eine Feststellung, die typographisch als Frage präsentiert wird. CE1 paraphrasiert darin die „question of immediate concern", um die es seiner Meinung nach am vorhergehenden Tag ging (meine Paraphrase): „A dispute concerning the distinction(s) between „discontinuers" and „continuers" in the context of the OJ-Simpson trial." Da es sich ja nicht um einen tatsächlich initiierenden Beitrag handelt, bezieht er sich auf den Kontext aus dem die Diskussionsdaten stammen (sozusagen das inhaltliche Setting der Diskussion) nur mehr mit dem Ausdruck „this trial", wobei nicht klar ist, ob es sich dabei um eine Themenerwähnung aus dem „thematic thread" seines eigenen Beitrags handelt oder ob er sich dabei auf die Beiträge des Vortages bezieht. Die inhaltliche Diskussion selbst beschreibt er als „dispute concerning the distinction(s) between „discontinuers" and „continuers"". Genau damit liegt er aber falsch, da die Diskussion über die Unterscheidung zwischen „continuers" und „discontinuers" am Vortag durch eine ähnliche inhaltliche Anfrage (durch einen anderen Listenteilnehmer) ausgelöst wurde, wie wir sie eben für die OJ-Debatte analysiert haben. Dieser Irrtum ist im Grunde aber unerheblich (und klärt sich auch noch am selben Tag auf), interessant ist, daß CE1 in seinem Beitrag eine partielle Themenänderung initiiert, indem er einerseits das aktuelle Thema paraphrasiert und es im selben Satz als nicht signifikant für die Diskussionsgruppe beurteilt („Surely, there are more significant theoretical issues to be discussed by ethnomethodologists"). Offenbar um diesem Urteil die apodiktische Schärfe zu nehmen (im ganzen Beitrag begründet er nämlich nicht, warum das von ihm kritisierte Thema seiner Meinung nach nicht „signifikant" sei - dies tut er erst in einem späteren Beitrag vom selben Tag, in dem er sich auch für seinen Irrtum entschuldigt), versieht er seine ablehnende Bemerkung mit einem Fragezeichen, um sie so auf der typographischen Ebene „umzudefinieren" und ebenfalls einer nachfolgenden Diskussion (als eine von mehreren präsentierten „questions of immediate concern") zugänglich zu machen.

Der größte Teil des folgenden Texts besteht dann in alternativen „Fragen des unmittelbaren Interesses", die seiner Meinung nach relevanter sind als die ursprüngliche:

```
  5.
 1 For example, (1) why not exercise some reasoning with respect to Bayesian
 2 analyses of probability concerning evidence given hypotheses? For further
 3 example, (2) what is the significance of the issue (much disputed, though
 4 under other rubrics) of the probability of combined contingencies? E.g.,
 5 the probability of guilt given the enormous probabilities against such a
 6 combination of contingently negative evidence? (3a) And thence the issue
 7 of the weighting of the probability of a frame-up given the harsh
 8 punishment attendant upon such conspiratorial goings-on under California
 9 State Law concerning a 'death' case (as this initially was) such that
10 police officers would face it were they to have tampered and thence been
11 found out? (3b) And whithewr motive-attributions here? (3c) Mark Furhman
12 vis-a-vis OJ? Is that where this case is going? (3d) Or is this all bluff
13 anbd bluster? ((Thu, 3 Aug 1995, CE1, ETHNO-List, kursivgesetzte Num-
14 merierung von mir, H.G., hinzugefügt)
```

CE1 präsentiert hier drei Themenbereiche (den letzten mit vier Subbereichen, vgl. die kursiv gesetzten Nummern in Bsp. 5)), die seiner Meinung nach eine für die spezielle Gruppe lohnendere Diskussion erbringen würden als das von ihm paraphrasierte Thema.

Für die initiale Themenentwicklung bedeuten diese beiden Texte folgendes (auch wenn der zweite Text von einer faktisch falschen Voraussetzung bzgl. des aktuellen Themas ausgeht): Jeder Diskussionsteilnehmer kann im Prinzip ein neues Thema einführen, indem er eine (oder einige) explizite „Fragen des unmittelbaren Interesses" formuliert, wobei das Hauptkriterium die Relevanz dieser Frage(n) für die Gruppe ist. Diese Relevanz kann aber auf unterschiedlichen Ebenen angesiedelt sein: Wie wir sehen, ist für AE1 das urheberrechtliche Problem eine relevante Frage, wobei der aktuelle Fall nur eine untergeordnete Rolle spielt (d.h. er will eigentlich keine „OJ-Debatte" vom Zaun brechen), CE1 hingegen versucht, gerade aus diesem Fall ein für Ethnomethodologen allgemein interessantes Thema zu machen.

Ein zusätzlicher Aspekt ist der folgende: In den E-Mail-Diskussionen werden neue Themen tatsächlich in den meisten Fällen in der Form von Frage(n) eingeführt, die nicht immer von expliziten Diskussionsaufforderungen gefolgt werden. Damit unterscheiden sie sich strukturell überhaupt nicht von reinen Informationsfragen, d.h. Diskussionen können sich auch „irrtümlich" an einer Informationsfrage entzünden, die ursprünglich gar nicht als Diskussionsaufforderung intendiert war (dies ist tatsächlich in der Ethno-List öfter der Fall). Von Bedeutung ist in allen Fällen nur, was die nachfolgenden Diskussionsteilnehmer aus einem initiierenden Beitrag machen.

Im konkreten Fall sehen wir, daß alle Beteiligten das Thema „OJ-Simpson-Prozeß" offenbar grundsätzlich für relevant halten, das Thema der Urheberrechtsfrage allerdings nicht. Dieser Fall zeigt auch, daß das Konzept der „Frage des unmittelbaren Interesses" und der ihr zugrundeliegenden „primären Präsupposition" als Diskursthema für komplexere Diskussionen etwas modifiziert werden muß. Ochs-Keenan & Schieffelin untersuchen (inhaltlich) sehr einfache Gespräche, in denen es tatsächlich nur um eine Proposition geht, die von der „question of immediate concern" präsupponiert wird. In wissenschaftlichen Zusammenhängen ist das natürlich fast unmöglich und theoretische Probleme werden (v.a. in der Diskursanalyse) im Zusammenhang mit bestimmten inhaltlichen Problemstellungen diskutiert. Genau dadurch beinhaltet jeder derartige Themenvorschlag aber immer zwei Komponenten: einen inhaltlichen Bereich und eine theoretische Problemstellung, die in diesem Bereich interessant/ relevant ist. Wird nun eine Themenstellung nicht sofort angenommen, so kann sich der Prozeß der Themenaushandlung genau auf diese beiden Aspekte beziehen, das ist auch hier der Fall: während der inhaltliche Bereich (OJ-Prozeß) von CE1 übernommen wird, werden die theoretischen Aspekte, die für die nachfolgende Diskussion relevant sind, von ihm problematisiert und verschoben. Es handelt sich damit um eine *interaktive Themenetablierung* und nicht um eine monologische Vorgabe. Ähnliche Formen des Diskussionsbeginns weisen auch die beiden untersuchten LINGUIST-Diskussionen auf: Wenngleich es dort zu keinem Diskussionsstart via Mißverständnis kommt, zeigt sich doch in beiden Diskussionen, daß die vom ursprünglichen Initiator gestellten Fragen des unmittelbaren Interesses in der Folge vom nächsten Diskussionspartner modifiziert und reformuliert werden. Damit weisen E-Mail-Diskussionen auf der Ebene der Themenkonstitution eine starke interaktive Komponente auf, die sie in die Nähe von tatsächlichen Gesprächssituationen rücken.

5.2 Mechanismen der Themenweiterführung

Um die für E-Mail-Diskussionen typischen Möglichkeiten der Themenentwicklung genauer erfassen zu können, habe ich die Taxonomie von Ochs-Keenan & Schieffelin (1976) etwas differenziert und folgende Arten der thematischen Weiterentwicklung unterschieden:

5.2.1   Direkter Bezug

Dabei handelt sich um die Bezugnahme auf einen vorhergehenden Beitrag mit direkter Zitierung. Diese Form des „Quotens" wird in einigen Arbeiten zur E-Mail-Kommunikation (Wetzstein et al. 1995; Du Bartell 1995) als (beinahe) einzige bzw. als *die* überwiegende Form der Bezugnahme auf andere Mitteilungen bezeichnet. Dies mag vielleicht für andere Diskussionsforen (z.B. newsgroups) zutreffen, bestimmt aber nicht für die beiden von mir untersuchten Listen. Das „Quoten" wird durch Software-Funktionen wesentlich erleichtert, die es ermöglichen, die Bezugsmitteilung in die Antwort aufzunehmen und zu editieren. Dadurch können relevante Textstellen aus der Bezugsmitteilung einfach und schnell übernommen und direkt kommentiert werden[9].

```
     6.
 1 „On the language/dialect discussion, AL2 (voller Name, H.G.) says:
 2 > Date:   Thu, 28 Sep 1995 16:35:00 PDT
 3 > From:   AL2                         )
 4 > Subject: lg/dialect.more
 5 >
 6 > might want to respond. I am particularly interested in corrections and
 7 > additions to what I say about „Spanish", „castellano" and „Gallego"
 8 below.
 9 > ...
10 > A final thought on the above problem is that some people will
11 > argue on the basis of the standard that, say, there is no
12 > continuum between Spanish and Portuguese because „Spanish" means
13 > standard Spanish, also known by the „dialectal" name castellano,
14 > and Gallego, the Galician transition between Northern „Spanish"
15 > and Northern „Portuguese" is a separate language, not Spanish.
16                                                      ^^^^^^^^^^^
17 This is indeed an awkward formulation...." (OL2, 6. Oct, Linguist-List)
```

Beispiel 6 zeigt eine sehr elaborierte Variante des Quotens: In der einleitenden meta-kommunikativen Sequenz werden das Thema und der Bezugsautor erwähnt, im gequo-teten Text selbst (der durch die vorangestellten „ > "-Zeichen gekennzeichnet wird) wird nochmals Datums-, Absender- und Themenzeile wiederholt (was eher unüblich ist). Daran schließt sich eine Bewertung (und ausführliche Gegenargumentation) durch den aktuellen Sender an.

Durch diese Art der thematischen Weiterführung können eine oder auch mehrere Stellen in einem Bezugstext (auch mehrere Bezugstexte) kommentiert werden, wo-durch sehr genaue und auch sehr dichte Bezüge zwischen einzelnen Diskussionsbeiträ-gen hergestellt werden können. Denn selbstverständlich kann auch eine Kombination aus gequotetem Text und Kommentar in einer nachfolgenden Mitteilung selbst wieder gequotet und kommentiert werden, was zu komplizierten Zitierstrukturen führt. Diese Form des mehrstufigen Quotens trat allerdings im Untersuchungsmaterial relativ selten

---

9 Du Bartell (1995) nennt dies die e-mail spezifische Variante des Turn-Taking. M.E. ist diese Einschätzung nicht zutreffend, da Turn-Taking, wie Sacks/ Schegloff/ Jefferson (1974) gezeigt haben, immer interaktiv durchgeführt wird, gerade diese Komponente fehlt aber beim Quoten: Jeder Rezipient kann jeden Ausschnitt einer Bezugsmitteilung quoten, wann und an welcher Stelle er immer will.

auf, die komplexeste Form war dreistufiges Quoten[10]. Diese Zitierpraxis stellt auch klar, daß die Diskussionsmetapher, die hier bisher stillschweigend übernommen wurde, einigermaßen unzutreffend ist. Denn während Diskussionen (auch zwischen mehreren Diskussionspartnern) weitgehend linear ablaufen (Simultansequenzen an denen mehr als zwei Partner beteiligt sind, sind auch in Streitgesprächen relativ selten, weil dadurch ein Kommunikationszusammenbruch droht (vgl. Gruber 1996)), sind in E-Mail-Diskussionen simultane Reaktionen auf mehrere (zeitlich ganz unterschiedlich vor dem aktuellen Beitrag positionierte Mitteilungen) nicht nur möglich sondern die Regel. Linearität wird so durch partielle Simultanität ersetzt.

Direkte thematische Bezüge können auch unter dem Gesichtspunkt der „Thema-Rhema"-Abfolge und damit der thematischen Progression betrachtet werden (vgl. Halliday 1994). In den meisten Beiträgen, in denen (einfach oder mehrfach) von der Möglichkeit des Quotens Gebrauch gemacht wird, stellen die Quotes jeweils thematische und die genuinen Textteile des jeweiligen Autors die rhematischen Bestandteile der Gesamtäußerung dar. Damit werden diese Texte zu multi-thematischen und multi-rhematischen Texten, die in dieser Form außerhalb dieses speziellen Mediums kaum auftreten. Es wird aber dadurch auch die traditionelle Unterscheidungsmöglichkeit unterschiedlicher Autoren (oder Sprechern) in einer „Diskussion" aufgeweicht: denn durch das Quoten werden ja authentische Bestandteile des Bezugstexts in den aktuellen Text übernommen, um dann kommentiert zu werden. Fehlt der (oder die) Bezugstext(e) bleibt kein verständlicher „Resttext" mehr übrig. Denn anders wie in Quote-stories in Zeitungen werden bei der hier interessierenden Praxis des Quotens nicht einzelne Zitate aneinander gereiht um einen Sachverhalt (u.U. aus verschiedenen Perspektiven) darzustellen, wobei der Vorgang des Auswählens der Zitate durch den Autor (Journalisten) möglichst in den Hintergrund treten soll. Im Gegenteil: die Quotes sind in diesem Textgenre die Ausgangspunkte, die überhaupt erst die genuinen Äußerungen des jeweiligen Autors möglich und verständlich machen.

Direkte thematische Bezüge waren in der LINGUIST-List häufiger (7 von 17 Beiträgen in der „Sex/ Language" Diskussion, 9 von 34 in der „Dialect" Diskussion), in der ETHNO-List generell seltener (8 von 30 Beiträgen in der OJ-Simpson-Diskussion). Das führt auch dazu, daß Diskussionen in der LINGUIST-List leichter zu verfolgen sind, da die direkten Zitate natürlich sowohl das Verstehen der nachfolgenden Argumentationen des aktuellen Autors wie auch das Auffinden des Bezugstexts erleichtert.

---

10 Vgl. dazu allerdings Wetzstein et al. (1995) und auch Herles (1996) zur Praxis des Quotens in newsgroups. Dort wird diese Form der Bezugnahme zu richtiggehenden "Kunstformen" ausgebaut.

Direkte thematische Bezüge stellen zwar sicher, daß jener Teil des Beitrags, der aus den Textabschnitten „Quote + Kommentar" gebildet wird, das Thema des Bezugstexts unmittelbar weiterführt, im weiteren können aber beliebige Themenerweiterungen bzw. -nuancierungen etc. auftreten, da die Mitteilungen ja beliebig lang sein können.[11]

5.2.2   Kollaborativer Bezug

Darunter verstehe ich die Bezugnahme auf einen vorherigen Beitrag mit indirekter Zitierung oder Propositionsübernahme:

```
7.      „Dear Colleagues:
1 Much to contemplate. A few comments on what we've got so far, if
2 I've understood the several thoughtful remarks before us.
3 First and foremost, a clarification about my discourse about Bayesian
4 inference (as this is raised by Ed Mabry in his stimulating
5 observations)." (Wed, 9 Aug 1995, CE1, Ethno-List)
```

Hier handelt es sich um einen Beitrag aus dem zweiten Drittel der OJ-Simpson-Debatte in der Ethno-List. Nach den einleitenden metakommunikativen Kommentaren kündigt der Autor eine Klärung seines eigenen Standpunktes („a clarification about my discourse about Bayesian inference") an, verweist allerdings im Klammerausdruck explizit darauf, daß dieses Thema (nämlich auf welche Theoreme der Bayesschen Wahrscheinlichkeitsrechnung er sich in seinen vorherigen Beiträgen bezogen hatte) von einem vorherigen Diskussionsteilnehmer eingeführt worden war.

Kollaborative Bezüge stellen weniger enge thematische Bindungen zwischen einzelnen Beiträgen her, da die Möglichkeiten der Verzerrung bei Paraphrasen bzw. Propositionsübernahme aus längeren Beiträgen natürlich vielfältiger sind als bei direkter Zitierung. Diese Form des thematischen Bezugs wurde sowohl in der ETHNO-List (in 14 von 30 untersuchten Diskussionsbeiträgen) wie auch in der LINGUIST-List (8 von 17 Beiträgen in der „Sex/ Language"-Diskussion, 19 von 34 Beiträgen in der „Dialect"-Diskussion) häufig verwendet. M.E. handelt es sich dabei um eine Übernahme wissenschaftlichen Schreibstils in die E-Mail-Diskussionen (nämlich die Übernahme

---

11 Prinzipiell stellt natürlich die Möglichkeiten des Quotens (und damit der direkte Bezug zwischen zwei Beiträgen) überhaupt nicht sicher, daß das Thema (die Frage des unmittelbaren Interesses) der Bezugsmeldung weitergeführt wird. Denn es kann in einer Nachfolgemeldung ja jeder Teil einer Bezugsmeldung gequotet und kommentiert werden. In den untersuchten Diskussionen traten allerdings Fälle, in denen nichtthematische Einheiten aus der Bezugsmeldung gequotet und damit zu thematischen gemacht worden wären, nicht auf.

der gängigen Formulierung: „wie A in seinem Aufsatz von 19xx sagt..."). Allerdings gibt es in E-Mail-Beiträgen einen gravierenden Unterschied zu dieser Zitierpraxis: In keinem einzigen Fall eines kollaborativen Bezugs wurde das Datum der Bezugsmeldung angegeben, sondern es wurde immer nur der Autor erwähnt. Damit wird die Überprüfbarkeit des Zitats für Dritte erheblich erschwert. Denn in vielen Fällen hatte ein Bezugsautor in einer vorhergehenden Diskussion nicht nur eine, sondern eine ganze Reihe von Diskussionbeiträgen verschickt, auf welche sich der nachfolgende Autor dann bezieht, ist in vielen Fällen nur mit relativ großem Aufwand feststellbar.

5.2.3   Indirekter Bezug

Bei dieser Art der Themenweiterführung wird der Bezug zu einem Thema (bzw. einer Vorgängeräußerung) nur durch Co-class-membership terms (Sacks 1972) oder durch die Aufnahme von Präsupposition aus der Bezugsäußerung (inkorporierender Bezug nach Ochs & Schieffelin 1976) hergestellt.

```
     8.
 1 „It is clear that in normal English usage _dialect_ means a less
 2 important linguistic variety than does _language_, but what is not
 3 clear to me is..." (Thu, 14 Sep 1995, CL2, Linguist-List)
```

Dieser einleitende Satz eines Beitrags zur „Dialect" Diskussion in der LINGUIST-List stellt nur durch die Verwendung des Lexems „dialect" einen Bezug zur Bezugsäußerung (nämlich AL2, 13. Sept. 1995) dar. Indirekte Bezüge wurden auch häufig verwendet, wenn Autoren Themenverschiebungen innerhalb eines Generalthemas durchführen wollten. Das ist auch hier der Fall, denn in der Folge (eingeleitet durch den Teilsatz: „what is not clear to me is ...") formuliert der Autor einige neue „Fragen des unmittelbaren Interesses".

Indirekte Bezüge waren ebenfalls in beiden Listen relativ häufig, allerdings nur in solchen Diskussionen, die eine größere Zahl an Beiträgen aufweisen (1 von 17 Beiträgen in der „Sex/ Language"-Diskussion, 10 von 34 Beiträgen in der „Dialect"-Diskussion in der LINGUIST-List; 13 von 30 Beiträgen in der OJ-Simpson Diskussion in der ETHNO-List). Dies mag damit zusammenhängen, daß indirekte Bezüge - wie eben erwähnt - typische Mittel zur Themen- bzw. Schwerpunktverschiebung - sind, die in kurzen Diskussionen klarerweise seltener auftreten können.

5.2.4   Wiederaufnehmender Bezug

Darunter habe ich jene Fälle subsumiert, in denen ein Autor einen thematischen Bezug zu einem eigenen vorhergegangenen Beitrag herstellt. Ich habe für diese Fälle eine eigene Kategorie angenommen, da Bezugnahmen auf eigene Diskussionsbeiträge in beiden Listen nicht sehr häufig waren und wenn sie auftraten, offensichtlich nur von einzelnen Diskussionsteilnehmern verwendet wurden.

```
    9.
1   „I agree with Wilson that none of this works, but it is difficult to say
2   how one might respecify the enterprise. After all, if one denies that
3   extant versions of subjective probability are either adequate or coherent,
4   then HOW can one OTHERWISE elucidate the phenomena of reasoning and
5   judgment in contexts of uncertainty? THAT is the issue." (CE1, 9. Aug.
6   1995, Ethno-List)
```

In Beispiel 9 stellt jener Teilsatz, in der der Autor eine Frage (des unmittelbaren Interesses) stellt (Zeile 2: „After all...“), einen wiederaufnehmenden Bezug zu einem seiner vorhergehenden Beiträge (7. August) her, in dem er ebenfalls schon das Problem der Berechnung subjektiver Wahrscheinlichkeiten im Kontext des OJ-Simpson-Prozesses aufgeworfen hatte.

Die Verwendung wiederaufnehmender Bezüge ist typisch für Autoren, die in einer Diskussion eine „zentrale Stellung“ in dem Sinne einnehmen, als sie ein bestimmtes Thema einführen und versuchen, die Diskussion in Gang zu halten. Sie können als Versuch gewertet werden, die Diskussion innerhalb eines bestimmten thematischen Bereichs zu erhalten und keine „Abschweifungen“ zuzulassen.

5.2.5   Themenerwähnung

Bei der Themenerwähnung finden wir nur einen expliziten Bezug zum Diskussionsthema, nicht aber zu einem bestimmten vorhergehenden Diskussionsbeitrag:

```
    10.
1   „To help in discussing „sex and language", I would like some feedback on
2   were (if anyplace at all) we should impose limits on words and ideas"
3   (Sat, 12 Aug 1995, AL1, Linguist-List)
```

Die Themenerwähnung unterscheidet sich vom „indirekten Bezug“ dadurch, daß durch sie keinerlei Bezug zu einem bestimmten vorhergehenden Diskussionsbeitrag hergestellt wird, sondern nur das Diskussionsthema global erwähnt wird, wie in Beispiel 10 („sex and language“). Beiträge, die nur mittels Themenerwähnung einen thematischen Bezug herstellen, eignen sich deshalb gut dazu, thematische Neuentwicklungen einzuleiten, allerdings nur dann, wenn auch andere Listenteilnehmer darauf reagieren (so bleibt die Aufforderung aus Beispiel 10 folgenlos).

Die Unterscheidung zwischen Themenerwähung und indirektem Bezug läßt sich nur aus dem jeweiligen Diskussionskontext feststellen, Themenerwähnungen stellen die „schwächste" thematische Einbindung eines Beitrags in einen Diskussionsverlauf dar, sie waren in beiden Listen relativ selten.

Insgesamt muß betont werden, daß in einem Diskussionsbeitrag natürlich alle fünf hier unterschiedenen Bezugsmechanismen auftreten können, um auf vorhergehende Beiträge zu referieren.

6. Abschließende Bemerkungen

Ich will nun versuchen, ein generelles Resümee aus dieser Fülle von Daten und Ergebnissen zu ziehen, die hier zum Teil nur im Ansatz analysiert werden konnten. Ich will dabei vorerst jene Eigenschaften der untersuchten Diskussionen besprechen, die beiden Listen gemeinsam sind, und im Anschluß daran versuchen, die Unterschiede, die gefunden werden konnten, zu interpretieren.

Generell kann gesagt werden, daß die Diskussionsmetapher, die die Listen auch selbst für die Interaktionsform der Teilnehmer wählen, nur teilweise zutreffend ist. Auf einem relativ globalen Niveau der Analyse lassen sich durchaus Gemeinsamkeiten zwischen Gesprächen und ihrem elektronischen „Äquivalent" finden: So erfolgte die Themenneueinführung in allen Fällen interaktiv (d.h. unter Beteiligung von mehr als einem Teilnehmer) und wurde auch häufig durch metakommunikative Sequenzen gekennzeichnet. Ähnlich wie in Gesprächsauseinandersetzungen gab es auch in keiner der untersuchten Diskussionen ein formales Ende, sondern die Auseinandersetzung hörte einfach auf. Doch damit erschöpfen sich die Ähnlichkeiten weitgehend.

Denn bereits auf der Ebene einer möglichen Turn-Taking-Organisation zeigen sich gravierende (medienspezifische) Unterschiede zu Gesprächen: Es gab in keinem einzigen untersuchten Beitrag ein Äquivalent zu einer Selektion des nächsten Sprechers durch den aktuellen Sprecher, sondern das Einschalten in die Diskussion erfolgte ausschließlich durch „Sprecherselbstwahl". Zusätzlich ermöglicht die simultane Verteilung aller Beiträge an alle Teilnehmer auch, daß mehrere Teilnehmer gleichzeitig auf ein und denselben Beitrag in unterschiedlicher Art Bezug nehmen. Das kann zu einem „Schneeballeffekt" bei der Themenentwicklung führen, der ein Thema innerhalb kurzer Zeit in eine ganze Reihe von Subthemen aufspaltet. Das konnte tatsächlich ansatzweise in einer

Diskussion der LINGUIST-List („language & dialect") festgestellt werden und trat auch in einigen (hier nicht untersuchten) Diskussionen der ETHNO-List auf. Auch die interne Gestaltung der Beiträge (v.a. die Verwendung direkter und indirekter Bezüge) weist E-Mail-Diskussionen als kommunikative Gattung sui generis aus. Denn obwohl auch andere Textsorten durch eine hohe Zahl an Zitaten gekennzeichnet sind (z.B. Zeitungsberichte), haben die Zitierungen in E-Mail-Texten eine ganz andere Funktion: Während in Zeitungsberichten Zitate dazu verwendet werden, um die Leser über bestimmte Ereignisse oder Sachverhalte zu informieren, bilden sie in E-Mail-Texten die Grundlage für Kommentierungen durch den Autor[12]. Damit weicht sich aber der Autorenbegriff auf, denn die Zitierungen werden nun zum integralen Bestandteil des Texts, der wiederum (in seiner Gesamtheit oder in Teilen) Objekt einer (oder mehrer) Zitierung sein kann[13].

Insgesamt können diese Charakteristika, die in beiden Diskussionen gefunden werden konnten, als Indiz dafür gewertet werden, daß die Frage, inwieweit E-Mail-Kommunikation nun „eher" mündlich oder schriftlich sei, falsch gestellt ist. Vielmehr handelt es sich um eine vollkommen neue Kommunikationsform mit ihren eigenen textuellen und interaktiven Merkmalen, die natürlich nicht unabhängig von bisherigen kommunikativen Praktiken in der Gesellschaft gesehen werden können. Dafür spricht auch, daß in beiden Diskussionslisten Teilnehmer Merkmale v.a. der mündlichen Kommunikationsmodalität spielerisch einsetzen. So fanden sich immer wieder metakommunikative Thematisierungen von Tippfehlern („Reparatursequenzen"), die im Kontext des Mediums allerdings eine andere Funktion erhalten:

```
11.
1  „[P9H/B)], the difference [P(H/E & B) - P(H/B)] being taken as a
2  measure of the degree of support on H provided by E.
3  (The last-but-one line's initial formalism should read, of course:
4  [P(H/B)] - the 9 was a typo). (Wed, 9 Aug 1995, CE1)"
```

Hier handelt es sich um keine „echte" Reparatursequenz, denn der Einsatz eines E-Mail-

---

12 Sie ähneln damit in gewisser Weise den "Literatur"- Kapiteln in wissenschaftlichen Werken, weisen jedoch nie deren Ausführlichkeit und Explizitheit der Argumentation auf, was wieder ein Einfluß des Mediums ist: E-mail-Diskussionsbeiträge werden nach den Angaben einiger Listenteilnehmer meist sehr schnell und spontan verfaßt.

13 Man könnte natürlich auch einen vollkommen anderen Betrachtungsstandpunkt für E-mail-Diskussionen wählen und jede Gesamtdiskussion als "Hyper-Text" (die graphische Ähnlichkeit aber nicht vollständige Übereinstimmung mit "Hypertext" ist gewollt) verstehen, der aus einer Reihe von Einzeltexten (den einzelnen Beiträgen) besteht, die durch die unterschiedlichen Formen der Bezugnahme untereinander verbunden sind. Wie in einem tatsächlichen Hypertextsystem wäre es dann möglich, diesen "Hyper-Text" auf unterschiedlichen Wegen durchzulesen, je nachdem, welchen Bezügen man folgt.

Texteditors erlaubt es natürlich genauso wie jede andere Textverarbeitungssoftware, Tippfehler im Nachhinein auszubessern. Vielmehr stellt diese Sequenz die „spielerische" Invokation eines Kommunikationsmodus dar, dessen Verwendung in der Situation eben nicht als unzweifelhaft vorausgesetzt werden kann (so wie in Spielsituationen der Einwurf „das ist ja nur ein Spiel" immer dann erfolgt, wenn mindestens ein Teilnehmer für die anderen erkennbar nicht spielt, sondern im Begriff ist, Ernst zu machen).

Neben diesen Gemeinsamkeiten fanden sich aber auch einige Unterschiede zwischen den beiden Listen, die nahelegen, daß E-Mail-Diskussionslisten kein einheitliches Genre sind, sondern daß sich hier Subgenres herausbilden. Die Beiträge in der ETHNO- List waren generell kürzer, die Kommunikationsdichte und Reziprozität der Interaktion höher, und es gab mehr Rückbezüge/ Diskussionbeiträge als in der LINGUIST-List. Außerdem zeichneten sich die Beiträge auch dadurch aus, daß indirekte und kollaborative Bezüge häufiger als direkte waren und die Themenbezeichnungen sehr häufig wechselten. All das kann als Indiz dafür verstanden werden, daß die Teilnehmer der ETHNO-List sich selbst als eine relativ homogene Gruppe sehen, in der Diskussionsbeiträge auch in einem anonymen Medium wie E-Mail-Kommunikation relativ stark kontextualisiert sein können. Das zeigt sich auch am Inhalt der Relevanzkriterien, die in der untersuchten Diskussion immer wieder zur Sprache kamen: Ein Hauptproblem für die Diskussionsteilnehmer war, ob das in Rede stehende Thema für eine ethnomethodologisch orientierte Liste überhaupt relevant sei. Derartige Relevanzkriterien spielten in den LINGUIST-Diskussionen überhaupt keine Rolle, hier ging es ausschließlich um die Richtigkeit von Behauptungen. Insgesamt kann man auch nach der Untersuchung der Form der LIN-GUIST-Beiträge sagen, daß sie in einem weit höheren Ausmaß dekontextualisiert waren als die der ETHNO-List. Das ist m.E. ein Hinweis darauf, daß sich in der LINGUIST-List Diskussionsgruppen immer erst neu bilden müssen und durch den Stil der Beiträge sicherstellen, daß auch jederzeit neue Teilnehmer einsteigen können (wenngleich das relativ häufig zu „dead ends" führt), während die Teilnehmer der ETHNO-List von einer relativ stabilen Teilnehmerzahl auszugehen scheinen, die alle Diskussionen verfolgen.

Abschließend kann man m.E. mit einiger Berechtigung sagen, daß die in diesem Aufsatz dargestellten Phänomene erst die Spitze eines Eisbergs von kommunikativen Praktiken in elektronisch vermittelter Kommunikation darstellen, die noch eine weites Betätigungsfeld für DiskursanalytikerInnen bietet.

Literatur

Button, G.,and Casey, N. 1984. Generating topic: the use of topic initial elicitors. In: Atkinson, M./ Heritage, J. (eds.). Structures of Social Action. Cambridge: C.U.P., 167-191.

Chafe, W. 1994. Discourse, Consciousness, and Time. The Flow and Displacement of Conscious Experiences in Speaking and Writing. Chicago: The University of Chicago Press.

DuBartell, D. 1995. Discourse Features of Computer-Mediated Communication: 'Spoken like' and 'Written like'. In: Warvik, B., Tanskanen, S.-K., and Hiltunen, R. (eds.). Organization in Discourse. Proceedings from the Turku Conference. Turku: University of Turku, 231-241.

Eklundh, K. S. 1986. Dialogue Processes in Computer Mediated Communication. Linköping: Linköping Studies in Arts and Science, 6.

Firbas, J. 1992. Functional Sentence Perspective in Written and Spoken Communication. Cambridge: C.U.P.

Firbas, J. 1995. On the thematic and rhematic layers of a text. In: Warvik, B., Tanskanen, S-K., and Hiltunen, R. (eds.). Organization in Discourse. Proceedings from the Turku Conference. Turku: University of Turku, 59-73.

Garton, L., and Wellman, B. 1995. Social Impacts of Electronic Mail in Organizations: A Review of the Research Literature. Communication Yearbook 18, 434-453.

Gruber, H. 1996. Streitgespräche. Zur Pragmatik einer Diskursform. Opladen: Westdeutscher Verlag.

Gruber, H. 1996a. Aspects of power and communication in scholarly e-mail discussion lists. Excluding practices and peer group formation. Vortrag, gehalten im Rahmen der „Knowledge and Discourse" Konferenz, Hongkong, 18.-21. Juni, 1996.

Halliday, M.A.K. 1994[2]. In Introduction to Functional Grammar. London: Edward Arnold.

Herles, M. 1996. Formalität in Newsgroups. Inst. f. Sprachwissenschaft Wien: Seminararbeit.

Herring, S. 1996. Linguistic and Critical Analysis of Computer-Mediated Communication: Some Ethical and Scholarly Considerations. To appear in The Information Society, 12/2, 153-168 (special issue on „The Ethics of Fair Practices for Collecting Social Science Data in Cyberspace", ed. by Jim Thomas).

Jefferson, Gail. 1983a. Notes on a Systematic Deployment of the Acknowledgement Tokens „Yeah" and „Mh hm". Tilburg: Tilburg Papers in language and literature 30.

Jefferson, Gail. 1983b. Caveat Speakers: Preliminary Notes on Recipient Topic-Shift Implicature. Tilburg: Tilburg Papers in language and literature 30.

Jefferson, Gail. 1984. On stepwise transition from talk about a trouble to inappropriately next-positioned matters. In: Atkinson, J. Maxwell, and Heritage, John (eds.). Structures of Social Action. Cambridge: Cambridge University Press, 191-223.

Jones, St. (ed.) 1995. Cybersociety. Computer-mediated communication and community. Thousand Oaks: Sage.

Kintsch, W., and van Dijk, T 1978. Toward a model of text comprehension and production. Psychological Review, 85, 363-394.

Murray, D. 1991. Conversation for Action. The computer terminal as medium of communication. Amsterdam: Benjamins.

Ochs-Keenan, Elinor, and Schieffelin, Bambi 1976. Topic as a Discourse Notion: A Study of Topic in the Conversations of Children and Adults. In: Li, Charles N. (ed.). Subject and Topic. New York: Academic Press, 225-385.

Reid, E. 1991. Electropolis: Communication and community on Internet Relay Chat. Electronic document.

Reid, E. 1994. Cultural formations in Text-Based Virtual Realities. University of Melbourne: MA-Thesis.

Sacks. H. 1972. Lecture 5: A single instance of a Q-A pair; Topical versus pair organization; Disaster talk. In: Jefferson, G. (ed.). Harvey Sacks: Lectures in Conversation, Oxford: Blackwells, 561-570.

van Dijk, T. 1980. Macrostructures. Hillsdale, NJ: Erlbaum.

Wetzstein et al. 1995. Datenreisende. Opladen: Westdeutscher Verlag.

Teil II: Textuelle Aspekte

Schriftliche Texte in multimedialen Kontexten

Ulrich Schmitz

1.   Schrift verliert ihre Hegemonie

Wer an Sprache denkt, denkt meist an Wort oder Schrift, also an mündliche Dialoge oder schriftliche Texte. Oft wird Schrift als ein sekundäres System gegenüber der gesprochenen Sprache angesehen. „Denn in der Darstellung der Verstandeshandlung durch den Laut liegt das ganze grammatische Streben der Sprache." (Humboldt 1994b: 58f.) So meint Saussure (1967: 28), Sprache und Schrift seien „zwei verschiedene Systeme von Zeichen; das letztere besteht nur zu dem Zweck, um das erstere darzustellen". Wechselwirkungen zwischen beiden werden untersucht (ebd.28ff.; Günther & Ludwig (Hg.) 1994/1996), kaum aber zwischen gesprochener und geschriebener Sprache einerseits und anderen semiotischen Systemen andererseits.

Dafür gibt es drei Gründe. Zum einen ist es schwer, und es mangelt an geeigneten Methoden. Zweitens stieg mit der Erfindung des Buchdrucks Schrift für einige Jahrhunderte zum dominanten Kulturträger auf, demgegenüber Bild und Ton an Ansehen verloren. Und drittens hat sich in der Folge erfolgreicher Wissenschaft ein Paradigma ausgebreitet, das blind macht für unerwartete Entwicklungen. „Die normale Wissenschaft strebt nicht nach tatsächlichen und theoretischen Neuheiten und findet auch keine, wenn sie erfolgreich ist." (Kuhn 1967: 79) Der Strukturalismus und seine vielfältigen Nachfolger neigen dazu, mehr in Oppositionen als in fließenden Übergängen zu denken; und derart systematisches Denken hat sich überall dort etabliert, wo Normen und Regeln über eine gewisse Weile konstant zu bleiben scheinen.

Alle drei Gründe spielen ineinander, verstärken sich gegenseitig und nähren ein logozentrisches Vorurteil im abendländischen Denken (vgl. Derrida 1974; Brumlik 1994). Darin wird Rationalität hoch bewertet und an Sprache geknüpft, insbesondere an Sprache in schriftlicher Form. Bilder gelten demgegenüber tendenziell als primitiv (vgl. z.B. Postman 1983: 87f.).

Hinter dem Rücken der Schriftgelehrten haben sie dennoch die Macht ergriffen. Denn die Wirklichkeit bewegt sich schneller als das Nachdenken über sie. Zeichen wuchern, heute mehr denn je. Wenig Räume gibt es ohne Zeichen, und unter den Zeichen sind reine Wort- oder Schriftkomplexe selten geworden: altmodisch oder elitär. Das unbefangene Ohr hört Wörter immer häufiger im Zusammenhang mit musikalischen oder anderen akustischen Zeichen oder auch nur noch als deren untergeordnete Elemente. Der unbefangene Blick trifft im Alltag fortwährend auf Text-

Bild-Kombinationen vielfältiger Art, sei es auf Hinweistafeln, Werbeplakaten, Verpackungen, Bildschirmen oder in Schaufenstern, Zeitschriften, Tageszeitungen und mehr und mehr auch in Büchern.

Zuerst unterminierten die klassischen Massenmedien die Macht der Schrift: Rundfunk und Fernsehen brachten „das Zeitalter der ‚sekundären Oralität'" (Ong 1987: 136). Man braucht heute nicht mehr gründlich lesen und schreiben zu können, um am gesellschaftlichen Leben teilzuhaben (vgl. z.B. Postman 1983: 94f.). Die Talkshow genügt. Dann diversifizierte das System der Massenmedien; heute gehört jede Plastiktüte und jedes nicht sehr teure Kleidungsstück dazu. Schrift ist keineswegs überflüssig geworden, im Gegenteil, täglich wird immer mehr gedruckt, geschrieben und gelesen. Doch sie verliert ihre vormalige Selbständigkeit, wie wir sie aus dem prototypischen Buch, dem langen Schulaufsatz, der frühen Annonce oder dem hergebrachten Geschäftsbrief kannten und teils auch noch kennen. Meist gehen Schriftzeichen heute in komplexe Zeichengebilde ein. Werbefilme, Plakate und Texte an Waren sind Schrittmacher dieser Bewegung. Doch selbst in ehemals rein schriftlichen Texten wie etwa Geschäftsberichten, Gebrauchsanweisungen oder Lateinbüchern spielen Grafik und Textdesign eine wachsende Rolle. Und das zunehmend auch flüchtig gesprochene Wort, Töne, Geräusche, stehende und bewegte Bilder tragen immer größere Teile gesellschaftlicher Selbstverständigung. Schrift war nur für eine kurze Zeitspanne das dominante und gegenüber anderen Zeichensystemen weitgehend autarke Medium abendländischer Kultur.

Diese Differenzierungen im Zeichengebrauch waren von technischen Entwicklungen getragen und von gesellschaftlichen Interessen genutzt. Foto, Film, Fernsehen, verschiedene Tonaufzeichnungsverfahren und Vierfarbdruck rationalisierten und industrialisierten die Produktion optischer und akustischer Zeichen, so wie es der Buchdruck vorher mit Schriftzeichen erlaubt hatte. Gleichzeitig wandelte sich die Öffentlichkeit von einer vornehmlich bürgerlich aufklärenden (vgl. Habermas 1962) zu einer immer mehr massenhaft Aufmerksamkeit heischenden (vgl. Franck 1993).

Das neue Medium Computer bringt einen neuen Entwicklungsschub. Die Integration vormals eher getrennter Zeichensysteme wird noch einmal verstärkt und beschleunigt. Der Strukturwandel der Öffentlichkeit könnte in andere (auch demokratischere, Verantwortung teilende) Richtungen verlaufen. In den letzten zehn Jahren wurde der Computer zur semiotischen Universalmaschine entwickelt. Zum ersten Mal in der Weltgeschichte kann ein und dasselbe Gerät alle technisch vermittelten Kommunikationsformen tragen. Schon eine einfache Computeranlage für weniger als viertausend Mark vereint die herkömmlichen Funktionen von Schreibmaschine, Radio, CD-Player,

Fernsehen, Telefon, Faxgerät, Vierfarbdrucker u.a. mit neuartigen Kommunikationsformen wie E-mail, Hypertext und Internet. Die klare Trennung von Individual- und
Massenkommunikation wird verwischt und obsolet. Wie Menschen damit umgehen
werden, ist genauso offen, wie die Nutzung von Buch und Massenmedien offen war
und teilweise noch immer ist.

Im folgenden konzentrieren wir uns auf die Position, die schriftliche Texte in
multimedialen Kontexten im Medium Computer einnehmen. Wie verändert sich die
Rolle der Schrift? Welche neuen Textsorten und Zeichenkomplexe entstehen?

2. Computer vermehren barocke Zeichenflut

Betrachten wir einen Computerbildschirm im Herbst 1996. Er zeigt ein ganz anderes
Bild als ein typischer Computer der fünfziger Jahre (hauptsächlich Ziffern), sechziger
Jahre (hauptsächlich Programmtext) oder siebziger Jahre (hauptsächlich fortlaufende
Texte in natürlicher Sprache).

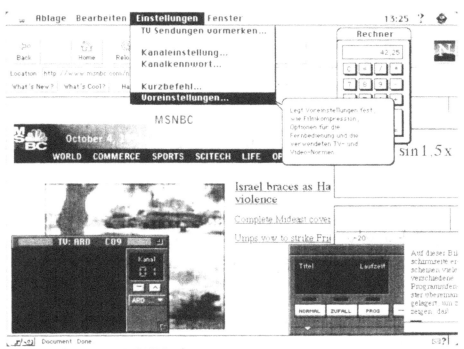

Abb. 1 („Kontexte 1 (MSNBC)")

Das ist kein herkömmlicher Text, sondern barocke Zeichenflut. In der schwarz-weißen
Druckwiedergabe fehlen Farbe, Ton und Bewegung. Auf dem farbigen Computerbildschirm ändert sich das Bild teils von allein, teils aufgrund der mausübertragenen
Aktionen des Benutzers. Automatisch bewegen sich Filmbilder, einzelne Felder
blinken. Und dazu hören wir Sprache, Geräusche und Musik. Der Benutzer kann an
zahlreichen Stellen eingreifen, Programme und Fenster öffnen oder schließen, Text
eingeben und vielfältige maschinelle Operationen in Gang setzen. Der Bildschirminhalt
kann auf ein einziges Element zurückgeführt oder um beliebig viele neue Elemente
erweitert werden.

Unsere unwiederholbare Momentaufnahme umfaßt acht Hauptbestandteile mit
zahlreichen Unterelementen. (1) Die oberste Zeile enthält ein Warenzeichen, drei
einzelne Substantive und ein Verb im Infinitiv, vier Ziffern als Uhrzeitangabe, ein
Fragezeichen-Logo und ein Programm-Icon. Auf jedes einzelne dieser Elemente kann
man mit der Maus klicken, meist mit der Folge, daß sich zusätzliche Fenster mit
kurzen Wort- oder Textzeilen öffnen, durch deren Anklicken sich der Rechner weiter
bedienen läßt (wie in unserem Beispiel unter „Einstellungen". (2) Im Beispiel hat der
Benutzer an dieser Stelle unmittelbar zuvor auf das Wort „Voreinstellungen" gezeigt
mit der Folge, daß sich hier eine Sprechblase mit erklärendem, elliptischem Kurztext
als situationsbezogen reduzierte Gebrauchsanleitung öffnete. (3) Der größte Teil des
Bildschirms wurde, obgleich von anderen Programmen noch überlagert, von dem
Internet-Browser „Netscape" gefüllt, also einem Programm, das nach Anweisung
Informationen aus dem World Wide Web auf den Rechner holt. (a) Dabei wird das
obere knappe Fünftel der Bildschirmfläche mit einem Standard-Layout gefüllt, das
einzelne Wörter, Fragesätze, teilweise beschriftete Piktogramme sowie Buchstaben und
Zeichenfolgen zur Bedienung des Programms durch Anklicken umfaßt. (b) Die unteren
vier Fünftel enthalten das angesteuerte Informationsangebot aus dem Internet. Im
vorliegenden Fall handelt es sich um eine Teilseite der Rundfunk- und Fernsehstation
MSNBC mit dem Firmenlogo, anklickbaren und nicht anklickbaren Einzelwörtern,
presseähnlichen Schlagzeilen sowie einem Foto. (c) Die unterste Zeile enthält ein Icon,
zwei Wörter zum Programmstatus und ein mit Fragezeichen versehenes stilisiertes Bild
eines Briefumschlags, durch dessen Anklicken ein Programm zur Verwaltung von
elektronischer Post (E-mail) geöffnet würde.

Dieser bewegliche Hintergrund ist in unserer Momentaufnahme von fünf weiteren
Programmfenstern überlagert. (4) Unten links läuft das aktuelle Fernsehprogramm (im
Bildschirmfoto aus technischen Gründen nur als schwarze Fläche zu erkennen) mit
Ton und mit einigen Bedienungselementen aus Texten, Ziffern und stilisierten Grafi-

ken. (5) Oben rechts bietet ein virtueller Taschenrechner seine Dienste an. (6) Darunter liegt ein Programm, das algebraische Formeln in Kurven übersetzt. (7) Weiter unten sehen wir beschriftete Teile eines virtuellen CD-Spielers (8) und rechts schließlich ein kleines Fenster einer traditionellen Textverarbeitung, in das gerade fortlaufender deutscher Text eingegeben wurde.

Alle diese acht Hauptbestandteile können auf unterschiedliche und meist vielfältige Weise bedient werden. Ein Teil der Zeichen in unserem Bildschirmbeispiel dient lediglich zum Anschauen (das Foto und der Fernsehfilm), zur Lektüre (der Sprechblasentext) oder zum Produziertwerden (der Text im Textverarbeitungsfenster). Ein weiterer Teil der Zeichen dient hauptsächlich als Bedienungselement. Text und/oder Bild funktionieren hier wie Knöpfe an einem herkömmlichen (z.B. mechanischen) Gerät, so etwa die Tasten auf dem abgebildeten CD-Spieler. Und eine letzte Gruppe von Zeichen schließlich vereint beide Funktionen. Diese Zeichen sind pragmatisch doppeldeutig: sie können gelesen und geschaltet werden, sind Zeichen und Taste zugleich. Das gilt beispielsweise für die Überschriften („Israel braces..."), deren Anklicken weitere Informationen (Texte, Bilder, Filme) von der Radiostation auf den Bildschirm holt.

Die technischen Möglichkeiten elektronischer Datenverarbeitung haben die Kommunikationsarten der herkömmlichen Medien im Computer zusammengeführt. Manuskript, Brief, Schreibmaschine, Buch, Foto, Film, Rundfunk, Fernsehen, Telefon, Fax und andere Kommunikationsgeräte und -formen bleiben zwar neben dem Computer bestehen, weil ihre anderen materiellen Grundlagen andere Benutzungsformen nach sich ziehen, die als gewohnte, längerlebige oder bequemere bevorzugt werden. Die Funktionen aber, die sie ausüben, kann der Computer sämtlich übernehmen, wenn auch in anderer (flexiblerer, weil elektronischer) Gestalt. Neue Kommunikationsweisen und -formen (wie Internet und Hypermedia) kommen hinzu. Die klassische Trennung zwischen Individual- und Massenmedium schwindet, Informationsmengen und Übertragungsraten können bei vergleichsweise geringen Kosten unbegrenzt steigen, und die verschiedenen semiotischen Kanäle können ungetrennt alle zugleich bespielt werden.

Damit beschleunigen Computer eine abendländische Entwicklung, die schon die letzten Jahrhunderte prägte. Erst langsam, dann immer schneller wurden immer mehr Zeichen erzeugt, verteilt und wahrgenommen; zuerst in wenigen getrennten Kanälen (gesprochenes Wort, gemaltes Bild, geschriebener Text), dann mit immer mehr und zunehmend integrierten technischen Mitteln (Foto, Stummfilm, Farbfernsehen etc.). Die Taktfolge der Neuerungen wird immer kürzer und hat die Lebensdauer menschlicher Generationen längst überholt, inzwischen schon im Faktor 1 zu 5 oder 1 zu 10.

Auf diese Weise werden nicht nur immer mehr, sondern auch immer komplexere und flüchtigere semiotische Gebilde vervielfältigt. Zeichen wuchern immer rasanter und massenhafter.

3.   Schrift in multimedialer Umgebung ist flächig, nicht linear zu lesen

Aus diesem großen Bereich menschlicher Kommunikationsgeschichte betrachten wir hier nur die aktuellen Folgen für den Status geschriebener Texte. Nicht jeder Computerbildschirm sieht so aus wie in der obigen Abbildung. Neue Medien können wie alte benutzt werden; hergebrachte Kommunikationsweisen (wie in der Verwendung des Computers als besserer Schreibmaschine) bleiben bestehen. Aber wir können an diesem Beispiel prototypische, wegweisende Entwicklungen studieren.

Der ungeübte Blick erkennt ein Durcheinander. Schrift- und Bildzeichen verschiedenster Art und Größe scheinen wahllos über die Fläche verstreut. Kompositionsregeln sind nicht auszumachen. Ob und wie Texte und Bilder sich aufeinander beziehen, erscheint höchst fraglich, wenn man von Ausnahmen wie dem als „Home" beschrifteten Bild eines Hauses oben links absieht. Der unerfahrene Leser findet sich in der Lage eines kleinen Kindes: von Zeichen umstellt, hinter denen sich Rätsel verbergen.

Das Kind wie jeder gutwillige Leser ahnt und sucht Sinn. Der Erwachsene gleichwohl wendet sich leicht unwirsch ab, wenn sein hergebrachtes Regelsystem nicht funktioniert. Gehen wir den mühseligeren und lustvolleren Weg. In der Schule haben wir Schrift, kaum aber Bilder zu lesen gelernt. Deshalb, und auch als Philologen (Freunde des Wortes), konzentrieren wir uns zunächst auf die Schriftzeichen. Ein bi- oder trilinguales Gemenge aus (a) englischen und (b) deutschen Wörtern, Worten und Sätzen sowie (c) allerlei Abkürzungen, Ziffern und Kombinationen aus Buchstaben und typographischen Zeichen tritt uns entgegen. Wie entziffert man das?

3.1   Die Textbrocken sind nicht kohärent

Von herkömmlichen schriftlichen Texten sind wir Ganzheit und innere Geschlossenheit gewohnt. Einen Brief, einen Aufsatz, einen Roman lesen (und oft auch schreiben) wir schön der Reihe nach von links oben nach rechts unten, folgen einem klar gegliederten Geschehen, einer Handlung oder einem Ziel. Die aristotelische Einheit von Ort, Zeit und Handlung und der gegliederte Aufbau nach Anfang, Mitte und Schluß waren oft auch Leitbilder vieler Alltagstexte. Ganzheit war eine Zeitlang geradezu ein Kriterium von Sinn. Besonders klar galt und gilt das nach herkömmlicher Lehre für die Lektüre belletristischer Texte, deren „Bedeutungsfülle [...] das Sinnganze des Lebens vertritt" (Gadamer 1972: 66). Eine Idee von Ganzheit leitet aber auch das Verständnis vieler profaner Texte. Deshalb sehen die meisten Richtungen der Textlinguistik „Sinnkontinuität" (Beaugrande & Dressler 1981: 88), nämlich einen kontinuierlichen Sinnzusammenhang („Kohärenz") als „das dominierende Textualitäts-Kriterium" an, das also Texte von Nicht-Texten unterscheide (z.B. Vater 1992: 65).

Solchen Bedingungen genügt auf unserer Bildschirmseite überhaupt kein einzelner Text und das gesamte Zeichengewirr schon gar nicht. (1) Die mit fünfzehn Wörtern längste Passage, nämlich der elliptische Text in der Sprechblase, ist prädikativ wie die von Wygotski (1969: 329) beschriebene innere Sprache, „auf Kosten der Auslassung des Subjekts und der dazugehörigen Wörter". Er macht nur Sinn, wenn man ihn als informierenden (nicht anleitenden) Teil einer Gebrauchsanweisung für die unterste Zeile im Pull-down-Menü „Einstellungen" versteht, auf die er sachlich referiert und, damit man eben das erkennt, optisch (als Sprechblase) zeigt. (2) Der zweitlängste Text (im Textverarbeitungsfenster unten rechts) enthält zwar einen kompletten Hauptsatz und hat auch einen typischen Textanfang, in dem nämlich das Referenzobjekt ausdrücklich zur Sprache gebracht wird („Auf dieser Bildschirmseite"). Er ist aber noch nicht fertig formuliert, und wir wissen nicht, wie es weitergeht. Dieser Text könnte ähnlich fungieren wie die kurze Bildunterschrift in einem klassisch illustrierten Buch; er könnte ebensogut aber auch die Einleitung zu dem Aufsatz werden, den Sie gerade lesen.

(3) Herkömmlichen Textsorten am nächsten kommt noch die halb verdeckte Gruppe der vier unterstrichenen Schlagzeilen in der Mitte der Seite („Israel..."). Freilich werden die zugehörigen Texte (bzw. Filme) erst sichtbar, wenn man die Schlagzeilen anklickt. (4) Analoges gilt für die beiden englischen Fragen oben links im Bild. Klicken steuert das turn taking (den vermeintlichen „Sprecherwechsel"; vgl. Levinson 1990: 295ff.): so erhält man die Antwort auf eine Frage, die man selbst gar nicht stellte. (5) Das Wortcluster „TV Sendungen vormerken..." ganz oben scheint grammatischen Zusammenhangs fast zu entbehren (was der fehlende Bindestrich unterstreicht) und der Pivot-Grammatik der frühen Kindersprache zu folgen (vgl. z.B. Szagun 1980: 29-33,68-71). Leicht erraten wir aber, daß man hier offenbar Fernsehsendungen vormerken kann, um rechtzeitig an ihre Ausstrahlung erinnert zu werden. (6) Ähnliche, wenn auch vagere Schlüsse werden wir bei den vier Einzelwörtern in den folgenden Zeilen ziehen und uns durch die drei Punkte eingeladen fühlen, durch Anklicken mehr zu erfahren. Überhaupt scheint es so zu sein, daß wir einfach auspro-

bieren, was wir nicht verstehen. Wie das sprechenlernende Kind unbekannte Wörter ahnungsvoll erfragt oder erprobt, klicken wir attraktive Wörter an und sehen, was passiert. Das funktioniert bei vielen, wenngleich nicht allen Einzelwörtern auf dieser Bildschirmseite. (7 & 8) Die restlichen Textstücke der Seite sind fachsprachliche Einzelwörter sowie Abkürzungen, Ziffern und Zeichenfolgen, die allesamt der Bezeichnung technischer Funktionen oder Adressen dienen.

All das ist nicht nur als Ganzes nicht kohärent, sondern auch in jedem seiner einzelnen Bestandteile nicht. Einen wie auch immer gearteten kontinuierlichen Sinnzusammenhang wird die noch so bemühte bloße Lektüre jedenfalls nicht finden. Technik scheint vor Sinn zu gehen. Es wird weniger gelesen als vielmehr geblickt und geklickt.

Derart unübersichtliche Sinngestalt sind wir nicht nur aus klassischen Textsorten (wie etwa Briefen, Erzählungen und Zeitschriftenartikeln) nicht gewohnt, sondern auch aus sämtlichen anderen Sorten geschriebener Texte nicht, die in unserem Alltag eine Rolle spielen, auch wenn man seltener darüber nachdenkt (wie etwa Telefonbücher, Fahrpläne, Kataloge und Formulare). Vielleicht sollten wir also mehr auf die Bilder und Töne achten?

3.2   Die Bilder erhellen die Texte kaum

Schließlich gibt es, seit überhaupt geschrieben wird, viele Botschaften, die nur durch die Beziehung von schriftlichem Text und zugehörigem Bild einen Sinn erhalten. Oft dienen Bilder ja als virtueller Ersatz für die nicht wirklich vorhandene Situation, und der Text referiert dann nicht unmittelbar auf die Wirklichkeit, sondern indirekt über deren Abbild (wie etwa bei Stadtplänen). Oder ein Sinn wird erst durch ästhetisierende Komposition von Bild und Text erzeugt (wie etwa bei Werbeplakaten).

Freilich kommen wir auch auf diese Weise bei unserem Beispiel kaum weiter. (1) Das große, zur Hälfte verdeckte Foto ist eine Illustration zur ersten Schlagzeile (was man nur bei entsprechendem Vorwissen erkennt, weil anders als bei Zeitungen das Seitenlayout keine äußere Hilfe gibt) und erhellt deren Sinn nicht weiter. (2) Der im Bild nachempfundene Fernsehapparat unten links und der CD-Spieler unten rechts lassen deren fachsprachliche Aufschriften verstehen, sofern wir die Geräte aus dem wirklichen Leben kennen. Freilich referiert der Text nicht auf tatsächliche Geräte außerhalb dieser Abbildungen, sondern er funktioniert als Bedienungselement der entsprechenden Programme selbst, die den Computer zum Fernseher bzw. CD-Spieler machen. Diese Text-Bild-Kombinationen sind also eindeutige Metaphern, die das neue als altes Medium erscheinen lassen („Das metaphorische »ist« bedeutet zugleich »ist nicht« und »ist wie«"; Ricœur 1986: 10). Sie wollen weniger als Sinn verstanden, sondern vielmehr als technische Funktion bedient werden. (3) Analoges gilt für den simulierten Taschenrechner oben rechts im Bild. Vielleicht weil er ein viel einfacheres Gerät darstellt als Fernseher und CD-Spieler, zudem den multifunktionalen Computer auf seine ureigensten Ursprünge zurückführt und nur mit Ziffern und den arithmetischen Zeichen für die Grundrechenarten beschriftet ist, trägt er als einziger noch seine Gattungsbezeichnung „Rechner" als Aufschrift. Name und Sache sind, wiederum wie in der frühkindlichen Vorstellungswelt, kaum getrennt („Auf dem Niveau, wo das Kind die äußeren toten Gegenstände belebt, materialisiert es dafür das Denken und die geistigen Phänomene"; Piaget 1975b: 322). (4) Eine weitere Gruppe von Bildern (nämlich in der Bedienungsleiste des Netscape-Programms oben links in der Abbildung) übersetzt die Bedeutung einzelner Wörter in Bilder und hilft so dem Analphabeten oder der rechten Hirnhemisphäre. Wer das Wort nicht versteht, hält sich ans Bild; ebenso umgekehrt. Insbesondere „Home" mit dem zugehörigen Bildchen erinnert an Grundschulfibel, Anlauttabelle oder die erste Fremdsprachenlektion. Wort und Bild bezeichnen dasselbe auf zweierlei Weise. Syntax entfällt. Semantik ist hier Pragmatik, nämlich technisches Handeln. (5) Die restlichen Bildelemente unseres Beispiels stehen ohne Text da und machen auch einen eher verspielten Eindruck. In allen vier Ecken soll Spielzeug drin stecken: Apfel, Antenne, Schlüssel und Briefumschlag mit Fragezeichen - wie Türchen am Adventskalender laden sie ein, dahinter zu schauen. Irgendwelche Texte erhellen sie jedenfalls nicht.

Wir beginnen zu ahnen, daß das vielgestaltige Zeichenkonglomerat sich auf anderen Wegen lichten könnte als in der erwachsenen Suche nach Sinnkontinuität, wie wir sie in der logozentrischen Tradition abendländischer Schriftgelehrter gelernt haben. Metaphorische Nachahmung, symbolisches Spiel und magischer Traum scheinen uns auf sprachliche Schichten zu führen, die kindliche Neugier tragen, in profanen Alltagstexten sonst aber kaum zutage treten.

3.3 Multimedia-Zeichen untergraben geschlossenen Sinn

Ähnliches gilt für die Töne. Entweder begleiten sie mit oder ohne Zusammenhang das Bild wie in alten Medien (so im Fernsehprogramm, das in dem auf der obigen Abbildung schwarzen Fenster unten links abläuft). Oder sie stehen als Musik für sich allein (so beispielsweise, wenn man den CD-Spieler unten rechts betätigt). Oder sie wiederholen geschriebenen Text (im Beispiel erst nach Anklicken der vierten Schlagzeile). Oder schließlich, sie dienen eher spielerischer Untermalung (etwa bei Fehlbedienung irgendeines Programmteils).

Multimedia-Zeichen weisen jedenfalls nicht die Kohärenz auf, die wir von schriftlichen Texten gewohnt sind. Die Frage nach innerer Ganzheit, die durch einen kontinuierlichen Sinnzusammenhang gestiftet werde, mag klassischen geschriebenen Texten angemessen sein. Vielleicht lädt das Medium Schrift mitsamt den sie tragenden Institutionen (Schule, staatliche Verwaltung u.a.) Verfasser erst dazu ein, Texte als in sich abgeschlossene Ganzheiten zu erzeugen, die sie sonst gar nicht gesucht oder erstrebt hätten. (Immerhin unterstellt eine abweichende Lehre gerade schriftgebundener Belletristik, daß sie über formale Sinnkonsistenz und inhaltliches Sinnziel eine „fiktive Befriedigung von Sinnbedürfnis" schaffe, die das wirkliche Leben nicht biete; vgl. Enzensberger 1977: 61.)

Wie immer Sinn in früheren Epochen erzeugt wurde - heute steht man Sinnangeboten, die in sich geschlossen sind, eher skeptisch gegenüber. Massenmedien und Neue Medien multiplizieren und diversifizieren die Sinnproduktion derart ins Uferlose, daß alles möglich ist. Die großen Erzählungen der Vergangenheit sterben aus oder werden kleine neben unendlich vielen anderen. Und das hat Folgen für die Form der Zeichen. Wo alles möglich ist, wird Einheit machtlos. Lyotard (1986: 14-16) zufolge löst das „Veralten des metanarrativen Dispositivs der Legitimation" auch sprachliche Homogenität auf. „Wir bilden keine sprachlich notwendigerweise stabilen Kombinationen, und die Eigenschaften derer, die wir formen, sind nicht notwendigerweise mitteilbar." Eine „Pragmatik der Sprachpartikel" entstehe, und wir müssen lernen, „das Inkommensurable zu ertragen".

Die Auflösung schriftgetragener Einheit hin zu immer komplexeren Gemengen von Zeichenfragmenten vollzieht sich über Massenmedien und geht einher mit zunehmender Integration aller semiotischen Mittel und Kanäle. Was immer technisch möglich ist, wird semiotisch sogleich ausgenutzt. Lange Jahre spielten Werbefilme die Vorreiterrolle (Kloepfer & Landbeck 1991). Jetzt sind die neuen elektronischen Medien und besonders das Internet an die Spitze der Avantgarde getreten.

So griff die Frage nach Kohärenz nicht weit genug. Gemessen an der Komplexität des Gegenstandes ist sie altmodisch-beschränkt. Schriftliche Texte in multimedialen Kontexten und auch diese selbst können zwar im hergebrachten Sinne kohärent sein (alles ist möglich), sind es typischerweise aber nicht.

3.4 Der Bildschirm wird zum Arbeitsfeld

Vielmehr sind sie inkohärent, flüchtig, beweglich, experimentell und offen. Die abgebildete Beispielseite war, ganz im Gegensatz zu schriftlichen Texten, so einmalig und unwiederholbar wie mündliche Gespräche. Schriftliche Texte sind (gewöhnlich) situationsunabhängig und insofern allgemein. (Ein Buch ist ein Buch.) Mündliche Gespräche können (typischerweise) nur in einzelnen Situationen verstanden werden und sind insofern individuell. (Ein Gespräch war ein Gespräch.) Multimediale Zeichengebilde am Computer (und typischerweise im Internet) nutzen allgemein verfügbare semiotische Angebote ad hoc in einem bestimmten Moment individuell aus und verändern dauernd ihre Gestalt. („Steigen wir hinein in die gleichen Ströme, fließt andres und andres Wasser herzu." Heraklit 1986: 9=B12).

Im Gespräch konstruieren Sprecher Sinn, indem sie Zeichen komponieren. In der Lektüre konstruiert der Leser Sinn aus vorgegebenen Zeichenkompositionen. Im Internet verknüpft der User beides. Er komponiert eigene Botschaften (wenn er tippt), er selegiert und kombiniert vorgegebene Zeichen zu ständig wechselnden Botschaften und Gemengen von Botschaften (wenn er klickt), und er liest sich daraus seinen Sinn zurecht (wenn er blickt). Hier wird kein Ganzes erschlossen, sondern Stücke werden zusammengestellt.

Unsere Beispielseite will also gar nicht als solche verstanden werden. Jemand hat sie für bestimmte individuelle Zwecke aufgebaut oder aus purer Lust zusammengezappt. Wir sehen eine Momentaufnahme, die nur für Millisekunden so da steht. Ihre verschiedenen Bestandteile haben unterschiedlich lange Lebensdauer. Das Fernsehbild ändert sich so schnell, daß die Momentaufnahme es gar nicht erfaßt. Die Sprechblase bleibt nur so lange stehen, wie der Nutzer den Mauszeiger auf „Voreinstellungen…" hält, normalerweise also vielleicht zwei Sekunden. Die digitale Uhr in der obersten Zeile rechts ist so eingestellt, daß sie jede Minute ihr Erscheinungsbild ändert (es könnte auch jede Sekunde sein). Die Ergebnisse im Rechner, im Algebra-Programm und in der Textverarbeitung hängen vom Arbeitstempo des Nutzers ab - und so fort. Auch das Gesamtbild der Seite ändert sich mit den Aktionen der Person, die vor dem Bildschirm sitzt. Jedes einzelne Programmfenster kann in seiner Größe und Position verstellt werden, hintere Fenster können nach vorn geholt, jedes Fenster kann geschlossen, neue können geöffnet werden. Selbst wenn das gleiche Fenster erneut geöffnet wird, mag dessen Inhalt unter Umständen wieder anders aussehen; zum Beispiel ändert die gewählte MSNBC-Seite (die in der Beispiel-Abbildung die größte Fläche einnimmt) ihr Aussehen alle paar Stunden.

Was also auf den ersten Blick wie ein wahlloses Durcheinander erscheint, ist in
Wahrheit ein flüchtiger Moment in einem Arbeitsprozeß. Die Texte und Bilder
machen nur in diesem Arbeitsprozeß Sinn. Sie sind so (in-)kohärent wie dieser. In
dieser Hinsicht sind sie den mündlichen Äußerungen in schriftlosen Kulturen vergleichbar, wie Malinowski (1974: 336-346) sie beschreibt. Auch wenn, anders als
dort, der aktive Umgang mit Zeichen am Computer nicht unmittelbar in weitere Tätigkeiten eingebunden ist und dementsprechend viele einzelne Bestandteile auch normativ
geregelt oder technisch schabloniert sind, so ist doch das Gesamtgefüge, die Struktur
des gesamten semiotischen Materials „mit dem Ablauf der Tätigkeit, in die die Äußerungen eingebettet sind, unentwirrbar vermischt und von ihm abhängig" (ebd. 345)
Anders und stärker als bei der Lektüre schriftlicher Texte und auch anders, aber
weniger stark als bei der Produktion mündlicher Rede wird dadurch die Verantwortung für Sinnkonstruktion auf die Person übertragen, die mit Zeichen umgeht.

4.   Schrift in multimedialer Umgebung kommt Bildern nah
4.1   Schrift wird Bild

In multimedialen Kontexten nimmt Schrift selbst Eigenschaften jener anderen Medien
an. Wo gleichzeitig gesprochen (vorgelesen) wird, steht der Text nicht als Monument
da, sondern läuft zeitparallel mit. Wo Bilder eine Rolle spielen, verwandelt Schrift
sich ihnen an und wird selbst zum Bild. Sie wird dann auch als Bild gelesen.
    Im einfachsten Fall wird das Schriftbild bewußter gestaltet. Die Schrifttype wird
nicht länger nach eher zufälligen, äußerlichen oder technischen Gesichtspunkten
ausgewählt, sondern trägt selbst eine Botschaft orientierender und/oder ästhetischer
Art. Wären alle Texte auf unserem Beispielbildschirm in gleicher Type gesetzt, so
wäre er sehr schwer zu entziffern; wir wüßten kaum, was zusammengehört. Verschiedene Typen signalisieren verschiedene Quellen. Im Gesamtbild (syntagmatisch) helfen
sie dem Auge bei der flächigen (springenden, nichtlinearen) Lektüre. Als je einzeln
Wiedererkennbare (paradigmatisch) vermitteln sie - ähnlich den Warenzeichen - den
beruhigenden Eindruck einer soliden Stabilität über das so bewegliche Schirmbild
hinaus. Die Schrifttype „Chicago" etwa in unserem Beispiel weit oben (z.B. „Ablage") markiert langfristig stabile kurze Textschablonen aus Anwenderprogrammen.
    Im etwas anspruchsvolleren Fall verläßt die Typographie die Fesseln strenger
Normen und wird individuell gestaltet. Das gilt für einzelne Textstücke (im Beispiel
links das Firmenzeichen „MSNBC") so wie für das gesamte Layout einer Informationseinheit: je weniger buchdruckgewohnte Konvention, desto mehr ästhetisches

Design. Die trotz zunehmender Variation auch zuletzt noch überschaubare Gleichförmigkeit des mechanisch-maschinellen Zeitalters weicht immer mehr elektronisch ermöglichter grenzenloser Vielfalt.

Auf der dritten Stufe schließlich ist das Wort schon Bild geworden. Die Botschaft will nicht digital entziffert, sondern analog erkannt werden. Im Firmenlogo der Rundfunkstation steht eine Vignette noch neben dem Akronym. Im Firmenlogo des Computerherstellers (oben links in der Ecke) kommt kein Text mehr vor. Dabei bedeutet es an dieser Stelle eher nur unterschwellig das Firmenzeichen; vor allem dient es metaphorisch als anklickbare Überschrift für eine mehr oder weniger große Anzahl verschiedener Dienstprogramme (die ihrerseits dann jeweils mit Vignette und Chicago-Text bezeichnet sind). Viele andere anklickbare Stellen auf dieser Bildschirmseite sind graphisch gestaltet, wo vor zwanzig Jahren Programmtext und vor zehn Jahren natürlich-sprachlicher Text hätte eingetippt werden müssen. Neue Software zeigt, daß Computer auch rein grafisch (ganz ohne Text) bedient werden können; und es liegt nahe, daß neuerdings grafisch orientierte Textverarbeitungssoftware entwickelt wird, die Text als Grafik behandelt.

Daß Schrift Bild wird, ist keineswegs neu. Schließlich besitzt alles Geschriebene „eine zur bildnerischen Gestaltung einladende visuelle Komponente. Schriften werden dann besonders gut memoriert, wenn sie sich wie Bilder einprägen." (Schmitz-Emans 1995: 470; vgl. ebd.470-474). So wurde „die besondere Nähe des Schreibens und des Malens" etwa im Mittelalter gestalterisch ausgenutzt „bis hin zur Austauschbarkeit von Bild und Schrift"; denn die ähnliche handwerkliche Grundlage und (dementsprechend) der mittelalterliche Akzent auf audiovisuellen Wahrnehmungsformen legten es noch nicht nahe, schriftliche und visuelle Darstellungsformen strikt zu trennen (Wenzel 1994: 141,156). In dem Maße, wie nun der Buchdruck seine innovative Kraft und damit Schrift ihre kulturelle Hegemonie verliert, machen wir heute wieder vermehrt Gebrauch von allerdings elektronisch getragenen und dementsprechend sehr viel komplexeren multimedialen Kommunikationsformen. Die reich bebilderte und kalligraphisch durchgestylte mittelalterliche Handschrift ist langsam entstanden, für eine kleine Ewigkeit hergestellt, und will bedächtig gelesen werden. Der übervolle postmoderne Farbbildschirm versammelt ad hoc eine schnell vergängliche Auswahl aus einer Unmasse arbeitsteilig und oft hektisch fabrizierter Zeichen, die sämtlich um Aufmerksamkeit buhlen. Diente die Ästhetisierung und Visualisierung der Schrift damals der höheren Ehre Gottes, der Kirche oder eines Adeligen, so heute der schnelleren Lesbarkeit und der höheren Einschaltquote.

4.2   Endlos vergängliche Bilderfülle verleibt Schrift sich ein

Stärker noch als das einzelne Wort tritt das gesamte Zeichenangebot vorrangig als Bild
in Erscheinung. Es wird als bewegliches Ensemble wahrgenommen, mehr erschaut als
erlesen. Der Blick folgt nicht Zeilen, sondern tanzt über die Fläche.

Das ist barock. Unser Beispiel-Bildschirm schmückt sich mit vier verspielten Putten
in den Ecken, reizt alle Sinne, ästhetisiert sämtliche Inhalte, zeigt Texte vorwiegend
in begleitender, dienender oder bildähnlicher Rolle. Da will geschaut und bewegt,
weniger gelesen und bedacht werden. Die klassische Sicherheit des strengen Wortes
weicht unruhiger Dynamik endloser Bilderfülle. Protestantischer Aufklärung folgt
katholische Ergreifung. „*Le pli*: le Baroque invente l'œuvre ou l'opération infinies. Le
problème n'est pas comment finir un pli, mais comment le continuer, lui faire traver-
ser le plafond, le porter à l'infini." (Deleuze 1988: 48) Opulente Fülle und schnelle
Vergänglichkeit jagen einander. „Diß Leben fleucht davon wie ein Geschwätz und
Schertzen." (Gryphius 1984: 61)

Zeichen trotzen immer dem Tod, weil sie Realität bis ins Unendliche spiegeln und
scheinbar neu erzeugen. Bilder tun das massiver und unmittelbarer als Schrift; „Bilder
sind schnelle Schüsse ins Gehirn." (Kroeber-Riel 1993: ix). Wenn Texte mit Bildern
zusammen auftreten, von Bildern einverleibt oder selber zu Bildern werden, dann
wächst auch Schrift selbst über sich hinaus. Wir wissen nicht, wo das endet.

Schrift stellt Zeit still. Oft wird gegen Vergänglichkeit angeschrieben - um Waren-
verkehr und staatliche Organisation haltbarer zu machen, um kulturelle Leistungen
über Generationen zu tradieren, um sich Denkmäler zu setzen oder „um noch einmal
die alten grünen Pfade der Erinnerung zu wandeln" (Keller o.J.: 1125). Bilder können
gleiches im Raum leisten. Seltsamerweise finden beide umso enger zusammen, wie sie
sich einer schnell vergänglichen Grundlage bedienen. Elektronische Text-Bild-Ge-
menge sind jedenfalls nicht für die Ewigkeit gemacht. Die Lebensdauer elektronisch
übertragener oder auch konservierter Zeichen ist begrenzter als diejenige herkömmlicher Farbpartikel, die für Schrift, Druck und Malerei gebraucht werden. Schon sorgt
man sich darüber, ob unsere elektronischen Erzeugnisse in wenigen Jahrzehnten noch
erhalten und dann auch lesbar sein werden (Byrne 1996). Dafür aber können sie leichter vervielfältigt werden als jene. Alte Zeichen sind behäbig, neue geschwind.

5.   Geschriebene Fragmente leben in flüchtigen Rhizomen

Schriftliche Texte in multimedialen Kontexten nehmen vielfältige und auch neuartige Formen an. In der Regel sind sie kürzer, unselbständiger, rhizomatischer, flüchtiger und fragmentarischer als herkömmliche Texte.

(1) Kürzer sind sie allein schon deshalb, weil eine Bildschirmseite wenig Platz bietet, der auch noch mit Bildern und grafischen Elementen geteilt werden muß. So wird der Bildschirm insgesamt leicht als Bild wahrgenommen, in dem auch Texte stehen. Er ist eben Bildschirm und nicht Textschirm. Man liest nicht linear einer Zeile entlang, sondern punktuell in der Fläche. Es wird kaum geblättert, sondern eher wird das Bild verändert. Die Texte passen sich diesen Bedingungen an.

(2) Deshalb sind sie auch unselbständiger. Kurze Texte können grundsätzlich nur als esoterische Gedichte oder als informationsarme Nachrichten in sich ruhen. Schriftliche Texte in multimedialen Kontexten hingegen können und sollen, anders als monomediale (rein schriftliche) Texte, nicht oder nur selten endozentrisch aus sich heraus verstanden werden; sie verweisen vielmehr exozentrisch auf semiotische Gebilde anderer Art. Intertextualität ist ihnen so sehr eingeschrieben, daß sie bis zur Selbstaufgabe aus sich herausgehen und von sich wegführen.

(3) Am avantgardistischsten tun sie das mit einer neuen, nur elektronisch verfügbaren Technik, den Hyperlinks. Zahlreiche Elemente des sichtbaren Bildschirminhalts sind auf technische Weise unmittelbar mit anderen Zeichen verbunden, die durch Anklicken sofort in Erscheinung treten. Schrift zwingt dazu, Gedanken linear-räumlich aufzureihen. Leinwand und Plakat machen Zeichen in der Fläche sichtbar, ohne daß Zeit eine Rolle spielte. Kino und Fernsehen setzen die Fläche in eine linear-zeitliche Bewegung. Der Computerbildschirm schließlich eröffnet die dritte Dimension hinter der Fläche. Die Zeichen sind weder nur linear (durch Schrift) noch hauptsächlich flächig (durch Layout), sondern auch noch über ein vielgestaltiges unsichtbares Netzwerk miteinander verbunden, dessen Verflechtungen ad hoc sichtbar gemacht werden können. Hinter der sichtbaren Fläche steht ein unendlicher semiotischer Raum, der vom Bildschirm aus zugänglich ist und durch den der Bildschirm sozusagen tomographische Schnitte legt.

Multimediale Hypertexte sind Rhizome. Ein Rhizom hat „viele Eingänge", verbindet „einen beliebigen Punkt mit einem anderen" und ist „ein nicht zentriertes, nicht hierarchisches und nicht signifikantes System ohne General [...], einzig und allein durch die Zirkulation seiner Zustände definiert" (Deleuze & Guattari 1977: 21,34,35). So nähert sich der medial vermittelte Zeichenraum - ganz anders als bei Schrift - den assoziativen Formen unseres Denkens an. Alles kann mit allem unmittelbar verbunden werden, und der Benutzer kann Lesegegenstand, Leseraum und Lesezeit jederzeit nach Gutdünken steuern.

(4) Daraus folgt Flüchtigkeit jedenfalls der sichtbaren Zeichen. War der Buch-Leser „aktives Prinzip der Interpretation" (Eco 1987: 8) im Rahmen einer semantisch mehr oder minder offenen, syntaktisch aber vorgegebenen Ordnung, so ist der Hypermedia- oder Internet-Nutzer zuallererst „aktives Prinzip der Selektion": stets muß er eine Auswahl treffen, oft zappt er sich seine Lesetexte und Schaubilder erst zusammen. „Kohärenz im Hypertext", so Wenz (1996: 21), „ist nichts anderes als die aktive Erstellung von Verbindungen durch den Leser, die durch metatextuelle Instruktionen oder Paratexte gelenkt werden". Oft freilich führen die Wegweiser in unendlich viele Richtungen, und der Leser ist gar nicht auf Kohärenz aus, sondern auf Stöbern und Wildern. Die kurzlebige Zeichengestalt erleichtert ihm das. Die „immaterielle" elektronische Grundlage trägt flexible Zeichengestalten, die Pergament oder Papier nicht erlaubten.

(5) So braucht der Zeichenproduzent keine innere Geschlossenheit seiner Produkte anzustreben. Ganzheit kann zwar angeboten werden, nimmt in dieser technischen Umgebung aber doch den Charakter eines Fragments an, das es in Zusammenhänge zu stellen, zu verändern oder zu bearbeiten gilt; oder es wirkt anachronistisch. Schrift- liche Texte in multimedialen Kontexten sind meistens Stücke. Der Nutzer muß sie auflesen und kann sie für sich zu einem individuellen Ganzen formen. Jedes einzelne Stück ist, schon aus technischen Gründen, Fragment. Der Leser wird zum Bastler, wie ein Kind.

Freilich stehen ihm andere Mittel zur Verfügung als dem Bastler des Wilden Denkens, wie Lévi-Strauss (1973: 50) ihn beschreibt: „die Welt seiner Mittel ist begrenzt, und die Regel seines Spiels besteht immer darin, jederzeit mit dem, was ihm zur Hand ist, auszukommen, d.h. mit einer streng begrenzten Auswahl an Werkzeugen und Materialien, die überdies noch heterogen sind, weil ihre Zusammensetzung in keinem Zusammenhang mit dem augenblicklichen Projekt steht". Wohl bieten mul- timediale CDs begrenzte Mittel zum Basteln an, aber sie gehören alle zu einem Projekt. Die Mittel im World Wide Web hingegen beziehen sich von Haus aus auf zahllose Projekte; sie können für unendlich viele neue Projekte verwendet werden; ihre Menge ist schier unüberschaubar, unbegrenzt, und sie wächst und verändert sich jede Sekunde. Projektbezogene Begrenzung und projektsprengende Grenzenlosigkeit kennzeichnen den Unterschied zwischen offline und online. Beide elektronischen Multimedia-Sorten aber dienen dem Bastler nicht dazu, „ein Ganzes zu bestimmen, das es zu verwirklichen gilt" (ebd. 31). In diesem Sinne überholt elektronische Arbeit das Wilde Denken postmodern. Sie assoziiert Bilder mehr als sie Texte verfaßt; sie explodiert mehr als sie diszipliniert. Sie sucht und findet kein Ende.

6. „Sprachwandel durch Computer"?

In neuen Medien verändern Menschen ihre Sprache (vgl. Schmitz 1995). Was Barthes (1974: 13) für passionierte Lektüre beschrieb, geschieht hier in der Produktion: „die Sprache wird neu verteilt". Da ist dann vieles offen. Im Bereich unseres Themas konnten wir, um zusammenzufassen, drei grundlegende „Tendenzen" (vgl. Braun 1993) ausfindig machen, die hinter den oben zusammengetragenen Befunden stehen und die alle Zeichennutzer beeinflussen können.

(1) Schrift verliert ihre nur wenige Jahrhunderte während Hegemonie als kulturprägendes Medium. Massenmedien förderten nicht nur Schrift, sondern zunehmend auch bild-, wort- und tongetragene Formen gesellschaftlicher Selbstverständigung. Medial immer komplexere Zeichengebilde entstehen, und Schrift wandert mehr und mehr in multimediale Kontexte ein. Dabei weicht die äußere Abgeschlossenheit und innere Ganzheit, zu der rein schriftliche Texte neigen, immer offeneren semiotischen Gebilden. Mit Computern wird dieser Trend zur Multimedialisierung und in der Folge auch Fragmentarisierung noch intensiviert (vgl. hier Nickl 1996: 398). Auf elektronischer Grundlage wuchern Zeichen immer schneller, massenhafter und komplexer. Beschleunigung und Beweglichkeit, Partikularisierung und Komplexitätszunahme, Vergänglichkeit und Neugeburt treiben einander an, bis immer flüchtigere Produktion und Rezeption die hergebrachten kognitiven Fähigkeiten der Menschen übersteigt. Sie können dann nur noch blindlings zappen oder neue Kommunikationsweisen entwickeln.

(2) Wir plädieren für letzteres. Dazu gehört u.a. auch widerständiges Lesen, Selbstdisziplinierung zur Langsamkeit und Pflege alter Medien. Im unmittelbaren Angesicht der je besonderen Leistungsfähigkeit von Bild und Ton kann Schrift aber über sich hinauswachsen und im Verein mit ihnen neue Qualitäten entwickeln. Anders als in Massenmedien nämlich können mit Computern sämtliche hergebrachten Kommunikationsweisen (außer dem persönlich unmittelbaren Gespräch) in einem Medium zusammengeführt werden. Das ermöglicht darüber hinaus gänzlich neue Kommunikationsweisen, semiotische Gebilde und Textsorten. Insbesondere fällt die Grenze zwischen Individual- und Massenkommunikation, und die strikte Unterscheidung

zwischen mündlicher und schriftlicher Kommunikation löst sich tendenziell auf. Computer erlauben vielfältige neuartige, flexible, interaktive, individuelle Benutzungsformen, die noch längst nicht ausgereizt sind. Auch mit Schrift kann neu experimentiert und gebastelt werden.

(3) Der Umgang mit multimedialen Zeichengebilden an Computern gleicht eher einer technischen Prozedur als einer geistigen Konstruktion oder Lektüre von Sinn. Es geht nicht darum, Sinnkontinuität zu erzeugen oder zu entdecken, sondern darum, in fragmentarischen Botschaften herumzustrolchen, sie aneinanderzubauen und sie zu bearbeiten. Computerzeichen sind unfertiges Material, Stationen der Semiose. Weniger als bei handschriftlich verfaßten Texten strebt man eine Vollendung oder überhaupt ein Ende an; stärker als bei gedruckten Texten ist man sich der Vergänglichkeit auch von Zeichen bewußt. Dabei geht man auf eine technische Weise mit Zeichen um. Die „Technologisierung des Wortes" (Ong 1987) und anderer Zeichen hat eine vor kurzem noch undenkbare neue Stufe erreicht. Technik ist ins Wort selbst eingewandert. Manche Stücke von Text und Bild dienen zugleich als Bedienungselement der semiotischen Universalmaschine Computer. Wir zeigen aufs Zeichen, und schon tut es, was es verspricht. We „do things with words" (Austin 1972) and pictures auf geradezu magische Weise: klicke aufs Wort (im Beispiel etwa „Back" ganz oben links), und schon erfüllt es seine Bedeutung; zeige aufs Bild, und schon wird es Wirklichkeit (im Beispiel etwa das Abbild eines CD-Spielers). Wer das Wort oder das Bild hat, hat auch die Sache - jedenfalls dem Scheine nach. Nirgends wirkt der ambivalente Rumpelstilzchen-Effekt bizarrer als hier. Denn man hat die „Sache" ja nur im „Medium", und man kommt nicht zurück aus der semiotischen Welt hinter den Spiegeln into real life. Das Zeichen ist die Sache, hier nämlich lediglich eine technische Bedienung des Computers, die programmgemäß eine wohldefinierte technische Routine in Gang setzt. Nichts anderes ist dahinter. Kaum daß Rumpelstilzchen benannt wird, zerreißt es sich und verschwindet ins virtuelle Nichts. Im Wechselspiel von Anwesenheit und Abwesenheit, von Fort und Da können sich Computernutzer wie Kinder im Spiel „sozusagen zu Herren der Situation" (Freud 1940: 14f.) machen.

Alle drei Tendenzen (anarchisch bunte Semiose jenseits des Alphabets, synästhetische Unbefangenheit gegenüber durchorganisierten Differenzen, endlose Spielerei mit magisch erscheinender Technik) sind durch und durch kindlich. Schrift und Kindheit sind Antipoden (vgl. Postman 1983). Kinder leben im Unfertigen; Erwachsene wollen an ein Ende kommen. Kinder fangen vieles an, Erwachsene schließen manches ab. Kinder basteln, Erwachsene folgen Routinen - hier produktives Chaos, dort klassische Ordnung, wenn man die beiden tatsächlich ja vielfach verschlungenen Seiten einmal idealtypisch gegenüberstellen darf. Und Kinder schließlich verbinden Namen unmittelbar mit den bezeichneten Gegenständen; dieser Realismus führt sie zu magischen Praktiken (vgl. z.B. Piaget 1978: 107-142). Überhaupt ist der Umgang mit Zeichen Kindern so neu und frisch, daß vieles daran kryptisch oder rätselhaft bleibt und die Regeln beweglich und offen sind. „Das Spiel unserer Kinder ist auch ein Genuß", und es ist „Übung und Reinigung" (Château 1969: 7,381).

In einer ähnlichen Situation steckt unsere Generation insgesamt in ihrem Verhältnis zu den neuen Medien, die ja neue Zeichenmaschinen sind. Genuß, Übung und Reinigung sind die drei Funktionen von Kulturtechniken, zu denen Multimedia auch zählt. „Edutainment" bezeichnet die drei nur in ihrer flachsten Form, nämlich als Zerstreuung. Nicht der Computer wandelt Sprache und verteilt sie neu, sondern wir tun das, indem wir seine technischen Bedingungen ausspielen. Auf welche Weise wir das tun, hängt davon ab, wie wir uns an das Neue gewöhnen. (*„Die Aufgaben, welche in geschichtlichen Wendezeiten dem menschlichen Wahrnehmungsapparat gestellt werden, [...] werden allmählich nach Anleitung der taktilen Rezeption, durch Gewöhnung, bewältigt.*"; Benjamin 1974: 505)

7. Wie komponiert man Multimedia?
7.1 Gute Schrift-Bild-Ton-Gewebe zu verfassen ist schwer

„Von neuartigen Gegenständen versucht das Kind noch keineswegs, das Neue daran zu erfassen, sondern begnügt sich damit, sie seinen gewohnten Verhaltensweisen zu unterwerfen. Nur selten schickt es diesen Versuchen einen kurzen Augenblick des Zögerns voraus." (Piaget 1975a: 205) Erwachsene wehren Neues eher ab, oder sie nutzen es auch nur wie Altes. Die Mischung beider Haltungen bringt neue Medien manchmal ins Zwielicht. Multimedia wird für unnützen Schnickschnack gehalten und ist es oft auch. Die neuen Potentiale werden kaum genutzt.

Sie stellen ja auch neue Ansprüche an die Zeichennutzer. Vielen macht das Angst. Neue Medien lassen stets fürchten, es gehe bergab mit der Kultur; so ja schon Sokrates mit seiner Abneigung gegen Schrift (Platon 1958: 54-57=274b-277a). Es scheint mir konstruktiver, die neuen Möglichkeiten zu reflektieren und auszuloten. Nur bewußter Umgang mit neuer Verantwortung macht souverän. („Der Intellektuelle ist von Natur aus Melancholiker. Er leidet zunächst an der Welt, er versucht, diesem Leiden denkend Ausdruck zu verleihen und leidet schließlich an sich selbst, weil er nur denken, aber nicht handeln kann." Lepenies 1992: 14)

Wir plädieren für einen längeren Augenblick des Zögerns vorm Handeln, das heißt für die Verknüpfung erwachsener Erfahrung mit kindlicher Offenheit. Nicht das neue Medium ist Schnickschnack, sondern die Art seiner Verwendung. Schließlich kommt es darauf an, was man ausdrücken will; dem sollten die Mittel unterworfen werden. Auch mit alten Medien kann man Unsinn treiben, mündlich, schriftlich, gedruckt.

Manchmal wird gesagt, daß alte Medien nicht mehr dem gerecht würden, was heute zu sagen ist. So behauptet Bolz (1992: 128) in seinem Buch, das „Informationsverarbeitungssystem Buch" sei „der Komplexität unserer sozialen Systeme nicht mehr gewachsen". Derrida (1974: 155) meint: „Was es heute zu denken gilt, kann in Form der Zeile oder des Buches nicht niedergeschrieben werden". Wittgenstein etwa hat sich mit den linearen Fesseln schriftlichen Ausdrucks herumgequält; das Vorwort zu seinen „Philosophischen Untersuchungen" legt, wenn man es so liest, beredtes Zeugnis davon ab. Sein Text gibt ein „Bild der Landschaft" (Wittgenstein 1960: 286), „gleichsam eine Menge von Landschaftsskizzen" (ebd. 285), wobei man in Erinnerung behalten sollte, daß „Bilder" (im Gegensatz zu „Vorstellungen") nicht sprachlich mitteilbar sind; ein „Bild" ist das, was sich zeigt (vgl.ebd. 404-421 = § 300-368).

Nicht jeder ist Wittgenstein. Doch grundsätzlich erlauben neue Medien neue geistige Ausdrucksformen, zu denen alte Medien nicht ohne weiteres einluden. „Denn das Zeichen ist keine bloß zufällige Hülle des Gedankens, sondern sein notwendiges und wesentliches Organ. Es dient nicht nur dem Zweck der Mitteilung eines fertiggegebenen Gedankeninhalts, sondern ist ein Instrument, kraft dessen dieser Inhalt selbst sich herausbildet und kraft dessen er erst seine volle Bestimmtheit gewinnt." (Cassirer 1953: 18) Dieser Gedanke geht auf Humboldt zurück, der ihn auf Sprachen begrenzt und der meint, daß sich „in jeder jede Ideenreihe ausdrücken lässt", daß manche Sprachen kraft ihrer inneren Form aber mehr zu dieser Ideenreihe „einladen und begeistern", andere eher zu jener (Humboldt 1994a: 21). Vielleicht gilt das auch für unterschiedliche semiotische Formen und Kanäle, hier insbesondere für rein schriftliche Texte im Vergleich zu multi- und hypermedialen Kontexten.

Für multimediale elektronische Zeichengebilde haben wir noch kaum Erfahrung. Vom Produzenten verlangen sie ungewohnte Ausdrucksformen, neue Organisation von Texten und eine bewegliche Grammatik komplexer Zeichen. Dem Leser werden ungewohnte Rezeptionsformen abverlangt; er schwankt zwischen Zappen, Basteln und Entdecken. Das größte Potential und zugleich auch die größte Hürde steckt im schnellen Rollenwechsel zwischen Sender und Empfänger. Das kennen wir aus mündlichen Gesprächen, nicht aber aus schriftlichen oder gar quasi-massenmedialen Umgebungen.

Anfangs wird vieles dilettantisch sein. Barock kann schnell auch zu Kitsch verkommen. Reizüberflutung liegt nahe. Souveränität wird nur aus Bildung erwachsen, die bisher fehlt. Wer kann schon Bücher lustvoll lesen? „Sade: die Lust der Lektüre kommt offensichtlich von bestimmten Brüchen (oder bestimmten Kollisionen): antipathische Codes (das Erhabene und das Triviale zum Beispiel) stoßen aufeinander." (Barthes 1974: 13) In Multimedia scheint eben das der zur Schau gestellte Normalfall zu sein. Dann aber könnte die Lust schnell fad werden und bloß der Zerstreuung dienen.

Kurzum: Gute Multimedia-Angebote zu verfassen ist schwer. Es erfordert mindestens soviel geistige Disziplin wie das Verfertigen linearer Texte. Darüber hinaus setzt es ein Mindestmaß technischer Kenntnisse, ein Gespür für synästhetische Zusammenhänge und intensives Training multimedialer Schreibweisen voraus. Dabei will der Status schriftlicher Texte in multimedialen Kontexten genau bedacht werden. Wir können hier keine Richtlinien oder Empfehlungen geben, sondern an drei vorBILDlichen Beispielen (im Original sämtlich farbig) nur auf ausgewählte Probleme aufmerksam machen. Im ersten Beispiel wird herkömmlicher Text neu gelesen, im zweiten neu verfaßt und im dritten durchs Bild ersetzt. Wir durchlaufen sozusagen einen Weg vom Buch zum Bild: der Text wandert zunehmend ins Bild ein.

7.2 Hyper-Layout eröffnet neue Zugänge zum Text

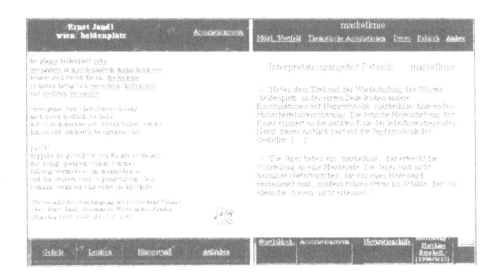

Abb. 2 („Kontexte 2 (Jandl)")

Mit Computern können intertextuelle und intermediale Zusammenhänge unmittelbarer dargestellt werden als mit herkömmlich geschriebenen oder gedruckten Textsorten. Texte können dabei als Ganze oder in Teilen bewegt, verändert und mit anderen Zeichen (Texten, Bildern, Tönen) verknüpft, das heißt in wechselnde Kontexte gesetzt werden. Gute Hypermedia-Texte sollten so gestaltet sein, daß die technischen Möglichkeiten nicht vom Sinn der Lektüre ablenken. Vielmehr sollten sie die aus herkömmlichen Texten gewohnten Lektüremöglichkeiten ergänzen, wenn nicht gar übersteigen. Der Verfasser sollte also darauf achten, daß seine technische und semiotische Konstruktion den Leser nicht dazu einlädt, die Botschaft nur als beliebig austauschbaren Anlaß für amüsant zerstreuende Spielereien zu verwenden. Die multimediale Technik soll zur Botschaft hin- und nicht von ihr wegführen. Im oben gegebenen Beispiel hat Matthias Berghoff sich bemüht, dieses Ziel zu erreichen. Statt ausgiebiger Kommentare möge sich der Leser selbst der Lektüre-Erfahrung unterziehen (Internet-Adresse http://www.uni-bielefeld.de/~mberghof/jandl/).

7.3   Multimedialer Kontext integriert Text

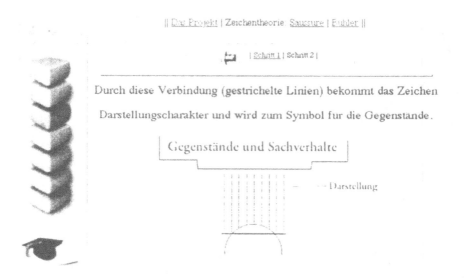

Abb. 3 („Kontexte 3 (Bühler)")

Dies ist ein Ausschnitt aus einem hypermedialen „Lernpäckchen Semiotik" der Arbeitsgruppe Linse (Internet-Adresse http://www.linse.uni-essen.de). Schritt für Schritt wird das Bühlersche Organon-Modell aufgebaut. Die hypermediale Darstellung lädt den Lerner mit selbsterklärenden grafischen Mitteln dazu ein, Bühlers Gedanken sowohl zu folgen als auch darin hin und herzugehen und sie von verschiedenen Seiten her zu betrachten. In der hier gegebenen Beispielseite hat das drei Konsequenzen für den Text. Erstens gibt es drei Arten von Text. Die einzelnen Wörter oben dienen - ähnlich wie viele grafische Elemente - der Orientierung und Navigation innerhalb des Programmangebots. Der zusammenhängende Satz oberhalb der Mitte enthält die Hauptinformation der Seite (also eines Gedankenschrittes). Die einzelnen Wörter in der unteren Hälfte geben einzelnen Elementen der Grafik ihren Sinn durch Benennung. Zweitens ist jeder Text Bestandteil eines grafisch gestalteten Gesamtbildes, das zunächst flächig und erst in zweiter Linie und dann auch nur teilweise linear wahrgenommen wird. Drittens kann kein Element aus sich selbst heraus verstanden werden, insbesondere auch der Haupt-Lesetext (der zusammenhängende Satz, der klassischerweise im Buch gestanden hätte) nicht. Dieser ist vielmehr doppelt eingehängt, und zwar sowohl in den Textzusammenhang mit der vorhergehenden Bildschirmseite (die durch einen Pfeil aufgerufen werden kann) als auch in das zugehörige Schaubild (das seinerseits nach und nach aufgebaut wird). Sprachlich wird die zweifache Bindung durch die doppeldeutige Referenz des Demonstrativpronomens („diese") bewerkstelligt.

In der Buchfassung (Bühler 1934: 28) steht der - anders lautende - Text neben dem vollständigen Schaubild (weshalb es bei visueller Lektüre oft falsch verstanden wird). Dort illustriert das komplette Schaubild den Text, oder der Text erklärt das Schaubild. Hier in der Computerdarstellung werden beide parallel und integriert entwickelt. Das Buch legt Fertiges vor; der Leser setzt es durch seine Lektüre in Bewegung. Die hypermediale Fassung baut Gedanken nach und nach auf; der Leser formt aus der Bewegung ein Ganzes. Das Buch zeigt „das *wirkliche* Ganze", die hypermediale Fassung „es zusammen mit seinem Werden" (Hegel 1970: 13). Entsprechend enthält eine Buchseite erheblich mehr Information als eine Bildschirmseite. Die Größe einer nur mit Schrift gefüllten Buchseite ist dem Inhalt gegenüber völlig gleichgültig, weil der Leser einer Linie folgt und das Blättern kaum wahrnimmt. Die Größe einer multimedial gefüllten Bildschirmseite aber begrenzt eine Informationsmenge, weil der Leser sie zuerst als Bildfläche insgesamt und auf einmal wahrnimmt und weil sie zahllose Anschlußstellen zu noch unsichtbaren Botschaften haben kann. Ein fortlaufend geschriebener Text bezieht seine Kohärenz aus dem Sinn, der Inhalt einer Bildschirmseite dagegen zunächst aus der Optik. Im vorliegenden Fall kommt die Buchseite dem sehr erfahrenen Leser mehr entgegen, während die Bildschirmseite dem Lese-Anfänger mehr Hilfen gibt.

7.4   Bild macht Text überflüssig

Abb. 4 („Kontexte 4 (Goo)")

Hier wurde auf die grafische Gestaltung eines Bildbearbeitungsprogramms (Metatools Goo) so viel Witz verwendet, daß sich eine schriftliche Gebrauchsanweisung (selbst in Gestalt einer Hypertext-Hilfe) erübrigt. Der Text beschränkt sich auf wenige Einzelwörter, die die vorrangigen Bedienungselemente mnemotechnisch unterscheiden und in klaren Kontrast zu den übrigen, in sprechender Grafik dargestellten Programmfunktionen bringen. Das unterläuft die intellektuell distanzierende Funktion der Schrift, lädt zum Ausprobieren ein und unterstützt learning by doing, dem Zweck völlig angemessen.

8. Schluß

„Das Privileg des Bildes, darin ist es der Schrift, die linear ist, entgegengesetzt, ist es, zu keinem Sinn der Lektüre zu verpflichten" (Barthes 1989: 43). Elektronisch bewegliche Text-Bild-Ton-Konglomerate verteilen die Freiheiten und Pflichten ganz neu. Selten hat es ein Jahrzehnt in der Mediengeschichte gegeben, in dem so viel Neues ausprobiert werden konnte.

Literatur

Austin, John L. 1972. Zur Theorie der Sprechakte (How to do things with Words) [engl.1962]. Stuttgart: Reclam.

Barthes, Roland. 1974. Die Lust am Text [frz.1973]. Frankfurt/M.: Suhrkamp.

Barthes, Roland. 1989. Bild, Verstand, Unverstand [frz.1964]. In: In: d'Alembert, Jean Le Rond/ Diderot, Denis/ u.a. 1989. Enzyklopädie. Eine Auswahl. (Hg. Günter Berger). Frankfurt/M.: Fischer Taschenbuch, S. 30-49.

de Beaugrande, Robert-Alain und Dressler, Wolfgang Ulrich. 1981. Einführung in die Textlinguistik. Tübingen: Niemeyer.

Benjamin, Walter. 1974. Das Kunstwerk im Zeitalter seiner technischen Reproduzierbarkeit (Zweite Fassung <1938>). In: ders.: Gesammelte Schriften (Hg. Rolf Tiedemann/ Hermann Schweppenhäuser), Bd. I,2. Frankfurt/M.: Suhrkamp, S. 471-508.

Bolz, Norbert. 1992. Die Welt als Chaos und als Simulation. München: Wilhelm Fink.

Braun, Peter. 1993. Tendenzen in der deutschen Gegenwartssprache. Sprachvarietäten. 3., erweiterte Aufl. Stuttgart, Berlin, Köln: Kohlhammer.

Brumlik, Micha. 1994. Schrift, Wort und Ikone. Wege aus dem Bilderverbot. Frankfurt/M.: Fischer Taschenbuch Verlag.

Bühler, Karl. 1934. Sprachtheorie. Die Darstellungsfunktion der Sprache. Jena: Gustav Fischer.

Byrne, Gerry. 1996. Time is running out for the future of history. In: The Daily Telegraph connected, October 1, 1996, S. 8 f.

Cassirer, Ernst. 1953. Philosophie der symbolischen Formen. Erster Teil: Die Sprache [1923]. 2. Aufl. Darmstadt: Wissenschaftliche Buchgesellschaft.

Château, Jean. 1969. Das Spiel des Kindes. Natur und Disziplin des Spielens nach dem dritten Lebensjahr [frz.1964]. Paderborn: Schöningh.

Deleuze, Gilles. 1988. Le Pli. Leibniz et le Baroque. Paris: Editions de Minuit.

Deleuze, Gilles & Guattari, Félix (1977): Rhizom [frz.1976]. Berlin: Merve.

Derrida, Jacques. 1974. Grammatologie [frz.1967]. Frankfurt/M.: Suhrkamp.

Eco, Umberto. 1987. Lector in fabula [ital.1979]. München, Wien: Carl Hanser.

Enzensberger, Christian. 1977. Literatur und Interesse. Eine politische Ästhetik mit zwei Beispielen aus der englischen Literatur. Bd. 1. München: Carl Hanser.

Franck, Georg. 1993. Ökonomie der Aufmerksamkeit. In: Bohrer, Karl Heinz & Scheel, Kurt (Hg.1993): Medien. Neu? Über Macht, Ästhetik, Fernsehen. (= Merkur 47, H. 9/10 = Nr. 534/535). Stuttgart: Klett-Cotta, S. 748-761.

Freud, Sigmund. 1940. Jenseits des Lustprinzips [1920]. In: ders.: Gesammelte Werke, Bd. XIII. London: Imago, S. 1-69.

Gadamer, Hans-Georg. 1972. Wahrheit und Methode. Grundzüge einer philosophischen Hermeneutik [1960]. 3. Aufl. Tübingen: J.C.B. Mohr.

Günther, Hartmut und Ludwig, Otto. Hg.1994/1996. Schrift und Schriftlichkeit. Writing and its Use. Ein interdisziplinäres Handbuch internationaler Forschung. 2 Halbbände. Berlin, New York: de Gruyter.

Gryphius, Andreas. 1984. Menschliches Elende [ca.1650]. In: Bode, Dietrich (Hg.): Deutsche Gedichte. Eine Anthologie. Stuttgart: Reclam, S. 61.

Habermas, Jürgen. 1962. Strukturwandel der Öffentlichkeit. Untersuchungen zu einer Kategorie der bürgerlichen Gesellschaft. Neuwied, Berlin: Luchterhand.

Hegel, Georg Wilhelm Friedrich. 1970. Phänomenologie des Geistes. In: ders.: Werke in zwanzig Bänden (Redaktion Eva Moldenhauer/ Karl Markus Michel), Bd. 3. Frankfurt/M.: Suhrkamp.

Heraklit. 1986. Fragmente [griech.ca. 500 v.u.Z.]. Griechisch und deutsch. (Hg. Bruno Snell.) 9. Aufl. München, Zürich: Artemis.

von Humboldt, Wilhelm. 1994a. Ueber das vergleichende Sprachstudium in Beziehung auf die verschiedenen Epochen der Sprachentwicklung [1820]. In: ders.: Über die Sprache. Reden vor der Akademie. Hg. Jürgen Trabant. Tübingen, Basel: Francke Verlag (UTB), S. 11-32.

von Humboldt, Wilhelm. 1994b. Ueber das Entstehen der grammatischen Formen, und ihren Einfluss auf die Ideenentwicklung [1822]. In: ders.: Über die Sprache. Reden vor der Akademie. Hg. Jürgen Trabant. Tübingen, Basel: Francke Verlag (UTB), S. 52-81.

Keller, Gottfried. o.J.[1956]. Der grüne Heinrich [1854/55; hier zitierte 2. Fassung 1879/80]. Sämtliche Werke und ausgewählte Briefe (Hg. Clemens Heselhaus), Bd. 1. München: Carl Hanser.

Kloepfer, Rolf und Landbeck, Hanne. 1991. Ästhetik der Werbung. Der Fernsehspot in Europa als Symptom neuer Macht. Frankfurt/M.: Fischer Taschenbuch.

Kroeber-Riel, Werner. 1993. Bildkommunikation. Imagerystrategien für die Werbung. München: Franz Vahlen.

Kuhn, Thomas S. 1967. Die Struktur wissenschaftlicher Revolutionen [amerik.1962]. Frankfurt/M.: Suhrkamp.

Lepenies, Wolf. 1992. Aufstieg und Fall der Intellektuellen in Europa. Frankfurt, New York: Campus/ Paris: Edition de la Maison des Sciences de l'Homme.

Levinson, Stephen C. 1990. Pragmatik [engl.1983]. Tübingen: Niemeyer.

Lévi-Strauss, Claude. 1973. Das wilde Denken [frz.1962]. Frankfurt/M.: Suhrkamp.

Lyotard, Jean-François. 1986. Das postmoderne Wissen. Ein Bericht [frz.1979]. Graz, Wien: Böhlau.

Malinowski, Bronislaw. 1974. Das Problem der Bedeutung in primitiven Sprachen. In: Ogden, C. K./ Richards, I. A.: Die Bedeutung der Bedeutung [englisch 1923]. Frankfurt/M.: Suhrkamp, S. 323-384.

Nickl, Markus. 1996. Web Sites - Die Entstehung neuer Textstrukturen. In: Bollmann, Stefan/ Heibach, Christiane (Hg.): Kursbuch Internet. Anschlüsse an Wirtschaft und Politik, Wissenschaft und Kultur. Mannheim: Bollmann, S. 388-400.

Ong, Walter J. 1987. Oralität und Literalität. Die Technologisierung des Wortes (amerik.1982). Opladen: Westdeutscher Verlag.

Piaget, Jean. 1975a. Das Erwachen der Intelligenz beim Kinde [frz.1936]. (Gesammelte Werke, Studienausgabe, Bd. 1). Stuttgart: Ernst Klett.

Piaget, Jean. 1975b. Nachahmung, Spiel und Traum. Die Entwicklung der Symbolfunktion beim Kinde [frz.1945]. Gesammelte Werke, Studienausgabe, Bd. 5). Stuttgart: Ernst Klett.

Piaget, Jean. 1978. Das Weltbild des Kindes [frz.1926]. Stuttgart: Klett-Cotta.

Platon. 1958. Phaidros (griech.ca.450 v.u.Z.). In: ders.: Sämtliche Werke (Hg. Walter F. Otto, Ernesto Grassi, Gert Plamböck), Bd. 4. Hamburg: Rowohlt.

Postman, Neil. 1983. Das Verschwinden der Kindheit [amerik.1982]. Frankfurt/M.: S. Fischer.

Ricœur, Paul. 1986. Die lebendige Metapher [frz.1975]. München: Wilhelm Fink.

de Saussure, Ferdinand. 1967. Grundfragen der allgemeinen Sprachwissenschaft (Hg. Charles Bally/ Albert Sechehaye) [frz.1916]. 2. dt. Aufl. Berlin: Walter de Gruyter & Co.

Schmitz, Ulrich. 1995. Neue Medien und Gegenwartssprache. Lagebericht und Problemskizze. In: ders. (Hg.): Neue Medien. (= Osnabrücker Beiträge zur Sprachtheorie, H. 50). Oldenburg, S. 7-51.

Schmitz-Emans, Monika. 1995. Schrift und Abwesenheit. Historische Paradigmen zu einer Poetik der Entzifferung und des Schreibens. München: Wilhelm Fink.

Szagun, Gisela. 1980. Sprachentwicklung beim Kind. Eine Einführung. München, Wien, Baltimore: Urban & Schwarzenberg.

Vater, Heinz. 1992. Einführung in die Textlinguistik. Struktur, Thema und Referenz in Texten. München: Wilhelm Fink (UTB).

Wenz, Karin. 1996. Von der ars memoriae über die ars combinatoria zur ars simulatoria: Informations-übermittlung in alten und neuen Medien. In: Rüschoff, Bernd/ Schmitz, Ulrich (Hg.): Kommunikation und Lernen mit alten und neuen Medien. Frankfurt/M. u.a.: Peter Lang, S. 17-27.

Wenzel, Horst. 1994. Visibile parlare. Zur Repräsentation der audiovisuellen Wahrnehmung in Schrift und Bild. In: Jäger, Ludwig/ Switalla, Bernd (Hg.): Germanistik in der Mediengesellschaft. München: Wilhelm Fink, S. 141-157.

Wittgenstein, Ludwig. 1960. Philosophische Untersuchungen [1953]. In: ders.: Schriften 1. Frankfurt/M.: Suhrkamp, S. 279-544.

Wygotski, Lew Semjonowitsch. 1969. Denken und Sprechen [russ.1934]. O.O. [Frankfurt/M.].

Dynamik technisch geprägter Sprache

Paul Königer

1.   Rahmenbedingungen

„Sprachwandel durch den Computer" verweist zunächst auf einen *technischen* Einfluß: Elektronische Textverarbeitung, Sprachgeneratoren, Übersetzungsprogramme – das muß doch alles auf die Sprache einwirken.

Das ist sicherlich richtig. Aufgrund der vielfältigen Möglichkeiten, Sprache mit dem Computer zu bearbeiten, sind neue Phänomene entstanden und erste Veränderungen in der Sprache zu beobachten. Wir wollen uns hier aber einmal eine andere Perspektive zu eigen machen, nämlich den Blick in die tägliche Praxis derjenigen, die den Computer nicht nur nutzen, sondern ihn und seine Anwendungen auch gestalten: Wie wirkt es sich auf die Sprache aus, wenn im Rahmen einer modernen Institution Zehntausende von Menschen gemeinsam das Ziel verfolgen, bessere, billigere und benutzerfreundlichere Computer zu erfinden, herzustellen, und zu verkaufen?

Schnell wird bei einer solchen Betrachtung deutlich, daß die dominierende Triebkraft für den Sprachwandel durch den Computer nicht primär in seinen auf die Sprache bezogenen technischen Funktionalitäten liegt. Vielmehr ist sein Einfluß in viel stärkerer Weise indirekt zu spüren, indem er verändert, wie wir arbeiten und kommunizieren.

Schließlich ist es naheliegend, daß in einem Computerunternehmen der Computer überall da bei der Arbeit eingesetzt wird, wo er diese unterstützen kann. Der Computer ist hier also gleichermaßen Gegenstand und Mittel der Arbeit. An wenigen anderen Stellen dürften ähnlich stark die Veränderungen sichtbar sein, die die elektronische Datenverarbeitung in unserer sprachlichen Praxis bewirkt[1].

Ein Übertrag dieser Entwicklung aus dem Rahmen eines Unternehmens auf die gesamte Gesellschaft erscheint zulässig: Innerhalb der Institution werden wie in einer

---

1 Im übrigen ist es gar nicht der Computer, der diese Veränderungen bewirkt. Agent ist immer der Mensch, der den Computer benutzt. Auch in der Dynamik der aktuellen Veränderungen in der Sprache ist der Computer nicht Ursache, sondern Mittel: Er wirkt bei der Veränderung mit, indem er dem Menschen die technischen Möglichkeiten an die Hand gibt, das zu tun, was er tun möchte. Triebkraft für positive wie negative Veränderungen bleibt der Mensch. Selbst so prominente Kritiker wie J. Weizenbaum und S. Turkle warnen immer vor dem falschen Umgang mit der Maschine, nicht vor der Maschine selbst. Bei genauem Hinsehen wird übrigens bei beiden Autoren eine klammheimliche Bewunderung für die Maschine deutlich, vor deren falschen Nutzung durch eine technokratischen Kultur sie warnen. Es wäre die Schöpferkraft des Menschen unterschätzt, wenn man ihm unterstellen würde, daß er sich zum Objekt der Veränderung durch seinen seelenlosen Zauberlehrling macht.

Laborsituation Entwicklungen vorweggenommen, die man bei der fortschreitenden Technisierung von Kommunikation demnächst auch in anderen Bereichen der Gesellschaft beobachten kann. Diese werden überall dort stattfinden, wo es darauf ankommt, Dinge schnell, kostengünstig und zuverlässig zu tun, und wo die neuen Techniken nicht mit Tabus belegt sind.

Die Dynamik im Bereich der Sprache erscheint dabei zunächst unüberschaubar. Bei näherer Betrachtung lassen sich jedoch drei Triebkräfte isolieren, die für den größten Teil der aktuellen Entwicklungen verantwortlich sind. Diese drei Triebkräfte

- der wachsende Bedarf nach neuen Begriffen,

- der Einfluß des Englischen und die

- Beschleunigung des technischen und wirtschaftlichen Wandels

sind es vor allem, die die heutigen Einflüsse auf die technisch geprägte Sprache charakterisieren und die zu bewältigen eine große Herausforderung ist. Sie können als die wichtigsten Rahmenbedingungen des gegenwärtigen Sprachwandels gelten.

1.1   Begriffsbedarf

Aufgrund ihrer hohen Innovationsrate ist gerade die Informationstechnik ein Wortschöpfer von herausragender Produktivität. Für Dinge, die es zuvor noch nicht gab, kann es keine Bezeichnungen geben. Wenn ständig neue Gegenstände erfunden werden, werden also auch ständig neue Namen gebraucht. Innovation und Begriffsbedarf gehören zusammen.

In der Praxis gilt die Aufmerksamkeit der Entwickler in erster Linie dem Gegenstand und nur in viel geringerem Maße dem dafür verwendeten Begriff. Dies ist unproblematisch, denn eine neue Technik, eine neues Produkt, ein neuer Prozeß werden in den frühen Phasen ihrer Entwicklung fast ausschließlich in Fachkreisen diskutiert. Zur Bezeichnung können deshalb z.B. auch komplizierte Akronyme verwendet werden, die aus der technischen Beschreibung des Gegenstandes abgeleitet sind, oder auch Codenamen und Projektkürzel. In frühen Phasen von Entwicklungen wäre es auch gar nicht sinnvoll, viel Zeit für die Namensfindung zu verwenden, denn nur ein kleiner Teil der Entwicklungen findet letztendlich Eingang in den allgemeinen Gebrauch.

Außerhalb von Fachkreisen bestehen jedoch höhere Anforderungen an Begriffe, z.B. bezüglich der Aussprechbarkeit von Akronymen, der Groß- und Kleinschreibung englischer Wörter oder dem Gebrauch des Bindestrichs. Bezeichnungen für Gegenstände, die gerade die Marktreife erlangen, werden diesen Anforderungen oft nicht gerecht, haben sich aber in Fachkreisen häufig schon verfestigt. Damit kommt es immer wieder zu Widersprüchen zwischen einer teilweise eingeführten Bezeichnung und den herrschenden Sprachregeln.

Konfliktfrei geht es bei einer besonderen Form der Wortbildung zu, die der Vollständigkeit halber erwähnt sei. Im Unterschied zu Begriffen, die gemeinsam mit dem Gegenstand entstehen, den sie bezeichnen, gibt es institutionalisierte Formen der Begriffsschöpfung. Sogenannte Branding-Agenturen entwickeln Produktnamen systematisch und beachten dabei Anforderungen bezüglich Wohlklang, rechtlicher Bedingungen, internationaler Verwendbarkeit und assoziativer Kraft. Beispiele solcher Schöpfungen sind *Kodak, Xerox* und *Targon*. Professionelle Wortschöpfung ist im Zusammenhang von Computern und Sprache jedoch nur dort von Belang, wo Produkte entstanden sind, die in den Markt gebracht werden, also am Ende des Evolutionsprozesses eines neuen Gegenstandes.

1.2 Einfluß des Englischen

Die Globalisierung der Wirtschaft führt dazu, daß immer mehr Kontakte mit Partnern stattfinden, die nicht der eigenen Sprachgemeinschaft angehören. Indem der Computer die Geschwindigkeit des Informationsaustauschs beschleunigt, beginnt eine neue Qualität dieser Internationalisierung: Kontakte und teilweise enge Arbeitsbeziehungen über Sprachgrenzen hinweg sind nicht mehr die Ausnahme, sondern die Regel.

Deshalb gehört der Wechsel in die englische Sprache, etwa beim Annehmen eines Telefongesprächs, inzwischen zum Alltag, und die Frage zu Beginn einer Besprechung, ob sie in Deutsch oder Englisch abgehalten werden soll, ruft nicht mehr überall Verwunderung hervor. Texte werden häufig sogar dann in Englisch abgefaßt, wenn sämtliche Adressaten Deutsche sind, damit auch nichtdeutsche Leser gegebenenfalls später informiert werden können.

Technische Weiterentwicklungen haben in der Datenverarbeitung eine Komplexität erreicht, die die Konzentration der Ressourcen in einem einzigen Land schlichtweg unmöglich macht. Schon innerhalb einzelner Unternehmen sind Ressourcen deshalb zunehmend geographisch gestreut. Darüber hinaus kommt es immer mehr zu internationalen Kooperationen und Allianzen zwischen Unternehmen. Bei Entwicklungen neuer Technologien (etwa bei dem 64-Mbit-Speicherchip) sind Investitionen in einer Größenordnung erforderlich, die die Orientierung an Länder- und an Sprachgrenzen unmöglich machen. Auch hier ist aus praktischen Gründen der Gebrauch einer gemeinsamen Sprache unumgänglich.

Spezialisierung ist gleichermaßen ein Produkt und eine Voraussetzung dieser Entwicklung. Denn die Komplexität der technischen und wirtschaftlichen Zusammenhänge verlangt einerseits immer tiefergehende Fachkompetenz, das Existieren globaler Verflechtungen ermöglicht es aber andererseits erst, sich eine absolute Kompetenz in einem Mikrosegment aufzubauen. Spezialisten müssen ihre Kompetenz weltweit einsetzen können, wenn sie ihr Wissen verwerten und konsequent ausbauen wollen.[2] – Und erst die heutige Komplexität hat den Bedarf an so weitreichender Spezialisierung hervorgebracht.

Im Verhältnis zu diesen Veränderungen im internationalen Sprachgebrauch spielt es zwar noch eine gewisse Rolle, ist aber nicht mehr entscheidend, daß wesentliche wirtschaftliche und technische Einflüsse nach wie vor aus dem angelsächsischen Raum kommen. In den Anfangsjahren der Datenverarbeitung war dieser Einfluß dominierend, denn so gut wie alle informationstechnischen Entwicklungen wurden damals in den USA gemacht. Deshalb war es selbstverständlich, daß Dokumentationen, technische Beschreibungen, Testprotokolle usw. zunächst in Englisch abgefaßt und erst später, wenn überhaupt, in andere Sprachen übersetzt wurden. Dies ist die historische Wurzel dafür, daß das Englische in der Computerwelt so breite Verwendung finden konnte, es ist heute jedoch nicht mehr die treibende Kraft.

Von größerer Wirkung als die wirtschaftliche und technische Führerschaft der USA dürfte dagegen heute eine recht neue und in unerwarteter Weise demokratische Kraft sein: die Bedürfnisse der breiten Masse der Internet-Anwender. Inzwischen reicht der Besitz eines Modems, um *in 8 Sekunden um die Welt*[3] zu reisen, und damit wird der Computernutzer Mitglied einer internationalen Gemeinde. Es ist nicht im Interesse des Datenreisenden, wenn er am anderen Ende der Leitung jemanden trifft, mit dem er keine gemeinsame Sprache findet. Aus dem einfachen Grund, daß sich die Teilnehmer an der weltweiten elektronischen Kommunikation untereinander verständigen wollen, haben sie ein riesiges Interesse an der Einigung auf eine gemeinsame Sprache.

Darüber hinaus wären aber auch zahlreiche technische Funktionen, etwa der Gebrauch der *Search Engines,* wesentlich erschwert, wenn im elektronischen Netz nicht eine gemeinsame Sprache vorherrschen würde. Die Funktionsweise der Suchmaschinen

---

2 Das gilt für den wissenschaftlichen und technischen Fortschritt genauso wie für den Marktzugang. So gibt es z.B. in den USA eine Firma, deren Spezialität die Anfertigung von kundenindividuellen Filmaufnahmen von Sonnnuntergängen aus dem Flugzeug ist – sie könnte kaum überleben, wenn sie nicht einen weltweiten Markt hätte.

3 Vgl. Maier & Wildberger.

ist im wesentlichen eine Volltextrecherche, also das Durchkämmen des Datenbestandes nach vom Nutzer eingegebenen Suchwörtern. Es ist zwar technisch möglich, dies mehrsprachig durchzuführen, für den Nutzer wie auch für den Datenbestand steigt dabei jedoch der Aufwand beträchtlich. Schon jetzt ist erkennbar, wie sich eine neue Kultur der Verwendung von Suchbegriffen herausbildet, die für die Suche in großen Datenbeständen besonders geeignet sind.

Die einzige *lingua franca*, die für all diese Anforderungen zur Verfügung steht, ist das Englische[4]. Damit sehen wir uns heute einem Einfluß der englischen Sprache auf das Deutsche ausgesetzt, der in seiner Intensität schwer überschätzt werden kann.

1.3 Beschleunigung des technischen und wirtschaftlichen Wandels

Die zunehmende Innovationsgeschwindigkeit der technischen und wirtschaftlichen Entwicklung läßt sich in einem Unternehmen der Informationstechnik unmittelbar beobachten. Diese Entwicklung wird durch die elektronische Datenverarbeitung selbst, insbesondere durch die elektronische Kommunikation, nachhaltig befördert.

In letzter Zeit haben hier wesentliche Entwicklungsschritte stattgefunden: Durch die elektronischen Möglichkeiten müssen die Teilnehmer immer weniger räumlich zusammen sein, um einen effektiven Informationsaustausch führen zu können[5]. Hierdurch wird die Arbeit in verschiedenen Kontexten ermöglicht: Wir nehmen gleichzeitig an mehreren räumlich verstreut existierenden Gemeinschaften teil, die sich zwar auch immer wieder treffen müssen, um die Teamstruktur zu festigen, die aber auch dann weiterhin effektiv zusammenarbeiten können, wenn sie räumlich getrennt sind. Diese Form der Arbeit in sogenannten *virtuellen Teams* macht es möglich, speziellere Aufgabenstellungen zu verfolgen als bisher, und die Wirkung der individuellen Arbeitskraft kann verbessert werden, weil Arbeitszusammenhänge mehr von sachlichen und

---

4 Dies mag zwar gewissen sprachpflegerischen Bemühungen einzelner europäischer Nationen widersprechen, läßt sich aber durch politische Entscheidungen nicht wegbefehlen. Denn der Gebrauch des Englischen ist historisch gewachsen und heute im Gebrauch so stark verankert, daß es keine ernstzunehmenden Alternativen für eine internationale Sprache der Computerwelt gibt.

5 Die feine Unterscheidung zwischen dem Austausch von Information, der elektronisch ohne weiteres möglich ist, und einer vollständigen Kommunikation, die, zumindest zeitweise, die körperliche Anwesenheit erfordert, sei hier bewußt getroffen. Der Autor teilt nicht die Euphorie einiger Protagonisten der ausschließlich virtuellen Zusammenarbeit. Das Zusammentreffen der an einem Arbeitszusammenhang beteiligten Personen wird sich bis auf absehbare Zeit nicht ersetzen lassen. Die elektronische Kommunikation wird jedoch diese Zusammenhänge wesentlich bereichern und die Arbeit auf eine neue Stufe heben können.

weniger von räumlichen Kriterien bestimmt werden.

Diese verbesserte Zusammenarbeit geschieht weitgehend über den beschleunigten Austausch der Information, die innerhalb einer Arbeitsgemeinschaft genutzt und produziert wird. Unabhängig von diesem Phänomen wird der Wandel aber auch dadurch beschleunigt, daß Information für Referenz- und Forschungszwecke leichter zugänglich ist. Ein scheinbar triviales Beispiel mag dies verdeutlichen: Seit einiger Zeit gibt es bei einem großen Computerhersteller keine Neuauflage des internen Telefonbuches mehr. Dies liegt daran, daß es inzwischen ein erstklassiges Verzeichnis aller Mitarbeiter gibt, das bequem von jedem PC aus zugänglich ist. Dieses Verzeichnis bietet gegenüber dem gedruckten Buch eine Reihe entscheidender Vorteile: Es sind nicht nur die Mitarbeiter aus der Zentrale, sondern von allen Standorten verzeichnet. Die Angaben sind aktuell; die Angaben sind vollständig; die Suche geht schnell.

Durch dieses einfache Mittel ist es gegenüber früher wesentlich leichter, einen Kollegen ausfindig zu machen, der an einem ähnlichen Thema arbeitet, oder den man etwas fragen will. So kommt ein scheinbar triviales elektronisches Telefonbuch vielfach der Arbeitsgeschwindigkeit zugute. Auf komplexes und umfangreiches Wissen übertragen, wie es etwa in kommerziellen elektronischen Datenbanken zu Verfügung steht, bedeutet diese Verkürzung der Recherchearbeiten, daß Entwicklungszeiten erheblich kürzer werden.

Diese Beschleunigungen wirken, ähnlich wie die Internationalisierung und der wachsende Bedarf nach neuen Begriffen, immer auch auf das Sprach- und Kommunikationsverhalten der teilnehmenden Menschen. So verändert sich z.B. der Stil der zum Austausch verwendeten Schriftsprache zu einer noch knapperen Ausdrucksweise und einer stärkeren Kontextabhängigkeit: Wenn mit derselben Person am Tag wiederholt E-Mails ausgetauscht werden, kann auf die Anrede genauso verzichtet werden wie auf einleitende Erklärungen zum Zusammenhang. Die gesprochene Sprache verändert sich zu einer größeren Einheitlichkeit, weil in kürzeren Zeiträumen mit mehr Menschen aus unterschiedlichen Sprachräumen kommuniziert wird, und deshalb z.B. dialektale Eigenheiten stärker auffallen. Sprachgrenzen lösen sich so auf und neue Formen bilden sich heraus.

2.   Kommunikationssorten

Bei der Betrachtung der verschiedenen Arten von Texten und Kommunikation, die in einem großen Unternehmen erzeugt werden, dürfte den Außenstehenden zunächst die

Menge und die Vielfalt der produzierten Formen überraschen. Eine heuristisch sinnvolle Einteilung der produzierten Information läßt sich unter Verwendung von drei Dichotomien treffen. Die erste Zweiteilung ist die Unterscheidung zwischen mündlicher und schriftlicher Kommunikation. Für größere Institutionen kommt als zweites wesentliches Merkmal die Unterscheidung in interne und externe Kommunikation hinzu. Grob gesprochen gilt, daß interne Kommunikation in der Regel informeller und weniger kontrolliert ist und der Gebrauch des Jargons häufiger vorkommt als bei externer Kommunikation. Die dritte Unterscheidungsebene hat sich erst in jüngerer Zeit herausgebildet: Es kommt nun auch noch die Frage hinzu, ob alle Kommunikationsteilnehmer Menschen sind oder ob es sich um den Dialog mit einer Maschine handelt.

Aus den theoretisch möglichen 8 Kombinationen dieser Begriffspaare werden im folgenden nur 6 betrachtet, denn die mündliche Kommunikation zwischen Mensch und Maschine hat heute noch keine nennenswerte Breitenwirkung.

Tabelle 1: Typische Kommunikationssorten

	Intern	Extern
Schriftlich	- Memos - E-Mail - technische Spezifikationen - Projektberichte - Verzeichnisse - Foliensätze	- Produktbroschüren - Kataloge - Produktdokumentation (Handbücher, Anleitungen) - Pressemitteilungen - Werbung
Mündlich	- Besprechungen (Meetings) - Telefongespräche - Präsentationen	- Vorträge - Geschäftsgespräche - Pressekonferenzen - Veranstaltungen
Mensch-Maschine[6]	- Elektronische Bürokommunikation - Softwareentwicklung (Programmiersprachen) - elektronische Tools - Informationsmedien, Datenbanken, elektronische Verzeichnisse	- allgemeine Bürotätigkeiten - Fachtätigkeiten - Selbstbedienungssysteme (Geldautomaten, Informationsterminals usw.) - Online-Hilfe-Systeme

---

6 Hier ist teilweise die Maschine das Kommunikationsmedium, z.B. bei der elektronischen Textverarbeitung, teilweise ist die Maschine aber bereits Kommunikationspartner, wie etwa bei Geldautomaten.

Trotz dieser großen Vielfalt der Text- und Kommunikationstypen läßt sich in jedem Bereich ein nennenswerter Einfluß des Computers auf die Sprache feststellen. Gemeinsam sind diesem Einfluß die drei oben besprochenen Rahmenbedingungen Begriffsbedarf, Einfluß des Englischen und Beschleunigung des Wandels.

2.1   Interne und externe Kommunikation

Die interne schriftliche Kommunikation ist der Arbeitsalltag. Hier dominieren Zweckmäßigkeit, Geschwindigkeit und Sachlichkeit. Die sprachliche Form wird weniger wichtig genommen als bei externer Kommunikation; und weil es fast immer um fachliche Themen geht, kommen Fachbegriffe besonders häufig vor. Das vielleicht wichtigste Medium ist die schriftliche interne Mitteilung (das sogenannte *Memo*). Bei Firmen mit einer entwickelten Unternehmenskultur folgen diese Mitteilungen in der Typographie einem einheitlichen Bild, und der Sprachstil ist sachlich-präzise.

Weitere Mittel der internen Kommunikation sind vor allem technische Darstellungen, bei denen der Textanteil gering ist. Hier dominieren Tabellen mit Meßwerten, zweckorientierte Verzeichnisse und Notizen für den unmittelbaren Gebrauch. Weiterhin gibt es teilweise sehr ausführliche Projektberichte und Dokumentationen, die hohen Anforderungen an die Exaktheit unterliegen. In den allermeisten Fällen ist die Zielgruppe überschaubar, und man kann deshalb einen großen *common ground* an gemeinsamer Begrifflichkeit und Hintergrundinformation voraussetzen.

Sprachliche Probleme müssen nun zwingend auftreten, wenn die technisch geprägte und zwecks Effektivität verkürzte interne Sprache für die externe Kommunikation verwendet werden soll. Es ist bereits eine Kunst, komplexe Zusammenhänge in eine verständliche Sprache zu kleiden. Wenn dafür aber im allgemeinen Sprachgebrauch der sachliche und soziale *common ground* fehlt und zudem noch nicht einmal die entsprechenden Begriffe für die neuen Sachverhalte zur Verfügung stehen, dann sind die kommunikativen Anforderungen so hoch, daß sie nur von wenigen erfüllt werden können. Es gibt eine Zone des Übergangs von technischer Exaktheit, die unternehmensintern vorherrscht und akzeptiert wird, zu öffentlicher Tauglichkeit, bei der Verständlichkeit für Nichtfachleute das Gebot ist. Beschreibungen technischer Sachverhalte müssen diese Zone immer dann durchlaufen, wenn der Sachverhalt für eine breitere Öffentlichkeit interessant wird – und in einem innovativen Unternehmen ist dies der Regelfall.

2.2 Mensch-Maschine-Kommunikation

Die Interaktion zwischen Computern und Menschen hat erst mit dem Gebrauch von Programmiersprachen richtig begonnen; denn das Entwerfen von Steuerbefehlen in Maschinensprache war in der grauen Vorzeit der Computer-Frühgeschichte (d.h.: ungefähr in den 50er Jahren), eine Geheimwissenschaft, die nur wenige beherrschten.

Programmiersprachen sind entsprechend ihrer Lesbarkeit in vier sogenannte *Generationen* eingeteilt. Die Sprachen der ersten Generation sind reine Maschinensprachen, also die bekannten Reihen aus Nullen und Einsen. Die Assemblersprachen der zweiten Generation sind sehr stark an diese Maschinensprache angelehnt, übersetzen aber deren elementare Funktionseinheiten bereits in einfache Begriffe der menschlichen Sprache (z.B. *add* oder *load*). Die Sprachen der dritten Generation gehen einen wesentlichen Schritt weiter, indem sie die enge Kopplung an die Verarbeitungsform der Maschine lösen und Verarbeitungssequenzen in einer vom Menschen besser nachvollziehbaren Formen darstellen. Das folgende kurze Programm in COBOL (einer Programmiersprache der dritten Generation) dürfte auch für Nichttechniker nicht völlig unverständlich sein.

```
IF ITEM--COUNT = 0
THEN
NEXT SENTENCE
ELSE
COMPUTE AVERAGE--PRICE =
AVERAGE--PRICE / ITEM--COUNT.
MOVE AVERAGE--PRICE TO
PRINT--AVERAGE--PRICE.
PERFORM 300--PRINT--DETAIL--LINE.
```

Programmiersprachen der vierten Generation (sogenannte *4GLs*[7]) lösen sich noch weiter von der Maschine. Es handelt sich um aufwendige Generatoren, in die Zusammenhänge und Abläufe aus der Sicht des Sachverhaltes eingegeben werden können. Sie werden deshalb auch funktionelle Sprachen genannt. Der Generator der 4GL erzeugt dann aus diesen Befehlen einen ausführbaren Maschinencode. 4GLs sind fast immer graphisch unterstützt, d.h. der Anwender kann in interaktiver Form über graphische Bildschirmelemente (häufig sog. *icons*) seine Befehle zusammenstellen; hier ist der Begriff der Programmier„sprache" also schon über den Bereich der Sprache hinausgewachsen.

Damit ist in der Entwicklung der Programmiersprachen eine Richtung zu erkennen, die von der strengen technischen Form immer mehr zu der menschlich geprägten Ver-

---

7 Fourth Generation Languages.

arbeitung in Sinneinheiten führt. Eine ähnliche Angleichung der computerbestimmten Interaktionsform an die menschlichen Arbeitsweisen hat auch auf der Nutzungsebene stattgefunden und schreitet immer weiter fort: Textprogramme, Geldautomaten und Auskunftssysteme haben inzwischen Benutzeroberflächen, die sie für breite, nicht technisch orientierte Bevölkerungsschichten akzeptabel machen. Es ist wichtig festzuhalten, daß diese Bedienungsabläufe zwar dem Menschen angeglichen wurden, aber immer maschinengeneriert sind, und damit prinzipiell nach ihren eigenen Gesetzen funktionieren. Der größte Unterschied zum menschlichen Handeln dürfte der klare – digitale – Gegensatz zwischen einer lesbaren und einer nichtlesbaren („falschen") Eingabe sein.

Diese Angleichung menschlicher und maschineller Kommunikation hat inzwischen das Niveau der Vermischung erreicht. Bei amerikanischen Unternehmen ist es z.B. inzwischen üblich geworden, bei Abwesenheit am jeweiligen E-Mail-Programm die Option *away notice* zu aktivieren, die automatisch auf eingehende Nachrichten mit der Botschaft antwortet, daß die betreffende Person für eine bestimmte Zeit nicht im Büro ist und deshalb nicht antworten kann. Bei diesen Funktionen sind die vom Mailprogramm generierten Anteile und die vom Nutzer eingegebenen Anteile so gut wie nicht mehr zu unterscheiden, wie das folgende Beispiel zeigt:[8]

```
Sender: away@tevm2.xxx.com
Received:      from     gatekeeper.nsc.com      (gatekeeper.xxx.com
[139.187.71.2]) by dub-img-4.compuserve.com (8.6.10/5.950515)
Date: Sun, 4 Feb 96 02:50:37 PST
From:     "Away     Notification     Service     <AWAY@tevm2.xxx.com>"
<AWAY@tevm2.xxx.com>
To: 100766.1733@compuserve.com
Subject: Away Notice for Ursula (Uschi) Xxxxxx
Your email has been delivered to Ursula (Uschi) Xxxxxx at Xxxxxxxx
Xxxxxxxxxxxx Corporation, email address curjsc@tevm2.xxx.com.
Please note, however, that Ursula is currently out of the office
and has posted the following away notification:
============================================================
Leave Date: 01/26/96 (Friday)
Return Date: 02/05/96 (Monday)
Voice Mail: 1-408-721-4250
============================================================
This notification will be sent to you no more than once per day
while Ursula is away. Thank you for your attention.
```

Eine vergleichbare Vermischung von Maschinencode und sprachlichen Zeichen findet derzeit auch innerhalb des Textkörpers von E-Mail statt. Elektronische Post ist mehr an der gesprochenen als an der geschriebenen Sprache orientiert. Eines der Probleme, die dadurch entstehen, ist die fehlende Möglichkeit, parasprachliche Markierungen,

---

8 Aus Gründen der Anonymität wurden Stellen, die einen Rückschluß auf die tatsächliche Person zulassen, jeweils mit xxxx überschrieben.

etwa für Ironie, anzubringen. Als Ausgleich für dieses Manko hat sich inzwischen die Ersatzform herausgebildet, explizite Qualifizierungen an Stelle der parasprachlichen Markierungen der gesprochenen Sprache zu verwenden und diese in spitze Klammern einzuschließen.

```
Hi Paul,
I see Barbara forwarded your message to me <grin>. She is correct
that you should not attempt to access your Filing Cabinet files
from outside of WinCIM. Doing so will corrupt your cabinet in-
dexes.
```

Hier werden also spitze Klammern dazu eingesetzt, metasprachliche Markierungen anzubringen, (im gegebenen Beispiel ist es die Markierung von Ironie, die in der gesprochenen Sprache z.B. mittels der Mimik erfolgen würde). Andererseits sind aber spitze Klammern genau diejenigen Kennzeichen, mit denen in HTML[9] die Maschinenanweisungen von den Nutzdaten unterschieden werden.

```
<TITLE>Rechtschreibreform - SPRACHREPORT Extraausgabe</TITLE>
```

Die Akzeptanz der Kommunikation via E-Mail und die explosionsartige Ausbreitung des World Wide Web fallen zeitlich zusammen. Es ist bemerkenswert, daß für die Markierung der metasprachlichen Elemente beidemal spitze Klammern verwendet werden. Im einen Fall sind die metasprachlichen Elemente Ersatz für parasprachliche Markierungen, im anderen Fall sind sie Anweisungen an das Computerprogramm, wie die Information darzustellen ist.

Auch in anderen Bereichen vermischen sich maschinell generierte Informationen zunehmend mit solchen, die direkt von Menschen eingegeben werden, beispielsweise bei der sogenannten *Header-Information*, die immer häufiger dafür verwendet wird, Information über die Länge, Zielgruppe, Speicherung, Lebensdauer usw. eines bestimmten Dokuments zu geben. Fast alle Textprogramme sind inzwischen in der Lage, eine Vielzahl solcher Meta-Information über Texte automatisch zu generieren. Andererseits gibt es aber immer noch eine Reihe von Angaben, vor allem inhaltlicher Natur, die nur von Menschen gemacht werden können.

Für diese Meta-Informationen bilden sich zunehmend einheitliche Gebrauchsweisen heraus – und auch hier ist nur noch für den Eingeweihten erkennbar, ob es sich um eine maschinengenerierte beziehungsweise maschinenenlesbare Information oder um

---

9 HTML = Hypertext Markup Language, das ist die Seitenbeschreibungssprache des World Wibe Web (WWW). Im angeführten Beispiel ist der Titel des Sprachreports durch die beiden *tags* TITLE eingerahmt, die dadurch einen *container* bilden. Der erste *tag* teilt dem Darstellungsprogramm mit, daß das folgende ein *Titel* ist, der je nach lokalen Gegenheiten entsprechend zu behandeln ist, der zweite *tag* hebt diese Anwendung durch den Schrägstrich wieder auf.

eine Information von Menschen an Menschen handelt.

Das folgende Beispiel ist das Suchergebnis, das ein unternehmensinternes Informationssystem nach der erfolgreichen Suche nach einer bestimmten Pressemitteilung ausgibt. Je nach gewähltem Darstellungsprogramm wird diese folgende Information unterschiedlich aussehen. In der hier gewählten Form (reiner ASCII-Text) ist deutlich erkennbar, wie sich Elemente der natürlichen Sprache und der Programmiersprachen immer mehr vermischen.

```
-----Headerinformationen--------------------------------------------
Dokumentart : Presse_Information
Dokumenttyp : Informationen
Key : 041d.asc Ausgabenummer : 041d
Aenderungsdatum : 08.02.96 Loeschdatum : 08.04.96
Titel : 041d/ Bestes Preis-/Leistungsverhaeltnis mit Informix fuer
Highend-Unix-Systeme von SNI

-----Textinformationen----------------------------------------------
-
Original Datei
Winword 2.0
&lt;&lt;<EM>DATA-LINK:</EM> <A
HREF="http:/consult//home1/g1/sni1/ci/UK/041D.ASC/W2-041D.DOC">W2-
041D.DOC</A>&gt;&gt;
Winword 6.0
&lt;&lt;<EM>DATA-LINK:</EM> <A
HREF="http:/consult//home1/g1/sni1/ci/UK/041D.ASC/041D.DOC">041D.
DOC</A>&gt;&gt;
```

In fast allen Bereichen der Mensch-Maschine-Kommunikation zeigt sich dieses doppelte Phänomen, das schon mit der Entwicklung der aufeinanderfolgenden Generationen von Programmiersprachen angefangen hat: In den Interaktionsformen zwischen Menschen und Maschinen gibt es einerseits die immer weitergehende Angleichung der Computersprache an die menschliche Sprache. Andererseits bilden sich aber auch durch die immer weitere Verbreitung der Computertechnik in der Öffentlichkeit Sprachgewohnheiten heraus, die Maschinenverständlichkeit anstreben oder nachempfinden.

2.3   Mündliche und schriftliche Kommunikation

Die obigen Beobachtungen sind auf die geschriebene Sprache beschränkt. Interaktion mit Maschinen geschieht aber neuerdings auch vermehrt über die gesprochene Sprache, wie z.B. bei den sprachgeführten Telefonmenüs, die sich derzeit bei Fluggesellschaften, Auskunftssystemen und technischen Unterstützungsstellen (den sogenannten *hotlines*) immer stärker ausbreiten. In Spezialgebieten, z.B. in der sogenannten *assistive technology*[10], ist Maschinensteuerung durch gesprochene Sprache sowie die Synthese gesprochener Sprache aus geschriebenen Texten bereits relativ weit entwickelt. Diese Themen sollen im gegebenen Zusammenhang jedoch nicht weiter verfolgt werden.

Für die Unternehmenskommunikation sind die Unterschiede und Gemeinsamkeiten von schriftlicher und mündlicher Sprache vor allem in zweierlei Hinsicht bedeutsam: Einerseits finden, wie bereits beschrieben, Besprechungen und interne schriftliche Kommunikation zunehmend auf Englisch statt. Nun ist es für einen Sprecher in der Regel leichter, sich des Englischen zu bedienen, als für einen Schreiber, denn in der gesprochenen Sprache werden aufgrund ihrer Flüchtigkeit Fehler viel eher toleriert als in der geschriebenen Sprache. Es kann deshalb z.B. für einen Kollegen zu einem Problem werden, wenn er sich in einer Besprechung zwar mit seinem Schulenglisch noch radebrechend ganz gut verständigen konnte, er aber das schriftliche Protokoll der Besprechung verfassen soll, das aufgrund seiner Dauerhaftigkeit eine viel höhere Anforderung an die Sprachkompetenz seines Urhebers stellt. Umgekehrt werden die ungeliebten Übertragungen aus dem Englischen in das Deutsche viel eher toleriert, wenn sie in der gesprochenen Sprache stattfinden. Im schriftlich fixierten Deutsch sind Anglizismen weniger akzeptabel, was nicht selten dazu führt, daß zur schriftlichen Darstellung eines innovativen Themenbereichs schlicht und einfach die Worte fehlen.

Probleme mit der schriftlichen Fixierung moderner Sprache über Computer treten auch in der Werbesprache auf: Diese muß einfach und kurz sein; Computer sind aber kompliziert, und sie zu erklären dauert lang. Beispielsweise ist *Transaktionssicherheit* für jeden, der schon einmal einer Bank einen Überweisungsauftrag gegeben hat, etwas sehr Wichtiges[11]. Wie aber soll werblich nachvollziehbar erklärt werden, daß die Transaktionssicherheit des Systems A besser als die des Systems B ist? Im mündlichen Dialog gelingt dies in der Regel, in der kurzen und knappen Darstellung, die werbliche Kommunikation verlangt, lassen sich derart komplexe Zusammenhänge aber nur schwer herausarbeiten – und es ist schon vorgekommen, daß schriftliche Beschwerden

---

10 Eines der öffentlich geförderten Projekte, das im praktischen Alltag versucht, derartige Technolgien für Bedürftige sinnvoll einzusetzen, wird durchgeführt als Pennsylvania Initiative on Assistive Technology, Institute on Disability/UAP. Leitung: Amy Goldman. vgl. auch: http://inet.ed.gov/ Technology/ TechConf/1995/ ifassist.html.

11 Transaktionen sind Veränderungen in einem Datenbestand aufgrund einer Benutzeranforderung, beispielsweise eine Platzbuchung oder die Vorbestellung eines Buches in einer Bibliothek. Eine gesicherte Transaktion garantiert, daß hierbei keine Fehler auftreten. Z.B. wird bei Geldüberweisungen die Abbuchung so lange in einem Zwischenstatus gespeichert, bis die Vollzugsmeldung der Gutschrift eingetroffen ist – auf diese Weise kann selbst bei einem Systemausfall in der Millisekunde zwischen Abbuchung und Gutschrift der Geldbetrag nicht vorlorengehen.

bei der zuständigen Fachabteilung eingegangen sind, weil die Werbung zu viele englische Wörter enthielte.

3.   Problemfelder im Bereich der Orthographie

Diese Fülle von Einflüssen und Anforderungen wirkt innerhalb des Unternehmens auf Sprachbenutzer, die zwar in der Regel etwas mehr von Computern verstehen als der Rest der Bevölkerung, die aber zunächst nicht mehr und nicht weniger sprachliche Kompetenz mitbringen als der durchschnittliche Schulabgänger. Dies bedeutet, daß für die speziellen Sprachprobleme, die durch den Einfluß des Computers entstehen, nicht unbedingt spezielle Ressourcen zur Verfügung stehen. Besonders deutlich wirkt sich dies im Bereich der Orthographie aus, weil bei der letztendlichen Entscheidung über die Schreibweise eines Wortes immer ein Anspruch von Korrektheit erfüllt werden muß.

Die folgende Kategorisierung der auftretenden Problemtypen will vor allem als Beschreibung des Feldes verstanden werden, auf dem noch viel Erklärungsarbeit zu leisten ist; und ihr Nutzen ist dann erreicht, wenn sich diejenigen, deren Geschäft die Arbeit an der Sprache ist, davon inspiriert fühlen, Lösungsvorschläge zu entwickeln.

3.1   Konventionelle Probleme der deutschen Rechtschreibung

Ein großer Teil der orthographischen Fragen wurde schon einmal gestellt. Es gibt eine ganze Reihe von bekannten Zweifelsfällen und Grenzen der deutschen Rechtschreibung, die im Ernstfall immer wieder zu Entscheidungsschwierigkeiten führen können. Deshalb existiert bereits eine ganze Batterie von Hilfestellungen und Nachschlagewerken, Handreichungen und Kursangeboten, die Abhilfe versprechen. Von diesen Rechtschreibhilfen hält jedes gute Sekretariat eine kleine Sammlung bereit. Typische Fragen, die sie beantworten können, sind z.B.:

-       *Kathode* oder *Katode*?
-       die Aufgabe des *Marketing* oder des *Marketings*?
-       das *Modul* oder der *Modul, das Modem*?
-       *Sauerstoffflasche* und *Fetttropfen*?

Diese genannten Fälle sind schwer genug zu lösen. Für neue Begriffe, die sich gerade herausbilden, helfen die bekannten Hilfsmittel aber nicht weiter. Denn Nachschlagewerke können prinzipiell alle Fälle lösen, die schon einmal da waren. Neue Entwicklungen sind aber noch nirgends verzeichnet, eben weil sie neu sind.

Gerade im Bereich der Fremdwortbildung haben die sprachlichen Regeln enge Grenzen der Anwendbarkeit. Viele Zweifelsfälle der deutschen Sprache liegen innerhalb eines geregelten Bereichs und lassen sich deshalb aus der Welt schaffen, wenn man die Norm kennt. Jenseits dieser Grenzen gibt es aber keine verbindlichen, eindeutigen Antworten. Viele Neubildungen – und dazu zählen fast alle aktuellen Begriffe der EDV – liegen außerhalb des geregelten Bereichs. Für ihre Schreibweise und ihren Gebrauch gibt es damit keine konsistenten, anwendbaren Regeln.

Deshalb richtet sich ein hoffnungsvoller Blick auf die Rechtschreibreform. Diese ist jedoch bei Fremdwortschreibungen ausgesprochen konservativ. Angleichungen der fremden an die deutsche Schreibweise werden lediglich für Wörter ausgewiesen, die schon lange im Deutschen gebräuchlich sind. So kann in Zukunft z.B. *Varietee*, *Bravur*, *Panter*, *Jogurt* und *Joga* geschrieben werden – keines dieser Wörter hat den deutschen Sprachraum in den letzten 10 Jahren betreten. Die Rechtschreibreform wird für die hier dargelegten offenen Fragen nur wenige Antworten beisteuern können.

3.2   Wortevolution

Noch schwieriger ist die Lage bei der täglichen Neuschöpfung von Begriffen. Diese ist, wie eingangs beschrieben, in einem innovativen Umfeld, wo die Entwicklung neuer Gegenstände zum Alltagsgeschäft gehört, eine zwangsläufige Nebenerscheinung. Im Hinblick auf sprachliche Regeln herrscht hier aber ein gewissermaßen anarchischer Zustand, denn die Regelung dessen, was es noch nicht gibt, ist schwer möglich, nur allgemeine Regeln der Wortbildung lassen sich hier bestenfalls anführen.

Bei dem Entstehen neuer Begriffe sind zahlreiche sprachliche Einflüsse im Spiel, aber es ist nicht von vornherein klar, welcher davon die - regulierende - Oberhand behält. Beispielsweise werden *Floppy disk* und *Blue jeans* als geschlossene Nomina betrachtet, obwohl sie aus jeweils zwei Wörtern bestehen. Deshalb wird das einleitende Adjektiv großgeschrieben, während das darin enthaltene Substantiv kleingeschrieben wird. *Disk* und *Jeans* haben aber ihrerseits ein eigenständiges Leben entwickelt und müßten dementsprechend eigentlich großgeschrieben werden.

Immer wieder treten bei diesen neuen Wörtern solche Unklarheiten auf, z.B. mit dem Genus, der phonetischen Form und der Groß- und Kleinschreibung. Diese Probleme entstehen häufig aus der Konkurrenz der Regelsysteme zweier Sprachen, denn bei Wortentlehnungen tritt grundsätzlich die Frage auf, ob die Regeln der

Quellsprache oder die Regeln der Zielsprache anzuwenden sind. Ein konkretes Beispiel mag dies verdeutlichen.

In jüngerer Zeit hat das englische Wort *headquarters* bei uns Einzug gehalten. Man spricht eben nicht mehr von der Firmenzentrale oder dem Hauptsitz, auch das Stammhaus hat ausgedient. Aber nun stellt uns das Wort *headquarters* gleich vor eine ganze Reihe von Problemen: So wird es im Englischen, wie alle Hauptwörter, kleingeschrieben. Das wäre leicht zu korrigieren, indem wir einfach unsere deutschen Regeln anwenden und es großschreiben. Schwieriger ist die Situation dagegen mit dem Plural-s am Ende, denn es legt nahe, das Wort in seiner Pluralbedeutung ins Deutsche aufzunehmen und also zu schreiben: „*Die Headquarters* unseres Unternehmens befinden sich in . . .“ Das geht aber auch wieder nicht, denn schließlich haben wir nur eine Zentrale. Also das <s> weglassen?

Ein fehlendes <s> schafft neue Probleme. Unter anderem müßte dann verstärkt nach dem grammatischen Geschlecht gefragt werden: *der, die* oder *das Headquarter*? Wieder läßt uns das Englische im Stich, denn es hat nur den einzigen bestimmten Artikel *the*. Wer hier nun verzweifeln möchte, erhält von der Dudenredaktion die Auskunft: Das Wort sei ein Pluraletantum, werde daher nur in der Mehrzahlform gebraucht, obwohl es ein einzelnes Objekt bezeichnet. Das ist zwar für das Englische richtig, aber vom Englischen haben wir uns ja bereits mit der Großschreibung entfernt. Und ganz abgesehen davon, das Ergebnis solcher Art von Korrektheit wäre dann ein Satz wie „*Das Headquarters* hat festgelegt ...“ – eine Formulierung, die aus stilistischen Gründen nicht in Frage kommt. Der einzige Weg, das Problem mit dem Endungs-s zu umgehen, besteht im Gebrauch des Genitivs. So formulierte ein Dienstleistungsunternehmen in einem Stellenangebot in der *Süddeutschen Zeitung*: „Für den erfolgreichen Aufbau *unseres Headquarters* suchen wir ...“

Daß diese Unsicherheiten durchaus nicht auf die Schreiber innerhalb von Unternehmen beschränkt sind, sondern auch Personen betreffen, deren Hauptgeschäft der professionelle Umgang mit Sprache ist, zeigt sich immer wieder in den Medien. Die Paderborner *Neue Westfälische Zeitung* leitete am 5. Februar 1996 ihren Artikel über eine Veranstaltung von Siemens Nixdorf in Boston unter Verwendung des Wortes „*Maneframe*"ein (gemeint ist *Mainframe*). Und das *Handelsblatt* schrieb vor einigen Jahren einen Hintergrundartikel über die „*Client-Surfer Architektur*". Besonders interessant ist dieser zweite Fall, denn hier findet ein Transfer über die Phonologie statt: Das englische Wort *server* [s3:və] wird von einem deutschen Sprecher in der Regel als ['s3:fə] ausgesprochen. Dieser phonetische Fehler, also die nichtstimmhafte Aussprache des <v>, ist neben den bekannten Schwierigkeiten mit dem <th>

das wichtigste Erkennungsmerkmal eines deutschen Akzents in der englischen Sprache. Im gegebenen Fall hat also der Schreiber des Artikels das englische Wort mit deutschem Akzent *gelesen* und diesen Klang korrekt in das Schriftbild übertragen. Denn die korrekte englische Schreibweise für eine deutschlastige Lautgestalt des englischen Wortes *server* ist in der Tat das Wort *surfer*.

Es dürfte kaum jemanden geben, der ernsthaft argumentieren würde, das Wort *Personal Computer* sei noch nicht in den deutschen Sprachgebrauch übergegangen. Genau aus diesem Grund werden seine Bestandteile ja großgeschrieben. Was aber ist mit seiner Kurzform, dem *PC*? Nach grammatischen Regeln korrekt ist die Mehrzahlbildung *die PC*, entsprechend des Plurals von *Computer*, der das englische Plural-s bereits abgegeben hat. Nun zeigt sich aber in immer mehr Fachartikeln die Schreibweise *die PCs*, die direkt aus dem Englischen übernommen wurde. Soll der Verfasser sich nun an diesen inzwischen vorherrschenden Gebrauch anpassen oder doch lieber der Regel folgen?

3.3   Komposita

Im Rahmen eines kurzen informellen Tests wurden die Teilnehmer der Arbeitsgruppe, aus der dieses Buch hervorgegangen ist, unter anderem gebeten, die drei Wörter *client*, *server* und *Architektur* zu einem Kompositum zu verbinden. Die 11 Teilnehmer, die freundlicherweise mitgemacht haben, produzierten dabei folgende Schreibweisen:

```
Client-Server-Architektur  (4 mal)
Client Server Architektur  (3 mal)
Client-server-Architektur  (1 mal)
Client server architektur  (1 mal)
Client Server-Architektur  (1 mal)
client server Architektur  (1 mal)
```

Die größte Übereinstimmung zeigt sich hier in einer Schreibweise, die davon ausgeht, daß sich jedes der drei Teilwörter bereits im Deutschen als eigener Begriff etabliert hat und deshalb nach Dudenregeln mit Bindestrichen verbunden wird. Konkurrierend hierzu läßt sich argumentieren, daß die Fügung aus *client* und *server* noch ein englischer Begriff ist und deshalb wie *Blue jeans* als Gesamtbegriff zu behandeln ist, an den *Architektur* mit einem Bindestrich angehängt wird, also *Client server-Architektur*.

Aus der Tatsache, daß keiner der Arbeitsgruppenteilnehmer auf diese Schreibweise verfallen ist, läßt sich ableiten, daß die aktuelle Regel des Gesamtbegriffs nicht der Intuition entspricht. Die Rechtschreibreform wird hier eine gewisse Entlastung bringen, indem sie davon ausgeht, daß bei Zusammensetzungen und Ableitungen der Bindestrich zu setzen ist, wenn die einzelnen Bestandteile als solche gekennzeichnet werden.

Die Schreibweise von Komposita aus der EDV ist allgemein nicht einheitlich. Zu den Fällen, die am uneinheitlichsten behandelt werden, gehören die gerade in der EDV besonders häufigen Zusammensetzungen von deutschen mit englischen Wörtern und von Akronymen mit Nomen. So schreibt die Süddeutsche Zeitung am 3. November 1995 in einer Titelzeile *Prozessor-Generation* und im Text desselben Artikels *Prozessoren Generation.* Diese Inkonsistenz innerhalb eines einzigen Artikels zeigt einerseits die herrschende Unsicherheit, folgt aber andererseits auch dem aktuellen Trend, der dahingeht, den Wortzusammenhalt zu lockern. An den Fugen, die bisher zusammengeschrieben wurden, wird immer häufiger ein Bindestrich gesetzt, und an Stellen, wo bislang ein Bindestrich obligatorisch war, findet man immer häufiger überhaupt kein Bindezeichen mehr. Es ist zu klären, ob dies ausschließlich auf den Einfluß des Englischen zurückgeht, das genau so verfährt, oder ob es hier eine allgemeine Tendenz gibt, den Zusammenhang von Komposita zu lockern.

Im folgenden wird zur Illustration eine Auswahl aktueller Begriffe aus der EDV gegeben, die in einschlägige Kreisen zum alltäglichen Vokabular gehören.

```
10-BaseT
4GL
64-bit-Festplattenzugriff
Client-Server-Konfiguration
Clientlizenz, Clientnutzungsrecht
Data Warehousing
Desktop Publishing
Know-how
MBK-Wechsler (Magnetbandkassetten)
Memory-Scrubbing
Middleware-Produkte
MPP/SMP-Hybridsystem
Multimedia-Anwendungen
OLTP-Anwendung
PC-Systeme
PCMCIA-Slot, PCMCIA-Faxmodem
RDBMS-Hersteller
S0-Schnittstelle
Technologie-Zentrum
Tele-Arbeitsplätze
Userklasse
X-Terminal
X.400
```

3.4   Flexion

Am unkomplizierten und klar definierten Texttyp der internen Mitteilung wurden zwei der aktuellen Trends bereits aufgezeigt: Immer mehr dieser Mitteilungen werden auf Englisch verfaßt und immer häufiger werden sie nicht mehr in der Papierform, sondern als E-Mail verschickt. Am Übergang von der Papierform zur elektronischen Form, vom Englischen ins Deutsche und aus dem Fachjargon in die Standardsprache entwickeln sich Gebrauchsweisen, für die es im Regelkonzept der deutschen Sprache keine Vorbilder gibt.

Ein typischer Fall ist die Flexion von englischen Fachbegriffen: Während aus sprachpflegerischer Sicht die Bildung „Das XY System wurde *gebenchmarkt[12]*" nicht akzeptabel ist, ist der Softwaretechniker froh darüber, daß er einen eindeutigen Begriff für einen eindeutigen Vorgang verwenden kann. Es läßt sich auch argumentieren, daß das Wort *Reengineering* als Fremdwort bereits in den deutschen Sprachgebrauch übergegangen ist. Gilt das aber auch für seine Flexionsformen? Nicht jeder wird glücklich darüber sein, daß in einer Werbeanzeige die Zeile *Prozesse reengineeren* verwendet wurde[13].

In ähnlicher Weise sind auch die anderen Formen der internen Kommunikation, z.B. Projektberichte, von technischer Knappheit geprägt, und es haben sich Abkürzungen eingebürgert, die nur innerhalb einer begrenzten Adressatengruppe verwendet werden und dort völlig angemessen sind, z.B. *tbd* für *to be decided*. In diesen und in vielen vergleichbaren Fällen dürfte jeweils die Entscheidung sehr schwerfallen, ob schon von einem eingebürgerten Sprachgebrauch die Rede sein kann, der die Flexion nach deutschen Regeln zuläßt, oder ob die entsprechenden Bildungen jeweils als fremd zu markieren sind.

3.5   FAAGA

Der große Begriffsbedarf der Datenverarbeitung hat auch zu einem Phänomen geführt, das an vielen Stellen, vor allem bei sprachpflegerisch orientierten Personen, immer wieder zu mißbilligendem Kopfschütteln führt: der flutartig anschwellenden Ausbreitung des Gebrauchs von Akronymen (FAAGA). Es gibt kaum einen Sachverhalt der Datenverarbeitung, der nicht von jemandem zu einem aussprechbaren Kunstwort zusammengefügt wurde – und wie es manchmal scheinen mag, geschieht dies notfalls auch mit der Brechstange.

---

12 Ein *Benchmark* ist die standardisierte Messung einzelner Aspekte der Computerleistung nach genau festgelegten (und teilweise von Gremien streng kontrollierten) Meßverfahren. Der Begriff stammt ursprünglich aus der Landvermessung, wo er die im Gelände angebrachten festgelegten Meßpunkte bezeichnet.

13   Süddeutsche Zeitung Magazin No. 29, 19.7.1996.

Nun ist aber, trotz mancher Entgleisungen, die Verwendung von Akronymen in der EDV schlichtweg erforderlich. Dies liegt daran, daß es bei ihr in der Regel um komplexe Vorgänge geht, und die Gegenstände dieser Vorgänge nicht greifbar sind. Unter einem *Vergaser* können wir uns noch etwas vorstellen, aber das *basic input / output system* ist uns schon weniger vertraut, obwohl es bei unserem PC eine ähnlich wichtige Funktion erfüllt wie der Vergaser bei einem PKW. Es war naheliegend, diese umständliche Bezeichnung auf das Akronym *Bios* zu konzentrieren.

Dies ist ein ganz normaler Vorgang. Der Gebrauch von Akronymen setzt immer da zwingend ein, wo komplexe technische Zusammenhänge auf den Punkt gebracht werden müssen, und sie werden auch akzeptiert, wenn der Gegenstand hinreichend bekannt und das Akronym einigermaßen aussprechbar ist, wie etwa bei *Radar* (*radio detecting and ranging*) oder *Laser* (*light amplification by stimulated emission of radiation*). Diese Bedingungen sind jedoch bei den wenigsten Gegenständen der EDV erfüllt. Nur wenige Akronyme der EDV sind schon so weit in den Sprachgebrauch eingegangen, daß sie als unproblematisch gelten können, wie etwa *Modem*. In vielen anderen Fällen kommt das Problem hinzu, daß die Bildungen nicht im Einklang mit den gängigen Modellen der Schriftsprache stehen, wie etwa bei *MS-DOS* und *CD-ROM*[14]. Für viele andere häufig verwendete Bildungen, wie etwa *TCP/IP*, *IEEE* und *HTML*[15], dürfte es noch sehr lange dauern, bis sie uns genauso flüssig von den Lippen gehen wie *NATO*, *DIN* und *TÜV*.

Bei Wirtschaftstexten entstehen über diese rein sprachlich bedingten Problemfälle hinaus aber noch einer Reihe weiterer Normkonflikte, denn diese Texte müssen immer auch noch verschiedenen weiteren Anforderungen genügen. Diese schlagen sich sprachlich nieder, stammen aber aus nicht sprachlichen Bereichen.

3.6   Juristische Anforderungen

Die Einhaltung der juristischen Anforderungen etwa beim Gebrauch von Marken (Warenzeichen) oder bei der Produktdokumentation erfordert häufig umständliche Formulierungen. Diese können jedoch anderen Ansprüchen widersprechen, z.B.

---

14 Microsoft Disc Operating System. MS-Dos ist ein eingetragenes Warenzeichen der Microsoft Corporation. – Compact Disc-Read Only Memory – Modulator / Demodulator. Im Gegensatz zur verbreiteten Gebrauchsweise "das Modem" ist dieses Kunstwort gemäß seiner Herkunft männlich.

15 Transmission Control Protocol / Internet Protocol – Institute of Electrical and Electronics Engineers – Hypertext Markup Language.

ästhetischen (Werbetexte), journalistischen (Pressemitteilungen) oder technischen (Produktbeschreibungen). Und all dies läßt sich nicht immer leicht mit der Schulgrammatik vereinbaren.

Die Regeln für den Gebrauch von Marken (Warenzeichen) sind teilweise sehr streng. Sie folgen ihrer eigenen Gesetzmäßigkeit und laufen deshalb nicht immer parallel zu rein sprachlich bedingten Forderungen. So wurde beispielsweise vor etlichen Jahren von Siemens das Wort *TRANSVIEW* als Warenzeichen für ein Konzept des Daten-, System- und Applikationsmanagement eingetragen. Mit dem Wachsen der Komplexität von EDV-Systemen hat dieses Konzept zunehmende Bedeutung erlangt, und mit der Anzahl der darunter zusammengefaßten Produkte nahm auch die Häufigkeit der Verwendung des Wortes ständig zu. Dabei stellte sich heraus, daß der häufige Gebrauch des relativ langen Wortes in Versalschreibweise nicht mehr zeitgemäß war. Es wurde deshalb immer öfter der Wunsch laut, aus Gründen der Lesbarkeit und auch aus ästhetischen Gründen von der Versalschreibweise abzuweichen. Außerdem hatte sich inzwischen immer mehr durchgesetzt, daß bei Komposita, die zu Produktbezeichnungen verwendet werden, der erste Buchstaben des zweiten Wortgliedes groß gesetzt wird (z.B. *PageMaker*[16]). Der deshalb naheliegende Übergang zu der Schreibweise *TransView* war aber nicht einfach möglich, denn er hätte den Verlust des rechtlichen Schutzes des Wortes als Warenzeichen bedeutet. Erst mit dem Inkrafttreten des Markengesetzes vom 1.1.95 war dieser Übergang möglich, denn dieses Gesetz hat die gesetzlichen Anforderungen an die rechtserhaltenden Benutzung abweichender Schreibweisen etwas gelockert.

Diesen juristischen Anforderungen, die rigoros gehandhabt werden müssen, stehen nun Orthographieregeln gegenüber, die sich teilweise widersprechen und deshalb immer mit einem Körnchen Salz anzuwenden sind. Es kommen nun noch weitere Anforderungen hinzu, wenn die Sprache z.B. auch werblich verwendbar sein soll. Damit wird es offensichtlich, daß sprachliche Probleme in modernen Institutionen mit orthographischen Hilfen allein nicht gelöst werden können.

3.7 Phonetische Eigendynamik

Bei neuen Begriffen gibt es keine Handhaben dafür, wie sie korrekt ausgesprochen werden. Bei Fremdwörtern existiert eine Quellausprache, die sich nach und nach an

---

16 PageMaker ist ein eingetragenes Warenzeichen der Aldus Corporation.

die deutschen Gebrauchsweisen anpaßt. Bei Akronymen gibt es dagegen keine ursprüngliche phonetische Form, deshalb muß die Aussprache für sie immer noch
gefunden werden. Hier gibt es einige interessante Fälle, in denen Akronyme ein
eigenständiges phonetisches Leben entwickelt haben.

Eine verbreitete Schnittstelle für den Anschluß von Peripheriegeräten ist das *small
computers systems interface* abgekürzt *SCSI*. Anstatt diese Abkürzung nun immer mit
ihren Einzelbuchstaben auszusprechen, hat sich herausgebildet, daraus das aussprech-
bare Wort [s........] zu formen. In ähnlicher Weise hat sich die Betonung für den
inzwischen weit verbreiteten Standard der *Personal Computer Memory Card International Association (PCMCIA)* der deutschen Phonetik so weit angepaßt, daß es als
Akronym einigermaßen flüssig ausgesprochen werden kann.

Mit dem Begriff *SPOOL* ist diese Entwicklung sogar noch einen Schritt weiter-
gegangen. Es handelt sich um die Bezeichnung für *simultaneous peripheral operations
online*, ein Verfahren, das es z.B. ermöglicht, mehrere Druckaufträge in einer Warte-
schlange zu verarbeiten, während das Restsystem trotzdem für andere Aufgaben zur
Verfügung steht. Das hierfür zuständige Softwareprogramm wird im englischen
spooler genannt, und zeigt damit, wie auch ein Akronym der Flexion unterworfen
werden kann. Im Deutschen hat sich dieser Gebrauch eingebürgert und ist in manchen
Bereichen sogar schon darüber hinausgegangen: In Parallelbildung zu dem deutschen
Wort *Spule* wird das Softwareprogramm inzwischen an vielen Stellen *Spuler* genannt,
eine Wortform, die ihre Quellen nur noch dem Eingeweihten zu erkennen gibt.

Vergleichbare Prozesse finden derzeit bei vielen Wörtern statt, man untersuche z.B.
jeweils die Herkunft und die aktuelle Gebrauchweise der Wörter *Ram, Rom, Cim,
Fax, Lan, Iso,* und *Worm.*[17]

4.   Lösungsmöglichkeiten in der Praxis
4.1 Aufklärung

Wie immer wieder deutlich wurde, resultiert ein großer Teil der beschriebenen sprachlichen Probleme aus dem Umstand, daß Wörter gebraucht werden, die (noch) nicht

---

17 Dem aufmerksamen Leser wird nicht entgangen sein, daß in dieser Liste ein Wort enthalten ist, das
gar kein Akronym ist: Fax ist die Kurzform für Telefax, das sich aus gr. Tele und lat./engl. Faksimile
zusammegefügt hat, wobei das < x > aus der Anlehnung an Telex stammen dürfte. Die Auflösungen
der anderen Akronyme lauten: Random access memory, Read only memory, Computer integrated
manufacturing, Local area network, International Organization for Standardization, Write once / read
multiple.

den deutschen Regeln folgen. Bei vielen der genannten Beispiele läßt sich einfach nicht festlegen, wie weit sich das betreffende Wort schon der deutschen Sprache angeglichen hat.

Der Einfluß von Fremdwörtern auf die deutsche Sprache war schon immer stark. So kamen im Mittelalter viele Wörter aus dem Lateinischen, später zum Beispiel aus dem Französischen. Schon immer beruhte die Übernahme von Fremdwörtern überwiegend auf der Übernahme von neuen Gegenständen und Ideen. Die Neuschöpfungen von Begriffen im Bereich der Wissenschaft stammten früher vor allem aus dem Griechischen und Lateinischen, kommen heute aber fast ausschließlich aus dem Englischen. Lehnwörter sind dagegen der Teil des Wortschatzes, der aus fremden Sprachen übernommen, aber so der eigenen Sprache angeglichen wurde, daß die Herkunft aus fremder Sprache nicht mehr ohne weiteres erkannt wird. Die Lehnwörter waren also ursprünglich ebenfalls Fremdwörter.

Die Prozesse beim Eingang eines fremden Wortes in eine Zielsprache sind in der einschlägigen Literatur ausgiebig besprochen. Für den gegebenen Zusammenhang ist daraus der Aspekt der zunehmenden Integration besonders wichtig: Ein neuer Begriff paßt sich über verschiedene Stufen so weit einer Zielsprache an, daß er schließlich in Schreibweise und Flexion wie ein Wort dieser Sprache behandelt werden kann.

Tabelle 2: Assimilationsstufen

	Integrationsstufen	Beispiele aus der EDV
	1. Verwendung der Originalschreibung	*inhouse* *know-how* *data dictionary* *file transfer*
Grad der Integration in die Zielsprache	2. Anpassung der Groß-/Kleinschreibung und der Getrennt-/Zusammenschreibung	*Highend-System* *Know-how* *Data Dictionay* *Filetransfer* *Inhouse*
	3. Komposita mit deutschen Wörtern	*Cache-Speicher* *Data-Link-Ebene*
	4.a) Flexion gemäß Regeln der Zielsprache*	*Editieren, PCs, von Servern, Headquarter, (vgl. auch engl. „to blitz")*
	4. b) Phonographische Anpassung	*Spuler, SCSI, CAD/CAM*

Die wichtigste Lehre aus dieser Betrachtung ist, daß es für diese Wörter anfangs keine oder nur fremde Gebrauchsregeln gibt, daß sie aber auf dem Weg in die Zielsprache zunehmend deren Regeln annehmen. Neue Wörter durchlaufen also eine Grauzone, in der unterschiedliche Regelsysteme miteinander konkurrieren. Eine Lösung für diesen Regelkonflikt kann es nicht geben; Normsetzungen scheinen nach heutigem Erkenntnisstand nicht möglich.

Der Ansatzpunkt für Verbesserungen der sprachlichen Praxis muß also darin liegen, daß diese Prozesse und die in ihrem Verlauf zwingend auftretenden Regelkonflikte einer breiteren Öffentlichkeit hinreichend nachvollziehbar dargestellt werden. Viele fruchtlose Diskussionen ließen sich durch die Einsicht abkürzen, daß Unsicherheiten über den „richtigen" Gebrauch eines Worts normal sind.

4.2 Zentrale Steuerung

Es stellt sich nun natürlich die Frage, wie angesichts dieser vielen offenen Fragen in der betrieblichen Praxis verfahren wird. Hier scheint es in der Öffentlichkeit ein Stereotyp zu geben: Irgendwo in diesen Großunternehmen gibt es den allwissenden Regenten, der mit mächtiger Hand befiehlt, wie in jedem Fall zu verfahren ist.

Aus der Sicht des Teilnehmers sieht die betriebliche Welt jedoch anders aus: Die direktive zentrale Steuerung ist der zur Lösung dieser Fragen am wenigsten beschrittene Weg. Es gibt vor allem Mitstreiter, die sich mit denselben Problemen auseinandersetzen und teilweise zu verblüffenden Lösungen kommen. Es stimmt zwar, daß es zentrale Bereiche gibt, in denen diese Fragestellungen zusammenlaufen; die Entscheidungen finden jedoch an der Basis statt. Beim Formulieren von Pressemitteilungen, interner Kommunikation, Newslettern und Produktbroschüren treten die genannten Probleme auf, und da werden sie auch gelöst.

Der Erfahrungsschatz, der sich hierbei angesammelt hat, ist groß. Er ist auch die Ressource, die am häufigsten zur Lösung dieser Zweifelsfragen eingesetzt wird: Das kollektive Wissen von Menschen, die sich seit langer Zeit, mit Geduld und oft unter Zeitdruck Gedanken darüber machen, wie etwas am besten ausgedrückt werden kann.

Auf die Gesamtgesellschaft übertragen bedeutet dies: Ein Sprachgebrauch läßt sich nicht von oben verordnen. Er bildet sich heraus als die Übereinstimmung alltäglicher Lösungen für alltägliche Probleme. Die Menschen, die diese vielen kleinen Probleme in mühsamer Arbeit lösen, sind es, die die Sprache gestalten. Sie sind es auch, auf die gerne mit dem Begriff *Usus* referiert wird. Dies macht jedoch jeden Ansatz wertlos, der zur Lösung einer sprachlichen Unsicherheit den *Usus* zu Hilfe nehmen will. Der

Usus kann hier keine Hilfe sein, weil er in eben dieser Situation gerade erst geschaffen wird – und zwar als Ergebnis vieler kleiner mühevoller Einzelentscheidungen.

4.3 Praktische Hilfen

Die zahlreichen Regelkonflikte und Unsicherheiten, die im Rahmen des dargestellten Integrationsprozesses entstehen, können nicht mit Rechtschreibregeln gelöst werden; Hilfe muß auf einer anderen Ebene gesucht werden. Neben Aufklärung ist dies die Ebene der kleinen praktischen Lösungen. Hier gibt es noch eine ganze Reihe von Handlungsmöglichkeiten, die bisher noch nicht ausgeschöpft wurden.

Vor einigen Jahren hat der Autor die bekannten Lösungen für die intern am häufigsten auftretenden Zweifelsfälle in einem Leporello zusammengestellt. Hier waren „schwierige Wörter", die wichtigsten eigenen und fremden Produktnamen und auch allgemeine Regeln, wie z.B. die DIN-Regeln für Maßeinheiten oder Zahlenschreibweisen enthalten. Diese kleine Hilfe ist heute hoffnungslos veraltet, aber sie kann noch immer in zahlreichen Sekretariaten entdeckt werden.

Es bietet sich geradezu an, eine vergleichbare Zusammenstellung zu machen und diese in die aktuellen Textprogramme zu integrieren. Es ist technisch mit wenig Aufwand möglich, solche Glossare in die Rechtschreibhilfen der gängigen Schreibprogramme einzubauen, so daß die Überprüfung von neu erstellten Texten nach den aktuellen Zweifelsfällen teilautomatisch erfolgen kann.

In jedem Fall wird es darauf ankommen, die Prozesse zu verstehen, die bei der heutigen sprachlichen Dynamik am Werk sind. Nur so wird der Sprachbenutzer – ob innerhalb oder außerhalb von Großunternehmen – in die Lage kommen, sich sicher in dem Bereich zu bewegen, der von den geltenden Regeln und der Rechtschreibreform nicht erfaßt wird. Und dieser Bereich wächst täglich.

Wesentlich bei einer solchen Lösung wäre die Offenheit und die ständige Aktualisierung. Wie deutlich wurde, kann es für die Mehrzahl der beschriebenen Problemfälle keine endgültigen Lösungen geben. Deshalb ist es notwendig, stärker als bisher an die Kompetenz des Sprachbenutzers zu appellieren: *Ziel muß es sein, ein Verständnis für die Prozesse zu vermitteln, die derzeit in der Sprache am Werk sind.*

Aus der Wechselwirkung der eingangs beschriebenen drei dominierenden Triebkräfte (Begriffsschöpfung, Einfluß des Englischen und Beschleunigung des Wandels) entsteht eine sprachliche Dynamik, für deren Beherrschung die auf einen sprachlich stabilen Zustand ausgerichtete Schulgrammatik – inklusive Rechtschreibreform – einfach nicht mehr ausreicht. Es muß der Allgemeinheit viel stärker vermittelt werden, daß nicht jedes einzelne Wort geregelt werden kann, sondern daß es immer mehr darauf ankommt, die Mechanismen, die aktuelle Dynamik zu kennen, und sich dann souverän selbst entscheiden zu können. Dies zu erreichen dürfte ein ausreichendes Betätigungsfeld für Sprachpädagogen in den nächsten Jahren sein.

Literatur

Bruhn, Manfred. 1995. Integrierte Unternehmenskommunikation. Ansatzpunkte für eine strategische und operative Umsetzung integrierter Kommunikationsarbeit. 2. überarbeitete und erweiterte Auflage. Stuttgart: Schäffer-Poeschel.

Heller, Klaus. 1996. Die Rechtschreibreform. Sprachreport Extraausgabe. Mannheim: Institut für deutsche Sprache.

Dudenverlag: Informationen zur neuen deutschen Rechtschreibung:
http://www.duden.bifab.de/duden/b_titel.htm

Königer, Paul 1994. Die neuen Wörter – eine Plage. In: Harvard Manager, 2/1994: 119 - 122.

Maier, Gunther und Wildberger, Andreas. 1995. In 8 Sekunden um die Welt: Kommunikation über das Internet. Bonn, New York, Paris [u.a.]: Addison-Wesley.
http://www.hs-wismar.de/infoallg/books/8sek/inhalt.html

Stetten, Beate und Klaus. Informationen zur Neuregelung der deutschen Rechtschreibung:
http://www.wuerzburg.de/spec/rechtschreibreform/

Turkle, Sherry. 1986. Die Wunschmaschine. Hamburg: Rowohlt.
http://www.mit.edu:8001/afs/athena.mit.edu/user/s/t/sturkle/www/Turkle-HomePage.html

Weizenbaum, Joseph. 1978. Die Macht der Computer und die Ohnmacht der Vernunft. Frankfurt/M.: Suhrkamp.

Sprachliche Konventionen in der Mensch-Computer-Interaktion[1]

Jörg Wagner

Einleitung

Die Bedienung technischer Geräte ist oft gebunden an Prozesse menschlicher Sprachrezeption bzw. -produktion. Lange Zeit beschränkte sich dies auf die Rezeption von statischen Produktbeschreibungen, Bedienungsanleitungen und Handbüchern, mit dem Ziel, technische Geräte durch direkte Manipulation (im ursprünglichen Wortsinn: mit der Hand <*manus*>) korrekt bedienen zu können. Mit der zunehmenden Computerisierung unserer Umwelt sehen wir uns jedoch immer häufiger dazu veranlaßt, in einem dynamischen und interaktiven Prozeß Sprache (rezeptiv und [re-]produktiv) zur Bedienung technischer Geräte und Maschinen – und dabei nicht nur des Personalcomputers – zu verwenden.

Im vorliegenden Text soll in diesem Zusammenhang zwei komplementären Fragestellungen nachgegangen werden. Es soll hinterfragt werden,

- erstens, ob und inwieweit sich bei der sprachlichen Gestaltung von Benutzerschnittstellen Konventionen herausbilden und damit Tendenzen zur Vereinheitlichung festgestellt werden können, und
- zweitens, ob und inwiefern sich diese sprachlichen Gegebenheiten – normierend – auf das Sprachverhalten der Benutzer beim Umgang mit Technik auswirken.

1. Zu den Begriffen *Kommunikation* und *Interaktion* mit Technik

„Werden wir ... mit Geräten und Maschinen, insbesondere mit Computern, so sprechen können, wie wir es mit anderen Menschen tun?", fragte Reinhard Fiehler in einem Aufsatz (1993: 8). Seine entschiedene Antwort lautete: Nein. Betrachtet man Forschungsergebnisse aus dem Bereich der Künstlichen Intelligenz, kann man dem bedenkenlos zustimmen: Die Erfolge von „Verbmobil"[2] beispielsweise, einem vom

---

1 Ich danke Gerd Antos für wichtige Anregungen und Kritik während der Arbeit an diesem Text.

2 "Das langfristige Ziel des Verbmobil-Projektes ist die Entwicklung eines mobilen Systems zur Übersetzung von Verhandlungsdialogen in face-to-face Situationen." (Informationen und Veröffentlichungen zu "Verbmobil" im Internet unter: *http://www.dfki.uni-sb.de/verbmobil/*)

Bundesministerium für Bildung, Wissenschaft, Forschung und Technologie in der ersten Testphase (bis 1996) mit immerhin 66,4 Millionen Mark geförderten Großprojekt zur maschinengestützten Übersetzung kontinuierlich gesprochener Sprache sowie zur Produktsteuerung mittels derselben, sind zwar beachtlich, bewegen sich aber noch weit von dem entfernt, was menschliche Kommunikation auszeichnet bzw. vermag. So war zu einer Präsentation im Herbst 1995 der Wortschatz des Programms auf 1200 Wörter beschränkt, das Anwendungsszenario auf „Terminabsprache im Büro" festgelegt (vgl. Sesin 1995). Will ein Anwender die Vorzüge des Systems nutzen, muß er sich nicht nur thematisch, sondern auch sprachlich innerhalb der vom System gesteckten Grenzen bewegen. Ob diese Beschränkung Auswirkungen auf das Sprachverhalten von Anwendern haben wird, läßt sich zur Zeit nur mutmaßen.

Die Fragestellung Fiehlers reiht sich ein in die Diskussion, ob technische Geräte Kommunikationspartner des Menschen sein können. Daß dabei meist der Computer als Beispiel favorisiert wird, ist Ausdruck der Mystik, die ihn immer noch umgibt. Daß jemand mit seinem Videorecorder kommuniziert, geht ungleich schwerer über die Lippen, obwohl dieser, wie andere High-Tech-Geräte im Haushalt auch, in zunehmendem Maße computergesteuert ist.

M.E. ist es notwendig, die oft sehr populistisch gestellte Frage, ob man mit Maschinen kommunizieren könne, nicht mehr in dieser Absolutheit bzw. anders zu stellen. Die Beantwortung hängt nicht zuletzt von der im jeweiligen Kontext bevorzugten „Konzeptualisierung" des Begriffes *Kommunikation* (Fiehler 1990: 99ff.) ab. So wird im Bereich des Produktdesigns beispielsweise von „Mensch-Produkt-Kommunikation" oder „Dialog zwischen Mensch und Produkt" (vgl. Hammer 1995) gesprochen, wobei die Begriffe *Kommunikation* und *Dialog* in diesem Zusammenhang selbst für manuelle Bedientätigkeiten (wie z.B. den Umgang mit einer Fernbedienung) genutzt werden.

Überhaupt zählt *Kommunikation* zu den Begriffen, die Pörksen (1988: 56) „Amöbenwörter" nennt, Wörter also, deren unterschiedliche „Bedeutungen gelegentlich so verschieden" sind, „daß wir zwei Wörter haben müßten".

Für den Gebrauch in sozialen Kontexten scheint der Begriff *Kommunikation* außerdem vorbelastet zu sein, wurde er (bzw. genauer: der englische Terminus *communication*, der im Gegensatz zum Deutschen auch häufig im Plural Verwendung findet und dann ganz einfach "Mitteilungen" bedeuten kann) doch erst durch das von Shannon und Weaver Ende der vierziger Jahre (1949, dt. 1976) entworfene nachrichtentechnische Kommunikationsmodell eingeführt bzw. entscheidend geprägt. Die bildhafte und deshalb nachhaltig wirkungsvolle Konzeptualisierung von *Kommunikation* als Transport einer Information von A nach B in einem Behälter (den Zeichen), führte bisweilen zu einer gleichzeitig inflationären wie beliebigen Nutzung des Terminus'.

Verständlich ist, daß sich gerade Techniker und Computerwissenschaftler in dieser Terminologie wohlfühlen. Einzusehen ist aber auch, daß sich Wissenschaftler aus sprachlichen oder sozialwissenschaftlichen Fächern von diesem technisierten Gebrauch – insbesondere von der Metapher des Computers als Kommunikationspartner – fortlaufend distanzieren, da sie unter *Kommunikation* meist mehr verstehen, als den wechselseitigen Austausch von Informationen oder Daten[3]. Faßt man *Kommunikation* etwa als „gemeinsame Konstruktion und Aushandlung von Sachverhalten und sozialer Wirklichkeit" (Fiehler 1993: 9), scheidet der Begriff für den Umgang mit Technik aus. Bei dieser Lesart des Begriffes kann man jedenfalls nicht davon reden, mit Toastern und Lichtschaltern zu *kommunizieren*:

> „Was uns in Gestalt dieser Geräte und Maschinen entgegentritt, ist der Anschein von Kommunikation. Wir bedienen nach wie vor Geräte und Maschinen, wobei diese Bedienung von den Konstrukteuren ... nach dem Modell der Kommunikation zwischen Individuen gestaltet und in die Systeme hineinkonstruiert wurde." (Fiehler 1993: 8)

Und dennoch spielen sprachlich-kommunikative Prozesse in zunehmendem Maße eine Rolle beim Umgang mit Technik. In einigen (bis dato wenigen) Fällen basiert dieser sogar völlig auf natürlicher Sprache: der „Dialog" eines Anrufers mit einem automatischen Auskunftssystem oder der Umgang mit dem oben erwähnten Programm „Verbmobil" sind Beispiele dafür. Und was, wenn man die Fiehlersche Frage umkehrt und leicht verändert: Werden Geräte und Maschinen so zu uns sprechen, wie wir es von Menschen gewohnt sind? Mein Drucker jedenfalls signalisiert mir nicht mehr durch einen Pfeifton, sondern mittels gesprochener Sprache, daß das zum Drucken nötige Papier fehlt oder ein Papierstau vorliegt. Wie ist einzuordnen, wenn mir meine Mikrowelle Schritt für Schritt – in natürlicher Sprache – erklärt, wie der tiefgefrorene Rest vom Sonntagsessen wieder in einen genießbaren Zustand zu überführen ist? Was geht vor, wenn der *Hilfe-Assistent* des Textverarbeitungsprogramms (man beachte den „Aufstieg" der *Hilfe-Datei* zum personifizierten, persönlichen *Assistenten*) auf meine in natürlicher Sprache eingegebene Frage meist eine halbwegs akzeptable Liste von möglichen Antworten produziert?

„Wer spricht hier?", könnte im Stile der Literaturwissenschaft gefragt werden. Diese Fragestellung jedoch entspräche laut Fiehler einer prototypischen Konzeptu-

---

3 Leider trifft man dabei oft auf einseitige Argumentionen. Außerdem werden den Autoren, die vom jeweils favorisierten Verständnis eines Begriffs abweichen, Intentionen unterstellt, die sie sicher nur in den seltensten Fällen in dieser expliziten Weise haben. So formuliert beispielsweise Rupp (1992: 84): "Die Metaphern Computersprache und Mensch-Maschine-Interaktion [...] *sollen suggerieren* [Hervorh. von mir - J.W.], daß es sich um *natürliche* und nicht mehr um künstliche sprachliche Verständigungssituationen handelt."

alisierung von *Kommunikation*, nämlich als „Verständigung zwischen Individuen von Angesicht zu Angesicht" (ebenda: 8). Eine befriedigende Antwort fällt deshalb schwer. Die Frage selbst ist wohl nur der Neuheit des Phänomens und dessen scheinbarer Nähe zur der uns noch immer vertrautesten Form von Kommunikation geschuldet: sie wird gewöhnlich nicht gestellt beim Lesen papierener Betriebsanleitungen oder von Gesetzestexten, obwohl auch hier der „Sprecher" (oder Schreiber) anonym bleibt oder es ihn als Einzelperson gar nicht gibt. Fiehler schlägt deshalb den Begriff der „gesellschaftlichen Kommunikation" vor, die er als „überindividuell, entpersonalisiert und anonym" kennzeichnet, und bei der „der personale Sprecher und Hörer ... nicht mehr in der Weise im Zentrum" stehe, „wie es für viele Auffassungen von Kommunikation charakteristisch war" (ebenda: 10).

Im vorliegenden Text soll für den Umgang mit Technik der Terminus *Interaktion* verwendet werden. Natürlich kann auch hier argumentiert werden, daß der Begriff gegenüber der Bedeutung, die er in der Domäne der sozialwissenschaftlichen Handlungstheorie hat, ausgehöhlt bzw. ähnlich metaphorisch gebraucht wird wie der Begriff *Kommunikation*. Um jedoch ein Charakteristikum der Bedienung komplexer Technik, nämlich die wechselseitigen, aufeinander aufbauenden und sich gegenseitig bedingenden Handlungs- bzw. Aktionsfolgen von Mensch und technischem System deutlich herauszustellen, scheint der Begriff gut geeignet.[4]

Unter *Mensch-Technik-Interaktion* wird demzufolge der wechselseitige und dynamische Austausch von *Daten* zwischen dem handelnden Individuum und dem technischen System verstanden: *Daten*, die das System dem Benutzer über den visuellen oder auditiven Kanal zur Verfügung stellt, werden im Prozeß der Verarbeitung durch den Benutzer zu *Informationen* und können bestimmte Handlungen desselben evozieren. Diese – beispielsweise in Form von Tastatureingaben – führen wiederum zu Zustandsänderungen des Systems (vgl. Sagawe 1989: 297) usw. usf.[5]

---

4 Das drückt sich auch darin aus, daß sich der Terminus *Interaktion* bzw. *interaction* im Bereich der Forschung zur Gestaltung von Mensch-Maschine-Schnittstellen (z.B. unter software-ergonomischen Gesichtspunkten) gegenüber *Kommunikation* durchgesetzt und fest etabliert hat.

5 In der Unterscheidung zwischen *Daten* und *Informationen* folge ich Siefkes (1989: 333): "Information ist kein Ding das man weitergeben kann. [...] Übertragen kann man nur Daten: Mitteilungsformen, genormte Ausdrücke einer Sprache, mit denen wir Informationen auslösen."

2.   Mensch-Technik-Interaktion als vermittelter Experten-Laien-Diskurs

Die Technisierung gesellschaftlicher Kommunikation setzte mit der Entwicklung von Schrift ein. Erst sie ermöglichte die lokale und temporale Distanz zwischen Sprachproduzenten und -rezipienten, gleichzeitig schuf sie aber auch die Grundlage für die sich im Zeitalter von Massenmedien rasant verstärkende Anonymisierung kommunikativer Prozesse. Gesellschaftliche Kommunikation zeigt sich heute

> „als ein System von Netzen und ein Agglomerat von Daten, wobei der Erhebungszusammenhang der Daten (der 'Sprecher') und ihr Verwendungszusammenhang (der 'Hörer') sich weitgehend fremd geworden sind" (Fiehler 1993: 10).

Innerhalb dieser Konzeptualisierung läßt sich auch die Rolle des Computers – bzw. eigentlich der auf ihm installierten, konkreten Anwendung, der Software – besser klären. Daten werden durch ihn – u.a. in natürlicher Sprache – *vermittelt*, wobei die Vermittlung hier ebenso wenig bzw. viel zwischen dem ursprünglichen „Sprecher" (dem Programmierer) und dem „Hörer" (dem Benutzer) stattfindet, wie etwa bei gedruckten Bedienungsanleitungen.

Zugegebenermaßen ist die Anonymisierung des Urhebers bei Computersoftware größer als bei letzteren. Fraglich erscheint nur, ob dies nicht der Mystifizierung des Gegenstandes geschuldet ist. Es gelingt sicher besser, sich – auf der Basis eigener Erfahrung – ein einzelnes Individuum, z.B. einen technischen Redakteur, beim Schreiben eines konventionellen Textes vorzustellen, als die mitunter nicht mehr zu zählenden Programmierer und Designer, die für eine Software verantwortlich zeichnen. Aufgrund der Tatsache, daß die Instanz *Autor* als Urheber komplexer Software nicht mehr identifizierbar ist, dem Computer „virtuelle Selbständigkeit" bzw. „virtuelle Intentionen" (vgl. Herrmann 1986: 9; Kupka et al. 1981: 39) zuzuschreiben, halte ich dennoch für verfehlt.

Computersoftware in ihrer gesamten Komplexität (d.h. bis hin zur Ebene maschinennaher Codes) ist nicht *Medium* gemeinsamen Handelns von „Benutzer" und „Programmierer". Eine *Vermittlung* findet nur statt auf der Ebene des Interfaces, mit dessen Hilfe Benutzer komplexere Prozesse steuern sollen: Vermittlung nämlich zwischen der programminternen („Sprach"-) Logik der Software und der alltagsweltlichen oder professionellen Sprachverwendung einzelner Benutzer in einer spezifischen Aufgabenumgebung. Diese vermittelnde Instanz, das Interface, wird – wie beim Handbuch – durch konkrete Autoren geschaffen (die heutigentags noch oft personalidentisch sind mit den Programmierern). Für dieses spezifische Kommunikationsverhältnis zwischen Entwicklern und Benutzern gilt es nach wie vor, wie Floyd (1990:

18) forderte, einen Begriff zu finden, „eine Metapher [...], die sich auf indirekte Kommunikation bezieht, die über ein Medium gesteuert wird bzw. abläuft".

Obwohl Interfaces für Benutzer konzipiert und - u.a. sprachlich - gestaltet werden, manifestiert sich in ihnen Fachlichkeit bzw. Fach*sprach*lichkeit der Entwickler. Noch immer ist beispielsweise die Auswahl von Metaphern weitgehend, wenn auch vielleicht nicht mehr „spontan" (Weingarten 1989: 98), den „Vorstellungsbildern, die sich die Softwareentwickler selbst von ihrem Gegenstand machen" (ebd.) geschuldet. Nicht anders ist m.E. zu erklären, daß sich z.B. neben der den Standard definierenden Desktop-Metapher für die Bildschirmoberfläche kaum eine andere Metapher etablieren konnte, sitzen doch Programmierer selbst täglich an ihren Schreibtischen:

> „The desktop metaphor works ... . But it was a truck driver who first pointed out to me that if you don't have a desktop then the desktop metaphor doesn't connect." (Brock 1996: 26)

Dies ist nur ein - zugegebenermaßen krasses - Beispiel dafür, daß die an der Softwareentwicklung beteiligten Experten und die Nutzer von Systemen in sich z. T. völlig fremden „Welten" leben. Die bis dato bestimmende Konzeption von den Benutzern ist jedoch geprägt von

> „... a diffuse assumption, presupposed in various ways by deeply institutionalized professional practices, that the user lives in the same world as the programmer. Sometimes, of course, this is actually true. But more often it is radically false." (Agre 1995: 72)

„Schuld" daran haben gerade jene „sozialen Arrangements", die die Entwicklung (insbesondere komplexer) Computersysteme erst ermöglichten. Arbeitsteilung und fortschreitende Spezialisierung errichten fachliche, institutionelle und - damit verbunden - auch sprachliche Barrieren, so daß es nicht übertrieben scheint, davon zu sprechen, daß Entwickler und Nutzer sprachlich in unterschiedlichen Diskurswelten agieren:

> „... social arrangements ... have often created enormous institutional and imaginative gaps between the people who build these systems and the people who use them. (Agre 1995: 67)

Einwände, daß es natürlich Programmierer gibt, und dies in fraglos zunehmenden Maße, die sehr wohl informiert sind über die sozialen Zusammenhänge und Implikationen ihrer Arbeit, die auch die späteren Nutzer ihrer Software kennen oder sie sogar in den Entwicklungs- und Designprozeß einbeziehen, sind verständlich, gehen jedoch m.E. am Hauptproblem vorbei:

> „The point ... is not that anybody is consciously malicious, but that institutional structures and disciplinary forms of language and interaction have tended to shape human relationships in certain ways." (Agre 1995: 76)

Betont werden soll in der vorliegenden Arbeit

> „... the tenacity of underlying conceptions of users that are embedded in language, tools, methods, and organizational arrangements." (Agre 1995: 68)

Das Interface zwischen Benutzer und Maschine ist also zugleich Schnittstelle zwischen fach- und alltagssprachlicher Diskurswelt, die Mensch-Maschine-Interaktion mithin eine besondere Form von Experten-Laien-Diskurs. Bei der Bedienung von technischen Geräten und insbesondere bei der Benutzung von Software kommt es somit zu einer Art (Sprach-)Kontaktsituation, nämlich zum – mitunter konfliktären – Kontakt zwischen diesen unterschiedlichen Diskurswelten: der technisch und fachsprachlich geprägten Welt der Systementwickler auf der einen Seite und derjenigen der Nutzer mit ihren alltagsweltlichen oder disziplinspezifisch-fachsprachlichen Diskurserfahrungen auf der anderen Seite.

3. Konvergenzprozesse durch Kontakt differierender Diskurswelten

Kontakt zwischen Sprachen ist gekennzeichnet durch gegenseitige Beeinflussung und partielle Durchdringung, oft in Form von gegenseitigen lexikalischen Übernahmen. Ähnlich lassen sich die Prozesse beschreiben, welche beim Kontakt unterschiedlicher Diskurswelten *innerhalb* einer Sprachgemeinschaft zu beobachten sind.

Im Bereich der Mensch-Technik-Interaktion unterscheide ich dabei Kontakt in einem weiteren Sinn und in einem engeren Sinn. Ersteres meint den Kontakt zwischen dem alltagssprachlichen Diskurs und dem technischen bzw. wissenschaftlichen und ist Gegenstand der Skizze in diesem sowie von Teilen des folgenden Kapitels 4. Letzteres bezieht sich auf den konkreten Umgang von Nutzern mit sprachlichen Elementen der Benutzerschnittstellen und wird insbesondere in Kapitel 5 detaillierter ausgeführt.

Technische Neuentwicklungen müssen begrifflich erschlossen werden. Dabei schöpfen wir „aus dem bereits existierenden Sprachschatz" (Floyd 1990: 16), prägen neue Wörter oder versuchen, „das Neue durch Analogiebildung mit vorhandenen Begriffen zu erfassen" (Weingarten 1989: 86). Dabei handelt es sich „um einen Prozeß metaphorischer Übertragung, des Verstehens eines Sachverhalts in der Sprache eines anderen" (ebd.).

Dies trifft zunächst für die Experten zu, die sich dem Gegenstand nähern und als erste aneignen. In der Folge werden – je nach Grad der Öffentlichkeit, die eine neue wissenschaftliche oder technische Entwicklung erlangt – die Laien mit den (neu- bzw.

um-)geprägten Begriffen konfrontiert.

Die Entwicklung von Computertechnik läßt zwei Phänomene deutlich sichtbar werden:

(1) Zum einen wurden und werden von den Computerexperten Wörter aus der Alltagswelt übernommen und im technischen Kontext – zunächst – metaphorisch gebraucht. Weingarten (1989: 86 ff.) hat gezeigt, wie bei der begrifflichen Erschließung neuer Technik umfangreiche Anleihen aus den Bereichen des Warenverkehrs (z.B. *Adresse, Transport, Verkehr, Speicher*) oder der Sprache (z.B. *Sprache, Dialog, Ausdruck, Frage, Befehl*) gemacht wurden. Diese neuen Bedeutungen stabilisieren sich bisweilen so stark, daß die ursprüngliche Metaphorizität verblaßt oder die Begriffe weiter bzw. mehrdeutig werden. Ein extremes Beispiel dafür scheint mir der Begriff *Sprache* selbst zu sein (vgl. Weingarten 1989: 92 f.). Für Techniker – anders als für viele Sozialwissenschaftler – ist *Sprache* ein Begriff für Ausdrucksformen auf einem Kontinuum zwischen *formal* und *informal*, wobei der Prozeß der Formalisierung als sukzessive *sprachliche* Be- und Überarbeitung eines Objektes aufgefaßt wird:

> „People who engage in technical practices see formalization as a kind of trajectory in which some object (be it physical, social, or whatever) is worked over linguistically, described and redescribed in successively more formal terms, so as to produce a mathematical representation that is demonstrably linked to the original object through a chain of incremental paraphrases ....". (Agre 1995: 76)

So wird beispielsweise in einem von Technikern formulierten Projektantrag[6] festgestellt, daß „natürliche und formale Sprachen", welche wiederum „untereinander transformierbar" seien, die „Basis der Kommunikation" bildeten, weshalb die

> „aus dem Software-Engineering kommenden Prinzipien, Methoden und Werkzeuge nicht nur spezifisch für Software-Entwicklungen zutreffen, sondern bei jeder sprachlichen Beschreibung von Sachverhalten eingesetzt werden können und damit auch dort zur korrekten und vollständigen Darstellungen [sic!] führen."

Dabei hat der Begriff *informal*, wenn er im technischen Kontext synonym für *natürliche* Sprachen verwendet wird, nicht selten den Beigeschmack von *defizient*.

(2) Zum anderen beeinflussen solcherart vereinnahmte Begriffe in ihrer erweiterten oder veränderten Bedeutung den alltagssprachlichen Diskurs, indem sie von Experten gegenüber Laien gebraucht und von diesen unhinterfragt übernommen werden. Letztere nehmen dadurch die ihnen fremde, technische Sphäre durch ihnen wohlbekannte,

---

6 Projektantrag zur Erprobung eines Konzepts "Informations- und Kommunikationstechnologische Grundbildung in der ersten Phase der Lehrerausbildung" des Instituts für technische und wirtschaftliche Bildung der Martin-Luther-Universität Halle-Wittenberg (1994), S. 5 f.

alltagssprachliche Wörter wahr, hinter denen sich allerdings veränderte Begriffe verbergen.

Manchmal tritt die neue Bedeutung sogar in Konkurrenz zu den alten Termini. Ein Beispiel für diesen Prozeß ist die Verwendung von *schreiben* im Computer-Kontext: Disketten oder Festplatten werden mit Daten „beschrieben" oder mit einem „Schreibschutz" versehen, während Texte am Computer nicht nur „geschrieben", sondern vor allen Dingen „erfaßt" oder „verarbeitet" werden.

Wir haben es also nicht nur mit einer „Verwissenschaftlichung der Alltagswelt" (Pörksen 1988: 55) zu tun, sondern mit einer Annäherung und gegenseitigen Durchdringung unterschiedlicher Diskurswelten. Dieser Prozeß ist dadurch gekennzeichnet, daß alltagsweltliche Begriffe fachterminologisch umgedeutet oder *aufgeladen* werden, woraufhin sie mit dieser neuen Bedeutung versehen wieder in die Alltagssprache zurückkehren. Konflikte sind dabei natürlich *vorprogrammiert*, denn

> „die Begriffe besagen ... in der Wissenschaft etwas anderes als im Alltag. [...] das gemeinsame Lautbild ... macht diese Wörter zu Brücken, zu Klammern zwischen den Sphären. Wie sehr sich der Inhalt verändert, die Wirkung verschiebt und anders entfaltet, wird vielleicht kaum bewußt. (Pörksen 1988: 56)

Auswirkungen hat dieser Prozeß nicht nur auf den alltäglichen Sprachgebrauch, sondern auch auf die technische Sphäre, in der dominante Metaphern (wie etwa die des *Dialogs* zwischen Mensch und Maschine) die Forschung und Entwicklung auf Jahre bestimmen (oder sogar blockieren, wie das Beispiel der Desktop-Metapher zu zeigen scheint).

Die Konzentration soll an dieser Stelle jedoch auf sprachliche Momente gerichtet werden, die in der direkten Kontaktsituation zwischen Mensch und Computer bedeutsam sind. Letzterer steht dabei paradigmatisch für jegliche Technik, deren Bedienung (menschliche) Sprachproduktions- bzw. -rezeptionsprozesse erfordern.

4. Normen und Konventionen bei der sprachlichen Gestaltung von Benutzerschnittstellen

Im folgenden sollen die den Standard bei Personalcomputern bestimmenden fenster- bzw. menüorientierten Programme (z.B. *Windows)* Mittelpunkt der Betrachtung sein. Die Rolle von Normen sowie die Herausbildung sprachlicher Konventionen bei der Gestaltung dieser Interfaces kann hier exemplarisch gut gezeigt werden.

4.1   Prinzipielle Möglichkeiten der (sprachlichen) Interface-Gestaltung

Idealfall und ein die Computerbenutzung nicht nur revolutionierender, sondern vor allem demokratisierender Schritt wäre die Entwicklung und Verwendung natürlich-sprachlicher Interfaces, d.h. die Möglichkeit zur Bedienung eines Computersystems mittels natürlicher – vor allem mündlicher – Sprachverwendung der Benutzer. Dies ist jedoch zum gegenwärtigen Zeitpunkt nur in kleinen, streng abgegrenzten und wohlde-finierten Sphären[7] – und auch dort nur bedingt – realisierbar, was sich wohl auch auf Jahrzehnte gesehen kaum ändern wird. Die erreichte „Flexibilität" bei der Eingabe von „Befehlen" (egal, ob mündlich oder per Tastatur) unterscheidet sich wenig von der dafür jetzt weitverbreitetsten Art: dem „Anklicken" von vorgegebenen Menüpunk-ten mit einem Zeigegerät (wie z.B. der Maus). In beiden Fällen muß der Anwender den „Code" der Maschine benutzen (und im Falle der mündlichen Befehlseingabe sogar auswendig kennen). Tut er dies nicht, „druckt die Maschine aus, daß sie nichts verstehen kann und daß der Benutzer seine Eingabe modifizieren und einen neuen Versuch starten soll", was zwangsläufig dazu führt, „daß der Benutzer, der seine Zeit nicht verschwenden will, sich schnell die begrenzte Syntax und den Wortschatz zu eigen machen wird, nach denen der Computer programmiert ist." (Dreyfus 1988: 134)

Neben der Möglichkeit, Techniken aus dem Bereich der KI-Forschung[8] für die Mensch-Computer-Interaktion zu nutzen, nennt Dreyfus (ebd.) noch zwei weitere, wohlbekannte Möglichkeiten:

(1) Die erste besteht darin, daß der Benutzer die vom Programmierer verwendeten „entkontextualisierten Symbole und Operationen" (bis zu einem gewissen Grade auswendig) lernt und richtig anwendet. Dies ist das Anwendungsprinzip weitverbrei-teter Betriebssysteme wie *DOS* (= Disk Operating System) oder *Unix*. Um beispiels-weise ein Verzeichnis (oder – in der Desktop-Metaphorik von *Apple* – einen *Ordner*) zu erstellen, muß der Anwender den Befehl < md > (make directory = erstelle Verzeichnis) kennen und richtig anwenden.

Interessant ist, wie sich diese Elemente fast unverändert selbst in modernen graphi-schen Oberflächen wiederfinden (s. Abb. 1).

---

7 Vgl. z.B. "Verbmobil" in Kapitel 1. Auch die im Herbst 1996 ausgelieferte Version des Betriebs-systems *OS/2 Warp 4* beinhaltet erste Ansätze zur Programmsteuerung mittels mündlicher Sprachein-gabe.

8 Eines der ambitioniertesten Projekte der KI-Forschung der letzten Zeit ist das 1996 nach zehnjähriger Arbeit ausgelaufene Projekt "Cyc", durchgeführt an einem industriellen Forschungszentrum in Austin, Texas, gefördert u.a. von den Computer-Firmen *Hewlett Packard* und *Microsoft*. Die Wissensbasis, die innerhalb des Projektes erstellt wurde, soll u.a. der Entwicklung natürlichsprachlicher Interfaces dienen. Informationen zu Cyc sowie Teile der entwickelten Wissensbasis unter: http://www.cyc.com

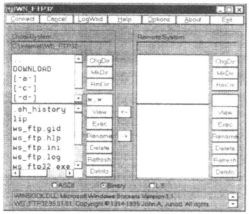

Abb. 1:

WS_FTP32, ein Programm (1996, für Windows 95) zur Datenübertragung in Computernetzen, basiert in seinen Oberflächenelementen auf bekannten DOS- bzw. Unix-Befehlen. Dies ist insofern unverständlich, als daß Benutzer von DOS bzw. Unix dieses Programm nicht verwenden (können). Anwender, die hingegen nur mit Windows vertraut sind, dürften Schwierigkeiten haben, obgleich das Prinzip der Anwendung höchst simpel ist.

Auch sehr viele der sogenannten *Textadventures*[9] basieren auf diesem Prinzip. Selbst wenn sich die hier benutzte Sprache wesentlich weiter der natürlichen gesprochenen (bzw. geschriebenen) Sprache annähert als beispielsweise die DOS-Befehle: das sprachliche Inventar ist eng begrenzt, rudimentär und gekennzeichnet durch die Verwendung von Befehls- und Aussagesätzen sowie den Verzicht auf finite Verbformen, Artikel und deklinierte Formen (vgl. Metzner 1989: 49). Um erfolgreich zu spielen, muß sich der Spieler – ähnlich dem Anwender oben genannter Betriebssysteme – bewußt des „sprachlichen Miniaturuniversum[s] des Rechners mit seinen schlichten Strukturen" (Metzner 1989: 50) bedienen.

(2) Die zweite Möglichkeit für die Gestaltung der Schnittstelle zwischen Mensch und Computer besteht in einer Annäherung an natürliche Sprache. Das Programm bietet dem Anwender die zur Bedienung nötigen „Befehle" – z.B. in Form von *Menüs* – permanent an. Die Wahlmöglichkeiten sind auf dem Bildschirm präsent, so daß diese nicht auswendig gelernt werden, sondern „nur" in ihrer Bedeutung erfaßt werden müssen. Dies ist – unter Einbeziehung umfangreicher graphischer Bedienelemente – das Prinzip der heute den Standard im Bereich der Büro- bzw. Heimanwendungen bildenden, sogenannten graphischen bzw. fensterorientierten Benutzerschnittstellen (wie *Windows* oder des *Apple Operating System*). Zweifellos haben diese Benutzeroberflächen zur rasanten Verbreitung von Computertechnik – bis in die Haushalte hinein – beigetragen, denn

---

9 *Textadventures* (Textabenteuer) sind computerbasierte Spiele, bei denen es oft um das Finden eines Schatzes oder die Aufklärung eines Verbrechens geht. Dabei übernimmt der Spieler die Rolle einer Figur, welche durch sprachliche Eingaben (per Tastatur) im fiktionalen Raum bewegt und zu Handlungen veranlaßt wird.

„ ... the appearance of natural language can make a computer system seem less formidable, en-
couraging use by people who would resist a more visibly formal approach." (Winograd & Flores
1986: 129)

Dennoch haben auch fenster- bzw. menüorientierte Benutzeroberflächen, in denen
Elemente natürlicher Sprache Verwendung finden, ihre Tücken: Redundanz, Am-
biguität, Komplexität und Weitschweifigkeit (vgl. Winograd & Flores 1986: 129) können zu Verstehensproblemen und insbesondere Mißverständnissen (vgl. Wagner 1997)
führen. Der Ausweg aus diesen Schwierigkeiten kann heute jedoch nicht mehr darin
bestehen, zu abstrakten, formalen Befehlssprachen zurückzukehren, die von den
Benutzern mit hohem Aufwand gelernt werden müßten.

Der Lernaufwand, den ein Neuling aufbringen mußte, um selbst einfachste Aufgaben mit Hilfe des Computers lösen zu können, war – bis zur Entwicklung und
Einführung graphischer Benutzeroberflächen zu Beginn der achtziger Jahre[10] – im-
mens und die Schwelle aus Angst und Unsicherheit auf Seiten der potentiellen Anwender sehr hoch. Entsprechend klein und elitär war der Anwenderkreis. Erst dieser
Paradigmenwechsel im Interface-Design schuf die Grundlage dafür, daß der Computer
für weite Anwenderkreise bedienbar gestaltet werden konnte. Unter software-ergonomischen Gesichtspunkten (und dabei speziell unter sprachlichem Aspekt) scheint es
auch erst seitdem überhaupt sinnvoll, Benutzerschnittstellen kritisch zu analysieren. Im
Gegensatz zu früheren zeilenorientierten Programmen (z.B. *DOS*), erlauben es die
technischen Möglichkeiten heute, Nutzeroberflächen völlig unabhängig von den
internen Prozessen im Computer zu gestalten. Das in diesem Zusammenhang nur noch
selten benutzte Wort „shell" (engl. Muschel) ist ein treffendes Bild für diese Benutzeroberflächen: Sie schließen die internen, technischen Abläufe wie in einer Muschel
ein und verbergen sie vor den Benutzern; Form und Farbe der „Muschel" können
prinzipiell frei gewählt werden. Die Gestaltung unterliegt jedoch, wie im folgenden
gezeigt werden soll, Konventionen und Normen.

4.2   Konventionen
4.2.1 Begriffsbestimmung

Das sprachliche Design graphischer Benutzeroberflächen stellt, wie oben bereits
erwähnt, eine Annäherung an natürliche Sprache dar (s.o.). Dabei stehen den Entwicklern prinzipiell alle Möglichkeiten natürlicher Sprache im Medium der Schriftlichkeit

---

10 Im Januar 1983 präsentierte die Firma *Apple* den ersten Personalcomputer mit graphischer Benutzeroberfläche, "LISA", der – aufgrund des hohen Preises – ein kommerzieller Mißerfolg wurde. Erst
der ein Jahr später auf den Markt gebrachte *Apple Macintosh* begründete mit seinem Erfolg einen neuen
Standard im Interface-Design.

zur Verfügung; sie können aus verschiedenen Alternativen auswählen.

Es lassen sich jedoch sprachliche Elemente feststellen, die in vielen Programmoberflächen gleichermaßen auftreten und damit einen gewissen Grad von Standardisierung erreicht haben. Diese Standards können als sprachliche *Konventionen* beschrieben werden.

Unter einer *Konvention* verstehen wir mit Lewis (1975: 79f.) eine Verhaltensregularität R von Mitgliedern einer Gruppe G in einer Situation S, wobei nahezu jedes Mitglied der Gruppe R folgt und dies aufgrund annähernd gleicher Präferenzen auch von fast allen anderen Mitgliedern erwarten kann. Sie ist – mit anderen Worten – die Festlegung einer in bestimmten Situationen wechselseitig erwartbaren Verhaltensweise und dient der Koordinierung des Verhaltens mehrerer Personen in dieser Situation (Harras 1983: 144). Die Verhaltensweise wäre im hier interessierenden Kontext die Entscheidung für ein konkretes sprachliches Design eines Anwenderprogramms (u.a. durch Programmierer), durch die das Bedienverhalten der Anwender – die konkrete Interaktion – gesteuert bzw. koordiniert werden soll. Letzteres gelingt jedoch nur in ausreichendem Maße, wenn die Anwender von den Konventionen Kenntnis erlangen – etwa durch Unterricht, durch die Lektüre von Handbüchern oder online-Hilfen bzw. durch eigenes entdeckendes Lernen (*trial and error*).

Dabei ist es nicht ausgeschlossen, daß mehrere Konventionen – z.B. in Abhängigkeit von verschiedenen Betriebssystemen – parallel existieren. Unterschiedliche Konventionen stellen verschiedene Lösungen eines Problems dar. Letztlich hängt es davon ab, wie die Gruppe G, in der die Verhaltensregularität R gelten soll, definiert wird.

4.2.2 Funktionen von Konventionen

Konventionen erfüllen in unserem Kontext verschiedene Funktionen. Bis auf die erste – grundsätzliche – Funktion stehen hinter ihnen Motive, die den Handelnden mehr oder minder bewußt sind. Inwieweit diese Motive ausschlaggebend sind für die Entstehung bzw. den tatsächlich erreichten Grad der Konventionalisierung kann oft nicht entschieden werden.

1) Grundsätzlich gilt für sprachliche Konventionen, daß sie, indem sie das (Sprach-) Verhalten der Handelnden koordinieren, Kommunikation im größeren sozialen Kontext erst ermöglichen. Dies geschieht z.B. dadurch, daß Begriffe in einer (mehr oder minder) einheitlichen, konventionellen Bedeutung verwendet werden. Dabei ist natürlich nicht auszuschließen, daß sich – sozusagen unterhalb einer übergeordneten

Konvention, z.B. einer konkreten Sprache – zwei oder sogar mehrere miteinander konkurrierende Konventionen nebeneinander entwickeln und koexistieren (s.o.), wodurch die Kommunikation zwischen Vertretern dieser Konventionen oder im gesamtgesellschaftlichen Kontext behindert werden kann.

2) Die längste Zeit der bisherigen Computerentwicklung ist dadurch gekennzeichnet, daß Experten Geräte für Experten entwickelten, die für den Umgang damit geschult wurden. Erst mit der Entwicklung des Mikrocomputers vor etwas mehr als zwanzig Jahren und dem damit einsetzenden (Verkaufs-)Erfolg wurden in immer stärkerem Maße auch Anwender außerhalb der Industrie angesprochen. Das Konzept der *Benutzerfreundlichkeit* wurde geboren und ist heute ein wichtiger Faktor bei der Entwicklung – und vor allem der Vermarktbarkeit – von Personalcomputern und Programmen.

Eine Grundforderung der *Software-Ergonomie* zur Sicherung der Benutzerfreundlichkeit ist die nach *Konsistenz* in der Gestaltung von Elementen der Nutzeroberflächen. Konsistenz wird vor allem durch Konventionalisierungen erreicht, die zu einer kognitiven Entlastung der Benutzer beitragen: Bedienelemente müssen nicht immer aufs Neue gelernt werden und führen bei einem guten *mapping* – d.h. in unserem Kontext: einer sinnfälligen Beziehung zwischen dem sprachlichen Interface-Elemente und der repräsentierten Funktion[11] – zu automatisierten Bedienprozessen. Außerdem kann durch Transfer des bereits erworbenen Wissens das Erlernen unbekannter Applikationen erleichtert werden, wenn identische Funktionen mittels konventionalisierter Interface-Elemente bedienbar sind.

3) Neben der *Benutzerfreundlichkeit* ist auch die *Benutzerakzeptanz* einer Software ein entscheidender ökonomischer Faktor. Marktbestimmende Firmen diktieren nicht nur technische Standards, die die Funktionsfähigkeit von Hard- und Software garantieren sollen, sondern schaffen auch faktische Standards bei der Interface-Gestaltung. Als ein besonders hervorzuhebendes Qualitätsmerkmal für Software gilt nicht selten die nahtlose Einbindung in das jeweilige Betriebssystem. Um von den Anwendern akzeptiert zu werden, sind kleinere Software-Firmen also gehalten – zum Teil bei Strafe des eigenen Untergangs – diesen Konventionen zu folgen.

4) Als eine weitere Funktion von Standardisierung kann die Herstellung und Sicherung der *corporate identity* einer Firma angenommen werden.

---

11 Vgl. Norman 1989: 35 ff.

4.2.3 Entstehung von Konventionen

Konventionen entstehen

> „explizit durch Verhaltensvorschriften, Kodices oder Gesetze ... oder implizit durch die selbstverständliche Praxis einer Gesellschaft ..., ohne das dies den Mitgliedern der Gesellschaft besonders bewußt zu sein braucht." (Harras 1984: 144)

Das explizite Zustandekommen von Konventionen ist im Kontext der Interface-Gestaltung auf sogenannte *guidelines* (Richtlinien) sowie auf nationale wie internationale Normen zurückzuführen (s. Abschnitt 4.3). Nicht nur die Richtlinien, sondern auch die Normen werden dabei betrachtet als „Regularitäten, von denen wir glauben, daß man sie befolgen sollte." (Lewis 1975: 97)

Weitaus schwieriger zu erklären ist die Entstehung von Konventionen durch implizite Festlegungen, d.h. als Folge der sprachlichen Praxis der Sprachteilnehmer, des Gebrauchs. Was zu einer Konvention werden kann, wird dabei unter Umständen von speziellen Gruppeninteressen bestimmt: politische oder – im vorliegenden Kontext – ökonomische Superiorität einer Gruppe legt die Nachahmung der durch sie bevorzugten Praxis nahe. Konventionalisierung durch Nachahmung „breitet sich dadurch aus, daß die Leute sehen, was andere tun, und daß sie erkennen, daß sie davon profitieren würden, wenn sie dasselbe täten." (Lewis 1975: 123)

Andererseits können entstehende bzw. entstandene Konventionen zu den „Phänomenen der dritten Art" gerechnet werden: als „nicht-intendierte Folgen" oder „Konsequenzen einer Vielzahl individueller intentionaler Handlungen, die mindestens partiell ähnlichen Intentionen dienen" (Keller 1990: 87f.). Sie sind Phänomene, die einerseits selbstverständlich „menschliches Erzeugnis", andererseits aber auch „natürlich gewachsen" sind.[12] Die Erklärung ihrer Entstehung mittels der sogenannten „Invisible-hand-Theorie"[13] erfordert laut Keller (1990: 95) „idealtypisch ausformuliert ... drei Stufen": Die „Darstellung bzw. Benennung der Motive, Intentionen, Ziele, Überzeugungen", die den „Handlungen der Individuen ... zugrunde liegen", „die Darstellung des Prozesses, wie aus der Vielzahl der individuellen Handlungen die zu erklärende Struktur entsteht" sowie „die Darstellung bzw. Benennung der durch diese Handlungen hervorgebrachten Struktur."

---

12 Entsprechend ließen sich – in der Trichotomie Kellers (1990: 81) – explizit entstandene Konventionen als "künstliche Dinge" oder "Artefakte" fassen und von den "Naturphänomenen" sowie den beschriebenen "Phänomenen der dritten Art" (als "Ergebnisse menschlicher Handlungen, nicht aber Ziel ihrer Intentionen") unterscheiden.

13 Eine Erklärung mittels der unsichtbaren Hand "erklärt ein Phänomen, ihr Explanandum, indem sie erklärt, wie es entstanden ist oder hätte entstanden sein können" (Keller 1990: 93).

Einerseits läßt sich im hier interessierenden Kontext eine Reihe von Motiven, Zwecken oder Ursachen denken, die – den Handelnden mehr oder minder bewußt – zur Entstehung von Konventionen führen können (Stufe 1). Ebenso ist es möglich, sprachliche Phänomene zu isolieren, die in einem konkreten Kontext den Status einer Konvention erlangt haben (Stufe 3) (s. Abschnitt 4.4). Als problematisch erweist sich hingegen Stufe 2: die Rekonstruktion des Entstehungsprozesses der Konventionen bzw. deren Zuordnung zu oder Zurückführung auf konkrete Motive, Zwecke oder Ursachen. Hier könnten nur höchst umfangreiche empirische Untersuchungen zu einer ansatzweisen (Er-)Klärung der Erscheinungen führen.

4.3   Konventionalisierung durch explizite Festlegungen

Die Existenz der im folgenden skizzierten Richtlinien ist ein Hinweis darauf, daß das Fehlen von Konventionen im Bereich des Interface-Designs als Mangel begriffen wurde. Die Genese von (u.a. sprachlichen) Konventionen ist somit zum Teil auf ein internes Wissen der Handelnden (vor allem der Software-Ergonomen) um die Notwendigkeit von Standards zurückzuführen.

Mit der Intensivierung der Forschung in den Bereichen *Human-Computer-Interaction*, *User Interface Design* und *Software-Ergonomie* entstanden zu Beginn der achtziger Jahre insbesondere in den USA Richtlinien, die Erkenntnisse und Erfahrungen aus Forschung und Praxis kompilierten, um sie in dieser Form anderen Interessenten – Forschern, Programmierern, Managern – zur Verfügung zu stellen. Zu den ersten dieser *guidelines* gehört der von der *US Air Force* geförderte Report „*Guidelines for designing user interface software*" (Smith & Mosier 1986).[14]

Noch heute gehören diese 1986 auf 478 Seiten veröffentlichten 944 Richtlinien, die zur Grundlage anderer, firmenspezifischer *guidelines* wurden, zu den umfangreichsten und detailliertesten ihrer Art. Enthalten sind Richtlinien zu folgenden Aspekten des *user interface designs:*

- data entry (Eingabe von Daten): 199 Richtlinien,
- data display (Anzeige/Darstellung von Daten): 298 Richtlinien,
- sequence control (Kontrolle des Ereignisablaufs bzw. der Interaktionsfolge): 184 Richtlinien,
- user guidance (Benutzerführung bzw. -orientierung): 110 Richtlinien,
- data transmission (Datenübertragung): 83 Richtlinien,

---

14 Im Internet zu beziehen unter: ftp://ftp.cis.ohio-state.edu/pub/hci/Guidelines/guidelines.ps

- data protection (Datenschutz): 70 Richtlinien.

Erläuterung erfahren die knapp formulierten Richtlinien durch Beispiele, Ausnahmen, Kommentare und Literaturhinweise; außerdem werden Beziehungen zu anderen Richtlinien hergestellt.

Hier interessierende Empfehlungen betreffen u.a. die Gestaltung von Feedback auf Handlungen der Benutzer, Abkürzungen, die Form der mündlichen Spracheingabe und insbesondere Empfehlungen zur Wahl von Funktionsbezeichnungen und Beschriftungen sowie zu Formulierungen von Fehlermeldungen, wie z.B.:

> ... employ descriptive wording, or else standard, predefined terms, codes and/or abbreviations; avoid arbitrary codes." (Smith & Mosier 1986: 60)

Dabei wird immer wieder die *Konsistenz* von Bezeichnungen innerhalb von Applikationen angemahnt. Die Bezeichnungen wiederum sollten klar, knapp und deutlich voneinander zu unterscheiden sein. Dazu gehöre eine nutzerzentrierte und aufgabenorientierte (Fach-)Sprache, die semantische Kongruenzen zur natürlichen Sprache (z.B. Antonyme zur Bezeichnung entgegengesetzter Funktionen, wie z.B. *abwärts* vs. *aufwärts*) ausnutzt und semantisch ähnliche Bezeichnungen für unterschiedliche Funktionen (wie z.B. *Schließen* und *Beenden*) vermeidet.

Im Bereich der Syntax wird empfohlen, kurze, einfache, affirmative und aktivisch formulierte Sätze zu verwenden, deren Wortstellung mit der zeitlichen Aufeinanderfolge von Ereignissen korrespondieren sollte (vgl. Smith & Mosier 1986: 99-102).

Konkrete Empfehlungen zur Bezeichnung von bestimmten Funktionen oder Interface-Elementen werden hingegen nicht gegeben. Andererseits kann die (bewußte und planvolle) Benutzung von Termini im Text als implizit konventionsbildend (s.u.) angesehen werden. So findet sich beispielsweise im Abschnitt *data entry* die Forderung, die ENTER-Taste der Tastatur deutlich zu beschriften, um deren Funktion anzuzeigen. Der Bezeichnung sollten keine technischen Mechanismen (wie z.B. *return*, das auf den Wagenrücklauf bei der Schreibmaschine – *carriage return* – zurückzuführen ist) zugrunde liegen.[15] Dazu wird kommentiert, daß es für Computer-Novizen günstig sei, die Bezeichnung so explizit wie möglich zu wählen (etwa: ENTER DATA = Daten eingeben). Da es zur Zeit der Erarbeitung der Richtlinien bei

---

15 Dennoch finden sich auch auf heutigen PC-Tastaturen die für viele Anwender kryptischen Bezeichnungen *Strg*, *Ctrl*, *Alt* oder *Alt Gr*. Bei der Beschriftung von Tastaturen haben sich – abhängig von verschiedenen Typen – verschiedene Konventionen herausgebildet, die jedoch alle ähnlich benutzerunfreundlich sind. Auch die deutsche Ensprechung für ENTER-Taste – Eingabe-Taste – hat sich im Sprachgebrauch nicht gegen den englischen Terminus durchsetzen können. (Bei Bankautomaten und beim Bezahlen mit EC-Karte heißt eine vergleichbare Funktion "Bestätigen" bzw. "Bestätigung".)

unterschiedlichen Systemen verschiedene Bezeichnungen für die ENTER-Taste gab
(z.B. *GO, DO*[16]), wird außerdem vorgeschlagen, eine einheitliche Bezeichnung der
Taste für alle Systeme einzuführen, die allen Computernutzern vertraut werden würde:

> „For a novice computer user, the label should perhaps be more explicit, such as ENTER DATA.
> Ideally, one consistent ENTER label would be adopted for all systems and so become familiar to all
> users.
> [...] Some other label might serve as well, if it were used consistently. In some current systems the
> ENTER key is labeled GO or DO, implying a generalized command to the Computer, 'Go off and
> do it.'" (Smith & Mosier 1986: 28)

Human Interface Guidelines: The Apple Desktop Interface[17]. Im Jahr 1987 erschien
die erste Auflage dieser Apple-spezifischen Gestaltungsrichtlinien für *Desktop Interfaces*, welche stets weiterentwickelt wurden und fraglos zum frühen Erfolg der – im
Vergleich zu anderen Computersystemen homogeneren, konsistenteren und damit
benutzerfreundlicheren – Apple-Oberfläche beitrug.

Neuere Ausgaben *(Macintosh Human Interface Guidelines, 1993)* sowie der *Apple
Publications Style Guide (1991)* enthalten zum Teil – anders als Smith & Mosier
(1986) – sehr konkrete Richtlinien für die sprachliche Gestaltung der Interfaces oder
begleitender Dokumentationen, die mit zum *Interface* einer Anwendung gezählt
werden können.

Beispielsweise wird für Menüeinträge empfohlen, daß sie möglichst nur aus einem
Wort bestehen sollten. Dabei sollen für Menüeinträge, die als Kommando fungieren,
Verben (z.B. *Sichern, Kopieren*), wenn der Eintrag eine Eigenschaft des ausgewählten
Objekts ändert, Adjektive (z.B. *fett*) benutzt werden. Das erste Wort eines Menüein-
trags sowie weitere wichtige Wörter sind mit Versalien zu beginnen.

Auch der Gebrauch der Auslassungszeichen bei Menüeinträgen („...") wird genau
vorgeschrieben: diese sollen nur dann Verwendung finden, wenn – nachdem der
Menüeintrag ausgewählt wurde – weitere Informationen nötig sind, um die Operation
durchzuführen (z.B. die Eingabe eines Dateinamens nach der Auswahl des Menüein-
trags *Speichern unter ...*).

Darüber hinaus hat *Apple Computer* sogenannte *standard macintosh menus* (Stan-

---

16 Diese Bezeichnungen findet man heute beispielsweise noch auf taschenkalendergroßen Sprach- bzw.
Übersetzungscomputern.

17 Ähnliche Richtlinien zur Interface-Gestaltung wurden später auch von der Firma *Microsoft* entwickelt: Microsoft Corporation. 1992. The Windows Interface: An Application Design Guide. Redmond,
WA: Microsoft Press. / Microsoft Corporation. 1993. The GUI Guide: International Terminology for
the Windows Interface. Redmond, WA: Microsoft Press.

dard-Menüs) sowie – sprachlich wie graphisch – standardisierte *alert boxes* (Warn-fenster) entwickelt, die in allen für Apple-Computer programmierten Applikationen Verwendung finden (sollen). Es wird damit versucht, zumindest für Interface-Ele-mente, die in sehr vielen, wenn nicht allen Applikationen anzutreffen sind, einen Standard zu definieren. So beinhaltet das Menü *File* u.a. immer die wohldefinierten Funktionen *„New"*, *„Open"*, *„Close"*, *„Save"*, *„Save as …"* und *„Quit"*, wodurch die Möglichkeit zum Transfer erworbenen Wissens auf andere Apple-Anwendungen gewährleistet werden soll.

Um Konsistenz und Benutzerfreundlichkeit auch in begleitenden Dokumentationen zu erreichen, sind im *Apple Publications Style Guide* „translation charts" (Übersetzungs-Übersichten) enthalten, die dabei helfen sollen, die von Experten (Technikern, Programmierern, Designern) verwendeten Termini in eine benutzerorientierte Terminologie zu überführen (s. Abb 2).

Table 11-1	Translation chart for user documentation	
Previously-used term	**Suggested terminology**	**Examples**
adev	Network extension	EtherTalk network extension
cdev	Control panel	Mouse control panel
DA	Desk accessory	Calculator desk accessory
ddev	Database extension	Data Access Language (DAL) database extension
FKEY	Function key	F1 function key
INIT	System extension (*not* startup document)	File Sharing system extension
MultiFinder icon	Active-application icon	
RDEV	Chooser extension	LaserWriter Chooser extension, AppleShare Chooser extension
Standard file dialog box	Directory dialog box	Directory dialog box for opening files

Abb. 2: Übersetzungsvorschläge für technische Fachter-mini (Macintosh User Interface Guideline, 307)

Zu betonen ist jedoch, daß die genannten *guidelines* lediglich empfehlenden Charakter tragen. Sehr deutlich wird dies bei Programmen der Firma *Microsoft* für Apple-Computer, die sowohl graphisch wie auch sprachlich als ursprüngliche *Windows*-Programme erkennbar sind[18]. Ein weiteres Problem besteht darin, daß die *guidelines* nicht übersetzt bzw. unter kulturellen Aspekten angepaßt wurden, so daß sie für den deutschsprachigen – wie für jeden nicht-englischsprachigen – Raum nur indirekt auf die in Interfaces verwendete Sprache wirken können (s. Abschnitt 4.4).

Vergleichbar mit den *„Guidelines for designing user interface software"* (Smith & Mosier 1986) und zum Teil auf diesen aufbauend sind die Normen 9241 (Teile 10-17)

---

18 Findet ein Anwender bei Programmen, die dem Apple-Standard folgen, die Funktionen *Öffnen, Schließen* usw. im Menü mit dem Titel *Ablage* (der Schreibtisch-Metaphorik von Apple gemäß), heißt dieses Menü bei Microsoft-Anwendungen sowohl unter *Windows* als auch für Apple-Computer *Datei*.

der *International Organization for Standardization (ISO)*.[19] Die hier interessierenden Normen – die im strengen Sinn keine Normen sind, sondern ebenfalls den Charakter von Empfehlungen tragen – betreffen „Grundsätze der Dialoggestaltung" (Teil 10) sowie zur „Benutzerführung" (Teil 13), zu „menübasierten Dialogen" (Teil 14), „kommandobasierten Dialogen" (Teil 15) und „formularbasierten Dialogen" (Teil 17). Im Herbst 1996 lag lediglich der Teil 10 in einer deutschen Fassung vor. Wie auch bei Smith & Mosier (1986) werden keine konkreten sprachlichen Vorgaben gemacht, sieht man von den zwei vorangestellten Definitionen ab:

> Dialog: Eine Interaktion zwischen einem Benutzer und einem Dialogsystem, um ein bestimmtes Ziel zu erreichen.[20]
> Benutzer: Ein Mensch, der mit dem Dialogsystem arbeitet.
> (ISO 9241 Teil 10, 1996: 3)

Die Herausbildung von Konventionen wird auch hier eher implizit durch die Rezeption der Richtlinien unterstützt.

4.4   Implizit verlaufende Konventionalisierung

Allein die Existenz von Richtlinien und Normen ist keine Garantie für deren Befolgung. Dies gilt insbesondere dann, wenn keine Möglichkeiten zur Sanktionierung bestehen. Deshalb läßt sich nur mutmaßen, inwieweit die im vorigen Abschnitt dargestellten expliziten Festlegungen in der Praxis tatsächlich zu der – bislang in beschränktem Umfang tatsächlich stattgefundenen – Konventionalisierung von sprachlichen Interface-Elementen beigetragen haben. Zieht man die relativ kurze Zeit der Entwicklung und der Existenz graphischer Benutzeroberflächen in Betracht, kann davon ausgegangen werden, daß wir uns noch mitten im Prozeß der impliziten Herausbildung von Konventionen befinden. Dieser Prozeß verläuft einerseits „naturwüchsig"

---

19 Die *International Organization for Standardization* (ISO) ist der weltweite Verband nationaler Normenorganisationen aus über 100 Ländern. Deutsches Mitglied ist das *Deutsche Institut für Normung* (DIN). "ISO" ist übrigens nicht – wie der erste Blick glauben machen mag – das Akronym für den vollen Namen der Organisation, sondern vom griechischen Wort *isos* (= gleich) abgeleitet. Informationen zur ISO: http://www.iso.ch

20 Im Vergleich dazu die Definition aus der zuvor gültigen Version dieser Richtlinie (DIN 66234-8: 1988, Bildschirmarbeitsplätze - Grundsätze ergonomischer Dialoggestaltung): "Dialog ist ein Ablauf, bei dem der Benutzer zur Abwicklung einer Arbeitsaufgabe - in einem oder mehreren Schritten - Daten eingibt und jeweils Rückmeldung über die Verarbeitung dieser Daten erhält."

im Sinne der „Invisible-hand-Theorie", andererseits wird er beeinflußt von konkreten Personengruppen mit ganz konkreten Motiven (vgl. Abschnitt 4.2.2).

Zu diesen zählen neben der Gruppe der Programmierer und Systemdesigner insbesondere die Autoren von Software-Handbüchern, Computerlexika bzw. -wörterbüchern und Computerzeitschriften, deren Aufgabe zu einem großen Teil darin besteht, als „Mittler" zwischen der „Welt der Programmierer" und der „Welt der Anwender" zu fungieren. Dazu gehört, daß sie die sprachlichen Hürden zwischen den differierenden Diskurswelten (s. Kap. 2 und 3) überwinden helfen. Dies geschieht u.a. durch das Definieren und Erklären fachsprachlich geprägter Termini in Glossars, die die Verständlichkeit des eigenen Textes sichern sollen. Diese Entscheidung der Autoren für eine bestimmte Terminologie ist zum einen Ausdruck der Unsicherheit in bezug auf bestimmte Konventionen des Gebrauchs. Zum anderen kann sie zumindest als „lokale" – d.h. auf den konkreten Text bezogene – Konventionsbildung aufgefaßt werden, die in der Gesamtheit der mit Computern befaßten Publikationen zur „globalen" Konventionalisierung beiträgt.

Autoren, die nicht direkt an einem Software-Produkt oder an der produktbegleitenden Dokumentation beteiligt sind, haben darüber hinaus die Möglichkeit, die Gestaltung von Interface-Elementen zu kritisieren und Irritationen direkt zu benennen, wie die beiden folgenden Beispiele zeigen:

> „Bei WinWord wird das Laden von Dateien als Öffnen bezeichnet – was ein wenig ungenau erscheint, weil auch das Anlegen einer neuen Datei ... als Öffnen gelten kann." (Voets 1991: 66)

> „Die erste Option im *Datei*-Untermenü heißt *Neu*. Dieser Name führt leider leicht zu dem Irrtum, daß sich mit dieser Option eine neue Datei anlegen ließe. Dazu müssen Sie jedoch die Option *Laden* aufrufen." (Schwalbe 1992: 111)

Über die Relevanz der in Abschnitt 4.3 skizzierten Richtlinien für die Entwicklung deutschsprachiger Software sowie für die sogenannte *Lokalisierung* (d.h. die Anpassung der meist amerikanischen Applikationen für den deutschen Markt) läßt sich nur mutmaßen, denn Übersetzungen liegen nicht vor. Die Schwierigkeiten, die der Autor dabei hatte, eine Möglichkeit zu finden, um z.B. die (englischsprachigen) Apple-Dokumente einsehen zu können, mögen jedoch als Indiz für deren eingeschränkte Rezeption in Deutschland gelten. Dieser Eindruck wurde durch Anfragen in einer Internet-*newsgroup*[21] und bei der Abteilung „Software-Lokalisierung" der Firma Apple Computer Deutschland bestätigt: Die Frage, nach welchen Vorgaben sich ein Programmierer von Apple-Applikationen beispielsweise bei der Benennung (bzw. bei

---

21 *de.comp.sys.apple*

der Übersetzung) von *Menübefehlen* richte (bzw. richten könne), wurde sinngemäß so beantwortet, daß bewährte Applikationen als Vorbild benutzt würden. Dazu zählten vor allem Apple-eigene Anwendungen (insbesondere das Betriebssystem mit dem sogenannten „Finder"), von deren Interface-Gestaltung möglichst wenig abgewichen werden solle. Diese Form der Nachahmung ist vermutlich eines der entscheidenden Momente impliziter Konventionsbildung.[22]

Eine weiteres Motiv für Nachahmung und damit Motor impliziter Konventionsbildung ist der ökonomische Erfolg dominanter Softwarefirmen, die nicht nur (oft verbindliche) technische Standards bestimmen, sondern auch als Maßstab bei der Interface-Gestaltung gelten (können). So ist beispielsweise die Bedienung der Büroanwendung *StarOffice 3.0* der Hamburger Firma *Star* bis zu den Menüs und Dialogfenstern in starkem Maße dem marktbeherrschenden *Microsoft Office 95* angenähert. Dabei zeigt sich die Oberfläche bei *Star* sogar homogener und konsistenter als die des Vorbilds, da gleiche Funktionen in den verschiedenen Applikationen (Textverarbeitung, Tabellenkalkulation usw.) – wie z.B. die Rechtschreibkontrolle – mit standardisierten Dialogfenstern bedient werden. Anders bei *Microsoft Office 95*, wo eine von der Rechtschreibkontrolle vorgeschlagene Korrektur vom Benutzer entweder durch *Ignorieren* (MS Word) oder *Nicht ändern* (MS Powerpoint) verworfen werden kann (s. Abb. 3):

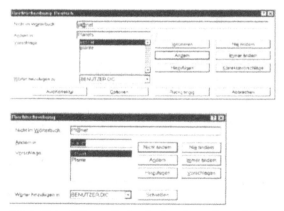

Abb.3: Dialogfelder zur Rechtschreibungkontrolle von Microsoft Word (oben) und Microsoft Powerpoint

---

22 Nachahmung wird außerdem durch die Werkzeuge einer sich verändernden Programmierpraxis gefördert: An die Stelle ehemals sehr aufwendiger Programmierung, bei der der Code einer neuen Anwendung auch völlig neu geschrieben werden mußte, tritt zunehmend eine Programmierung, die eher einem Montieren aus vorgefertigten Komponenten gleicht. So sind in Programmierwerkzeugen (wie z.B. *Visual Basic* von *Microsoft*) eine Vielzahl von Interface-Elementen bereits als fertig programmierte Objekte enthalten, die unverändert in die zu programmierende Software übernommen werden *können* (nicht *müssen*!).

Hier machen sich technische und entwicklungshistorische Differenzen als Ursachen für *fehlende* Standardisierung bemerkbar: *Microsoft Office 95* ist eine Zusammenstellung verschiedener, unabhängig voneinander entstandener Anwendungen, die mit einem eigenen Programmcode arbeiten (und deren Benutzeroberflächen nicht bis ins Detail aufeinander abgestimmt wurden), während *Star Office 3.0* als *eine* Anwendung mit gemeinsamem Code programmiert wurde.

Eine weitere Ursache impliziter Konventionsbildung kann in der Herausbildung und Perpetuierung von Traditionen (auf Seiten der Programmierer) bzw. von Rezeptionsgewohnheiten (auf Seiten der Anwender) gesehen werden. Ausschlaggebend dafür ist die Faktizität des funktionierenden Gebrauchs konkreter Interface-Elemente. So ist wenig verwunderlich, daß die Geschichte der Entwicklung von Computern und Programmen auch in heutigen Anwendungen und Benutzerschnittstellen noch ablesbar ist. Softwareentwicklung, insbesondere für den breiten Anwendermarkt, ist meist ein sukzessiver Prozeß, bei dem aus zeitlichen und finanziellen Gründen und auch zur Sicherung der sogenannten Abwärtskompatibilität (d.h. der Verträglichkeit neuerer Programmversionen mit vorangegangenen) auf existierenden Programmen aufgebaut wird:

„... new designs are mostly shaped by the systems that have already been built and users' experiences with them. Graphical user interfaces are an example of this. (Douglas 1995: 186)

In diesem Prozeß, der auch als ein – oft über Jahre laufender – gemeinsamer Diskurs von entwickelnder Industrie, den mit Computern befaßten Medien (insbesondere Computerzeitschriften) und erfahreneren Benutzern aufgefaßt werden kann, haben sich die Art und Weise des Redens (bzw. Schreibens) über Computer als auch sprachliche Elemente von Benutzerschnittstellen bereits verfestigt. Diese Konventionalisierung in Form des (bewußten oder unbewußten) Fortschreibens von Traditionen nützt vor allem erfahrenen Benutzern. Für diese mag auch das Werbeargument von Softwareherstellern berechtigt sein, die neueste Version ihres Produkts sei „noch einfacher, noch intuitiver" zu benutzen als die vorhergegangene, denn

„Users ... are presumed ... to understand new machines through reactions developed through using old machines, ..." (Agre 1995: 70)

Der faktische Standard muß nicht gleichzeitig die beste Lösung sein. Durch Traditionen werden auch Interface-Elemente fortgeschrieben, die funktional und rational als nicht logisch erscheinen.[23] Konventionalisiert hat sich beispielsweise die Einordnung der Befehle zum Drucken (*Drucken* ...) bzw. zum Beenden von Anwendungen (*Beenden*) im Menü Datei. In beiden Fällen bezieht sich jedoch der Befehl nicht – wie beispielsweise beim *Öffnen* oder *Speichern* – auf das Objekt „Datei" (wie der Menütitel glauben macht): Der zu druckende Bereich (die gesamte Datei oder nur einzelne Seiten) wird erst danach bestimmt, während durch die Auswahl des Befehls *Beenden* nicht nur die Arbeit an der aktuellen Datei, sondern die gesamte Applikation beendet wird. In beiden Fällen wird die binäre Bedienlogik der graphisch orientierten Programme aufgelöst, derzufolge entweder einem ausgewählten Objekt eine Eigenschaft oder eine Aktion zugeordnet[24] oder umgekehrt einer zunächst bestimmten Aktion ein Objekt zugewiesen wird (wie es beispielsweise noch bei der Textverarbeitung *Wordperfect* 4.1 für Atari der Fall ist, wo unter dem Menütitel Drucken die einzelnen druckbaren Bereiche (gesamte Datei, aktuelle Seite etc.) zu finden sind.

Welchen Anteil die beschriebenen Prozesse an der Enstehung von Konventionen hatten, läßt sich auf der Grundlage der hier präsentierten exemplarischen Daten nicht entscheiden. Feststellen läßt sich hingegen, daß bislang vor allem solche Interface-Elemente von Konventionalisierung betroffen sind, die tatsächlich in fast allen jeweils vergleichbaren Anwendungen anzutreffen sind. Dazu gehören – nicht nur bei Textverarbeitungssystemen – die Funktionen zum *Erstellen, Speichern* und *Drucken* von Dateien sowie zum Bearbeiten von Daten durch *Kopieren, Ausschneiden* und *Einfügen*. Folgende Einträge im Menü *Datei* (DOS/Windows) haben sich in ihrer Bedeutung stabilisiert und sind zum weitgehend akzeptierten Standard für Anwendungen dieses Betriebssystem geworden:

---

23 Während Experten diese Fehler auf Grund ihrer Vertrautheit mit dem konkreten Programm und dessen Geschichte oder Tradition bald nicht mehr wahrnehmen oder sie kompensieren können, ist für Novizen die Annäherung an die Computernutzung oder auch nur an ein neues Programm zunächst mit der Überwindung ebenjener sprachlichen Hürden verbunden.

24 "In one paradigm, the user selects an object of interest (the noun) and then chooses the actions to be performed on the object (verb)." (Apple Computer 1992: 7)

Menüeintrag/Befehl	konventionalisierte Bedeutung	ältere Varianten (in Textverarbeitungsprogrammen)
Neu	Beginnen einer neuen, leeren Datei	Laden (StarWriter 5.5 für DOS) Neue Datei erstellen (MS Works für Windows) Öffnen (Literat 2.0 für DOS)
Öffnen	Bereitstellen einer bereits existierenden Datei für die weitere Arbeit	Laden (im Menü *Übertragen*) (Word 4.0 für DOS) Laden (StarWriter 6.0 für DOS) Textdatei bearbeiten (WordStar für DOS) Laden (WordPerfect 5.1 für DOS)
Speichern	Sichern einer bereits benannten Datei	Speichern (im Menü *Übertragen*) (Word 4.0 für DOS) Sichern (WordPerfect 5.1 für DOS)
Speichern unter …	Sicher einer Datei mit einem neuen Namen	Speichern (im Menü *Übertragen*) (Word 4.0 für DOS) Sichern (WordPerfect 5.1. für DOS) Speichern als (StarWriter 5.0 für DOS) Als … sichern (Literat 2.0 für DOS)

5. Anpassung des Sprachverhaltens der Nutzer

„Computer sind Maschinen, die alles um sie herum in rationale Zwänge ziehen. Sie glauben, Ihren Computer zu kennen? Sie haben sich ihm nur angepaßt." (Siefkes 1989: 339)

Obgleich die Benutzerfreundlichkeit von Computeranwendungen in den Jahren seit der Etablierung graphischer, fensterorientierter Benutzeroberflächen fraglos in hohem Maße zugenommen hat, ist die Hürde für Computernovizen nach wie vor eine hohe, sind Computer „artifacts of a shockingly alien culture" (Agre 1995: 73) geblieben. Ein Grund dafür ist, daß graphische Benutzeroberflächen in der heute bekannten Form lediglich eine Art „Kostümierung" darstellen. Sie benutzen Elemente natürlicher Sprache in einer ähnlichen Weise wie die Systeme vor zehn Jahren: Bedeutungen sind fix und nicht Gegenstand von Aushandlungsprozessen, auftretende Mißverständnisse können zumeist nur vom (erfahrenen) Benutzer überhaupt erkannt und ggf. „repariert" werden. Von einem „Do what I mean, not what I say" sind heutige graphische Benutzeroberflächen genauso weit entfernt wie ihre zeilenorientierten Vorgänger. Die Konsequenz ist, daß die Benutzer gezwungen sind, sich dem System anzupassen, indem sie sich die Konventionen des Systems zu eigen machen:

„… the user ends up adapting to a collection of idioms …" (Winograd/Flores 1986: 129)

Die Sprache, mit der über Computer gesprochen und geschrieben wird, die sich in
Interfaces findet und der sich der Nutzer anpassen muß, trägt Charakterzüge eines
Jargons. Für Computerbenutzer – und insbesondere Novizen – mit ihrer alltagsweltlich
oder auch fachsprachlich geprägten kommunikativen Kompetenz stellt dieser eine
Sprachbarriere dar (vgl. Peters 1990: 44), die nur durch teilweises Erlernen überwunden werden kann. Dabei dienen insbesondere Metaphern und Analogien als Brücken
zwischen alltagsweltlichem und dem zum Umgang mit Computern notwendigen
(Sprach-)Wissen. Dementsprechend werden diese sehr gern aus Bereichen der Alltags-
erfahrungen (Bsp.1: *Haushalt*; Bsp. 2: *Restaurant*) entlehnt.

Bsp. 1: *Installieren*

„Für einen Computeranfänger ist es meist verwirrend, zu erfahren, daß er jedes Programm erst
„installieren" muß, bevor er es zum ersten Mal benutzen kann. [...] Wozu muß man eigentlich
„installieren"? Nun, wenn Sie Ihre neue Waschmaschine geliefert bekommen und aus der Ver-
packung genommen haben, dann können Sie auch nicht gleich die schmutzige Wäsche der letzten
drei Wochen hineinlegen. Erstmal muß sie an den Wasserhahn und an das Abwasser angeschlossen
werden, Sie müssen die Transportsicherungen entfernen und so weiter – eben die Waschmaschine
installieren." (Baumgart 1990: 4)

Bsp. 2: *Speichern*

„[...] Sie haben sozusagen den Kellner um das Menü zum Thema „Übertragen" gebeten, so wie sie
aus dem Hauptmenü „Vorspeisen" auswählen und dann unter diesem Punkt nachsehen, welche
Vorspeise Ihnen denn schmecken würde. Da haben Sie nun eine Reihe zur Auswahl, wie zum
Beispiel – ja, da steht auch „Speichern". Wunderbar, nichts wie hin mit dem Cursor. [...]" (Baumgart 1990: 35)

Neben dem Jargon schränkt die starke Formalisierung der Sprache in Benutzeroberflächen die „Wahlmöglichkeiten" für Anwender ein. Dies soll eine effektive Interaktion mit dem System ermöglichen. „Fruchtbar sind Formalismen allerdings nur für
den, der sich ihrer frei bedienen kann." (Siefkes 1989: 336) Für Nutzer bedeutete
dies, daß sie sich in ihrem (sprachlichen) Verhalten anzupassen haben, obgleich

„Users do not, in fact, view their reality through the mediation of formal representations." (Agre
1995: 79)

Eine Variante der Formalisierung stellt die Monosemierung sprachlicher Interface-
Elemente dar. Im Gegensatz zur natürlichen Sprachverwendungssituation geschieht dies
jedoch nicht über den sprachlichen oder situativen Kontext sondern per Definition (die
der Benutzer kennen muß): Eine *Anmerkung* (im Interface der Textverarbeitung *Word
für Windows*) meint eben keine Fuß- oder Endnote (wenngleich die Begriffe in der
Alltagssprache synonym verwendet werden können), sondern ist eine „Randbemerkung"
im Text, die (normalerweise) nicht im Ausdruck erscheint.

Das durch die starke Formalisierung erzeugte Hauptproblem besteht aber in der Diskrepanz zwischen der alltags- bzw. laiensprachlichen Beschreibung einer Aufgabe, etwa der Form:

„Ich weiß, es gibt eine Möglichkeit, bereits geschriebene Textteile (wie z.B. Adressen) zu speichern und beliebig oft in verschiedenen Texten zu benutzen",

und der entsprechenden fachsprachlichen bzw. programmspezifischen Version,

„Einfügen eines Auto-Text-Eintrags".[25]

Die Handlungsintentionen müssen vom Benutzer so in die „Diskurswelt" der Mensch-Computer-Interaktion „übersetzt" werden, daß entsprechende existierende Menüeinträge auch gefunden bzw. erkannt („richtig verstanden") werden können. Wie groß die oben beschriebene Distanz sein kann, zeigt das abschließende kurze Transkript eines Dialogausschnitts zweier Computer-Novizen, der im Rahmen einer Studie zu mißlingenden Interaktionsprozessen bei der Computerbedienung (vgl. Wagner 1997) aufgenommen wurde:

A	+ + + wo soll ich gucken? + + + mhm + + + ja die wollen
B	bei *einfügen* *grafik* ja ne
A	wir ja nicht *einfügen*, die wollen wir ja <u>sehen</u>

Die Aufgabe (Einfügen einer vorhandenen Grafik in einen Text) scheiterte daran, daß – obwohl der richtige Menübefehl gefunden wurde – das Konzept der Benutzer von dem des Programms erheblich abwich. Die (unklare) Handlungsintention (alltagssprachlich in Form einer Aufforderung an den Computer beschreibbar: „Mache die Grafik im Text für uns sichtbar!") konnte von den Versuchspersonen nicht mit der internen Logik des Programms und deren sprachlicher Manifestation in Form des Befehls „Grafik" im Menü „Einfügen" in Deckung gebracht werden. Erst wenn der Benutzer eine mit dem Computer zu lösende Arbeitsaufgabe in der formalisierten und standardisierten Sprache des Systems zu beschreiben vermag, ist eine erfolgreiche Interaktion möglich.

---

25 Der entsprechende Menübefehl "AutoText …" findet sich dann nicht einmal im Menü "Einfügen", sondern im Menü "Bearbeiten" (Beispiel aus der Textverarbeitung Word für Windows 95).

Literatur

Agre, P.E. 1995. Conceptions of the user in computer systems design. In: Thomas, P.J. (ed.). The Social and Interactional Dimensions of Human-Computer-Interfaces. Cambridge: Cambridge University Press. 67-106.

Apple Computer, Inc. (ed.). 1991. Apple Publications Style Guide. Cupertino, C.A.: APDA.

Apple Computer, Inc. (ed.). 1992. Macintosh Human Interface Guidelines. Reading, M.A. u.a.: Addison-Wesley.

Baumgart, K. 1990. WORD 5.0. München: tewi-Verlag.

Brock, J.F. 1996. Whose metaphor? In: Interactions. New visions of human-computer interaction vol. III.4: 25-29.

Douglas, S.A. 1995. Conversation analysis and human-computer interaction design. In: Thomas, P.J. (ed.). The Social and Interactional Dimensions of Human-Computer-Interfaces. Cambridge: Cambridge University Press. 184-203.

Dreyfus, H.L. 1988. Wir werden nie wie Computer sprechen. In: Gauger, H.-M./Heckmann, H. (Hrsg.). Wir sprechen anders. Warum Computer nicht sprechen können. Frankfurt/M.: Fischer Taschenbuch Verlag. 127-139.

Fiehler, R. 1990. Kommunikation, Information und Sprache. Alltagsweltliche und wissenschaftliche Konzeptualisierungen und der Kampf um die Begriffe. In: Weingarten, R. (Hrsg.). Information ohne Kommunikation. Die Loslösung der Sprache vom Sprecher. Frankfurt/M.: Fischer. 99-128.

Fiehler, R. 1993. Kann man mit Lampen, Geldautomaten und Computern kommunizieren? Überlegungen zur Zukunft der Kommunikation. In: tekom-Nachrichten 2: 8-10.

Floyd, C. 1990. Leitbilder für die Gestaltung interaktiver Systeme: Computer sind keine Menschen. In: Endres-Niggemeyer, B./Herrmann, T./Kobsa, A./Rösner, D. (Hrsg.). Interaktion und Kommunikation mit dem Computer. Berlin: Springer. 12-21.

Hammer, N. 1995. Herausforderung für Designer und Technikredakteure: User-Interface-Gestaltung. In: tekom-Nachrichten 3: 6-10.

Harras, G. 1983. Handlungssprache und Sprechhandlung. Eine Einführung in die handlungstheoretischen Grundlagen. Berlin: de Gruyter.

Herrmann, T. 1986. Zur Gestaltung der Mensch-Computer-Interaktion: Systemerklärung als kommunikatives Problem. Tübingen: Niemeyer.

Herrmann, T. 1990. Interaktion und Kommunikation mit dem Computer. In: Endres-Niggemeyer, B./Herrmann, T./Kobsa, A./Rösner, D. (Hrsg.). Interaktion und Kommunikation mit dem Computer. Berlin: Springer. 1-11.

Heuler, M. 1993. Kontrollierte Sprache. In: tekom-Nachrichten 4: 13-15.

Hüttner, J./Wandke, H./Rätz, A. 1995. Benutzerfreundliche Software. Psychologisches Wissen für die ergonomische Schnittstellengestaltung. Berlin: Paschke Verlag.

Keller, R. 1990. Sprachwandel. Von der unsichtbaren Hand in der Sprache. Tübingen: Francke.

Kupka, I./Maaß, S./Oberquelle, H. 1981. Kommunikation - ein Grundbegriff für die Informatik. Hamburg: Universität Hamburg (Mitteilungen Nr.91).

Lehrndorfer, A. 1995a. Kontrolliertes Deutsch. Linguistische und sprachpsychologische Leitlinien für eine (maschinell) kontrollierte Sprache in der technischen Dokumentation. Tübingen: Narr.

Lehrndorfer, A. 1995b. Kontrolliertes Deutsch. Nutzen und Anwendbarkeit einer kontrollierten Sprache in der Technischen Dokumentation. In: Deutsche Sprache 23: 338-351.

Lewis, D.K. 1975. Konventionen. Eine sprachphilosophische Abhandlung. Berlin u.a.: de Gruyter.

Metzner, J. 1989. Lektüre im Suchbaum. Sprache und Terminologie beim Computerspiel. In: Der Deutschunterricht 5: 46-54.

Norman, D.A. 1989. Dinge des Alltags: Gutes Design und Psychologie für Gebrauchsgegenstände. Frankfurt/M., New York: Campus.

Pörksen, U. 1988. Die Mathematisierung der Umgangssprache. In: Gauger, H.-M./Heckmann, H. (Hrsg.). Wir sprechen anders. Warum Computer nicht sprechen können. Frankfurt/M.: Fischer Taschenbuch Verlag. 55-63.

Rupp, G. 1992. Führt die Computersprache zum Kulturverfall? Über die Zwänge und Möglichkeiten technisierter Kommunikation. In: Informationen zur Deutschdidaktik 3: 77-87.

Sagawe, H. 1989. Kommunikationspartner: „Computer". In: Wirkendes Wort 2: 294-305.

Savigny, E. v. 1983. Zum Begriff der Sprache. Konvention, Bedeutung, Zeichen. Stuttgart: Reclam.

Schult, T.J. 1996. Transparente Trivialitäten. In: c't. magazin für computertechnik 10: 118-120.

Schwalbe, H. 1992. StarWriter 5.5. Lernen - Nutzen - Beherrschen. München: Systhema Verlag.

Sesin, C.-P. 1995. Kannitverstan aus dem Computer. In: Die ZEIT 45: 45.

Shannon, C.E./Weaver, W. 1976. Mathematische Grundlagen der Informationstheorie. München, Wien: Oldenbourg.

Smith, S.L./Mosier, J.N. 1986. Guidelines for designing user interface software. (ESD-TR-86-278). Electronic System Division, AFSC, United States Air Force, Hanscom Air Force Base, MA.

Siefkes, D. 1989. Beziehungskiste Mensch-Maschine. In: Sprache im technischen Zeitalter 27: 332-343.

Wagner, J. 1997. Miß- und Nichtverstehen als Ursachen mißlingender Mensch-Computer-Interaktion. Der Computer als cognitive load beim Schreiben. In: Knorr, D./Jakobs, E.-M. (Hrsg.). Textproduktion in elektronischen Umgebungen. Frankfurt/M. u.a.: Peter Lang.

Voets, S. 1991. Word für Windows 1.0/1.1. Korschenbroich: BHV-Verlag.

Weingarten, R./Fiehler, R. (Hrsg.) 1988. Technisierte Kommunikation. Opladen: Westdeutscher Verlag.

Weingarten, R. 1989. Die Verkabelung der Sprache – Grenzen der Technisierung von Kommunikation. Frankfurt/M.: Fischer.

Weingarten, R. (Hrsg.) 1990. Information ohne Kommunikation. Die Loslösung der Sprache vom Sprecher. Frankfurt/M.: Fischer.

Winograd, T./Flores, F. 1986. Understanding computers and cognition. Reading, M.A.: Addison-Wesley.

Textstrukturen in neuen Medien: Clusterung und Aggregation

Rüdiger Weingarten

1. Ausgangsbeobachtung, Fragestellung und Vorgehensweise

Bei Texten, die für den Computer in seiner Funktion als Ausgabemedium verfaßt wurden, kann man beobachten, daß der Text in Portionen zerlegt ist, die das Fassungsvermögen einer Bildschirmseite möglichst nicht überschreiten. Die Seite wird als eine in sich relativ abgeschlossene Einheit konzipiert, die zwar Verweise auf verschiedene andere Seiten enthält, aber auf diesen anderen Seiten nicht linear fortgesetzt wird, wie es z.B. von einer Buchseite zur nächsten geschieht. Die Orientierung am Format der Bildschirmseite unterstützt damit Textstrukturen, die einem nicht-linearen Muster folgen.

Diese Beobachtung gilt nur für Texte, bei denen der Computer als einziges oder zumindest bevorzugtes Ausgabemedium vorgesehen ist: sog. Hypertexte oder hypermediale Texte, wie man sie auf CD-ROMs oder im Internet findet. Dort, wo der im Computer gespeicherte Text nur als ein Zwischenmedium vor einem Ausdruck auf Papier verwendet wird, als der sog. Textverarbeitung oder in Internetdokumenten zum „downloaden", findet man dieses Phänomen nicht. Ebensowenig weisen elektronische Texte, die ursprünglich für ein anderes Medium konzipiert wurden, z.B. die verschiedenen Klassikerausgaben auf CD-ROM, dieses Merkmal auf.

Als Einwand gegen diese Beobachtung könnte man natürlich sofort den „Rollbalken" anführen. Hiermit verfügt man über eine technische Möglichkeit, die Orientierung an der Seite zu umgehen. Faktisch wird er jedoch fast ausschließlich bei Anpassungsproblemen an das Seitenformat verwendet, nicht aber zur beliebigen Überschreitung der Seite. Deutlich wird an dieser Stelle, daß es sich bei dieser Zerlegung eines Textes nicht um eine technische Notwendigkeit handelt, sondern um eine gestalterische und damit auch sprachliche „Entscheidung", die von den Verfassern getroffen wird. Sie muß auf die spezifischen medialen Bedingungen des Rezeptionsprozesses zurückgeführt werden (oder zumindest auf die Vorstellung dieser Bedingungen, die die Produzenten in den Köpfen haben).

Die Konzeption eines Textes als eine mehr oder weniger geordnete Menge kleinerer Einheiten hat mit der Orientierung am Fassungsvermögen einer Bildschirmseite noch nicht ihre untere Grenze erreicht. Tatsächlich enthalten die Texte in den genannten

Medien nur selten Seiten mit *einem* fortlaufenden Text. Vielmehr findet man auf einer Bildschirmseite zumeist mehrere Textsegmente (neben verschiedenen nichtsprachlichen Elementen), die in keiner eindeutigen *Sequenz* geordnet sind. Die Textsegmente unterschreiten also noch die Einheit der Bildschirmseite. Dies betrifft ihre thematischen, funktionalen, typographischen und insbesondere die sprachlich-strukturellen Merkmale. Den Untersuchungsgegenstand des vorliegenden Beitrages bildet also eine neuartige Textstruktur, die aus einem Cluster von Textsegmenten besteht. Dabei stellt sich die Frage, wie diese Cluster sprachlich miteinander zusammenhängen.

Die modische Rechtfertigung für diese Struktur greift auf den Begriff der *Assoziation* zurück. Damit soll eine Verwandtschaft dieser Textstrukturen mit psychischen Prozessen ausgedrückt und auch eine Analogie zur Netzwerkstruktur des Gehirns nahegelegt werden. Diese vermeintliche Ähnlichkeit zwischen dem Medium und dem Nutzer wird vielfach als Argument für die besondere Funktionalität dieses (De-)Strukturierungsverfahrens angeführt.

Beide Analogien, die psychische und die neurophysiologische, gehören nach meiner Auffassung in den Bereich der Fiktion. Der Leser wird immer bestrebt sein, den dargebotenen Text zu einem kohärenten Ganzen zu integrieren. Dabei kann er in unterschiedlichem Maße von der eingehenden Information unterstützt werden. Weist diese einen geringeren Kohärenzgrad auf, so steigenden die Integrationsanforderungen an den Leser. Andererseits besitzt er mehr Freiheitsgrade, die Information zu ordnen und sie seinen spezifischen Interessen anzupassen. Unter einer psycholinguistischen Perspektive sollte man daher die höheren Anforderungen bei der Kohärenzbildung einerseits und die größeren Freiheitsgrade andererseits hervorheben.

In dem vorliegenden Aufsatz geht es nicht um die Frage der kognitiven Verarbeitung dieser Texte, sondern um eine text- und schriftlinguistische Analyse der hier verwendeten sprachlichen Strukturen. Dabei sollen die räumlichen Eigenschaften des Mediums und die verwendeten sprachlichen Formen in einen Zusammenhang gebracht werden. Der Begriff „räumliche Eigenschaften" bezieht sich auf die Möglichkeiten, in denen die sprachlichen Zeichen auf dem Medium angeordnet werden können. Indem ein Zusammenhang zwischen der räumlichen Anordnung des schriftlichen Textes und den sprachlichen Strukturen hergestellt wird, soll ein Aspekt der medialen Rahmenbedingungen sprachlicher Formen erläutert werden: Die Entwicklung schriftsprachlicher Strukturen steht in einer engen Beziehung zu den Möglichkeiten der Anordnung schriftlicher Zeichen auf dem Medium. Die Beziehungen zwischen der Schriftfläche und sprachlichen Strukturen werden daher zunächst im Kontext der Schriftgeschichte erläutert, anschließend wird untersucht, wie diese Beziehungen durch den Computer möglicherweise neu definiert werden.

Das Modell, mit dem ich den Zusammenhang zwischen Schriftfläche und Textorganisation analysieren möchte, geht unter räumlicher Perspektive von dem Gegensatzpaar des *Clusters* und der *Sequenz* aus. Das Cluster bildet eine minimale Ordnung der Schriftsegmente, Cluster sind frei auf der Schriftfläche verteilt. Die Sequenz stellt eine maximale räumliche Ordnung dar, die durch genau eine Richtung, genau einen Anfangs- und Endpunkt und ein Nachbarschaftsverhältnis definiert ist.

Unter sprachlicher Perspektive unterscheide ich zwischen grammatischer *Aggregation* und *Integration*. Aggregation bedeutet, daß die Beziehung zwischen sprachlichen Elementen nicht markiert ist - es handelt sich um einen niedrigen sprachlichen Ordnungsgrad. Integration bedeutet, daß durch formale Kennzeichen, z.B. durch Flexion, grammatische Funktionswörter, orthographische oder kohäsive Mittel, die Beziehungen zwischen sprachlichen Elementen gekennzeichnet werden.

Eine kohärente Textinterpretation kann auf unterschiedliche Weise gefördert werden:
- durch verbale Mittel der Integration,
- durch nicht-verbale Mittel z.B. der räumlich-visuellen Sequenzierung,
- durch kognitive Leistungen (Inferenzen) des Rezipienten.

In jeder Rezeptionssituation sind alle drei Faktoren beteiligt, jedoch in unterschiedlichen Graden.

Meine *These* lautet, daß die hier untersuchten neuen Medien Textstrukturen aufweisen, die unter räumlicher Perspektive einem Cluster ähneln und unter sprachlicher Perspektive aggregativ sind. Damit geht eine Veränderung der *Aufgabenverteilung zwischen dem Medium und dem Rezipienten* einher: Eine kohärente Interpretation, z.B. über mehrere Bildschirmseiten hinweg, muß stärker durch kognitive Prozesse des Rezipienten hergestellt werden; sie wird weniger durch die sprachlichen (und die räumlich-visuellen) Strukturen des Mediums unterstützt als bei Textsorten mit einem höheren sprachlichen Ordnungsgrad. Zum Teil wird dieser sprachliche Ordnungsverlust durch eine stärkere Heranziehung technischer Hilfsmittel ausgeglichen, z.B. durch sog. „Navigationshilfen".

Die Frage eines Sprachwandels durch Computer soll in diesem Beitrag im Kontext der Schriftgeschichte behandelt werden. Dabei soll gezeigt werden, daß es in der Schriftgeschichte schon immer die Tendenz zur Clusterbildung gab. Diese mußte durch einen Ausbau des Schriftsystems überwunden werden, um auch eine sprachliche Integration des Textes zu erreichen. Daraus könnte man für die weitere Entwicklung computerbasierter Texte die Hypothese ableiten, daß auch sie allmählich die Clusterung und die sprachliche Aggregation überwinden und neue Formen herausbilden werden.

Zunächst möchte ich ein einfaches Modell zur *räumlichen Struktur der Schrift* erläutern, das nach meiner Auffassung eine Schnittstelle zwischen dem symbolischen Schriftsystem und dem physischen Schriftmedium bildet. Danach stelle ich in Grundzügen neue Forschungsrichtungen, insbesondere das *screen design* vor, die sich mit der Gestaltung und Organisation der Schriftfläche auf dem Computer beschäftigen. Aus der handwerklichen Tradition der älteren Schreiber und Typographen läßt sich hier eine Verwissenschaftlichung der Schriftorganisation beobachten. In dem letzten Abschnitt untersuche ich Formen der Integration und Aggregation computerbasierter Texte.[1]

2.   Zur räumlichen Ordnung der Schrift

Ein Schriftsystem wird üblicherweise als symbolisches System beschrieben, das ohne Bezug zur physischen Welt verstanden werden kann. Stellt man sich entgegen dieser Auffassung die Frage, welchen Einfluß die Medien der Schrift,[2] also physische Objekte, auf ihre Geschichte ausgeübt haben, so bedeutet dies u.a., daß man die Anordnung der Schrift im Raum untersucht. Hier soll nun kurz die Idee vorgestellt werden, daß in der Schriftgeschichte ein komplexes topologisches Problem zu lösen war, bei dem das Verhältnis zwischen Clustern und Sequenzen einen zentralen Stellenwert einnimmt. Die jeweiligen Lösungsversuche lassen sich nicht einfach als besser oder schlechter kennzeichnen, sie hängen vielmehr mit den jeweiligen Medien und Verwendungsformen der Schrift zusammen.

Aus der Sicht der entwickelten Printmedien umfaßt die räumliche Ordnung der Schrift die folgenden Elemente:

-    zweidimensionale Elementarzeichen,

-    ein eindimensionales, gerichtetes Schriftband,

---

1 Wer an der Einordnung der hier untersuchten neuen Textstrukturen in den Zusammenhang der Schriftgeschichte nicht interessiert ist, kann den folgenden Abschnitt überspringen und sofort zum dritten Abschnitt übergehen.

2 Eine komprimierte Darstellung der Geschichte der Schreibmaterialien findet man bei Mazal (1994). Weitere Aspekte der Bedeutung von Schreibmedien werden bei Ludwig (1994) und Ahlzweig (1994) behandelt.

- eine zweidimensionale Schriftfläche und
- ein dreidimensionales „Buch".

Man könnte noch einen Schritt weitergehen und Bibliotheken als weitere dreidimensionale Ordnung der Schrift im Raum ansehen.

Für alle räumlichen Gebilde der Schrift, seien sie ein-, zwei- oder dreidimensional, ist der Begriff des *Pfades* konstitutiv. Beim Lesen oder Schreiben erarbeiten wir uns die unterschiedlichen geometrischen Formen durch einen zusammenhängenden Pfad, die Schriftrichtung oder die Blickbewegung beim Lesen.[3]

In einem analytischen Modell, das keine strenge historische Reihenfolge behauptet, kann man in der Schriftgeschichte die folgenden Schritte zur Lösung der räumlichen Probleme unterscheiden:

1. Zunächst mußten sich *zweidimensionale Elementarzeichen* gegen dreidimensionale Zeichengebilde (Knotenschriften, Tonkugeln, allgemein: Gegenstandsschriften) durchsetzen. Üblicherweise spricht man von Schrift erst dann, wenn zweidimensionale Zeichen verwendet werden. Im Rahmen dieses Schrittes mußte die optimale Bezugsebene der Sprache gewählt werden (vereinfacht: Laut- oder Bedeutungsebene) und damit einhergehend die optimale Anzahl diskreter Zeichen. Die Wahl der Bezugsebene entschied über die Anzahl der erforderlichen Zeichen und die Anzahl der Zeichen bestimmte die innere Komplexität der Zeichen: Je weniger Zeichen verwendet werden, desto geringer muß deren innere Komplexität sein.

Als diskrete Einheiten sind zweidimensionale Schriftzeichen gegenüber der Struktur der Sprache zunächst fremd, da letztere nicht unmittelbar aus diskreten Einheiten besteht.

2. Mit diesem Problem operiert die analytisch zweite Stufe in dem hier vorgeschlagenen Modell: Um die Schriftzeichen gegenüber der Sprache wieder anzunähern, müssen sie in einer Sequenz, einem *eindimensionalen Schriftband*, angeordnet werden. In älteren Schriftsystemen findet man häufig noch Cluster von Elementarzeichen, also eine geringere Ordnung des Raumes, die eine Repräsentation z.B. von Sätzen nicht ermöglicht. Die Entwicklung des Schriftbandes impliziert auch eine Schriftrichtung.

Die Herausbildung des Schriftbandes und der Schriftrichtung erforderte in der Schriftgeschichte eine lange Experimentierphase, wobei sich die Anforderungen an die Schrift und ihre Leistungsfähigkeit wechselseitig bedingten. So findet man z.B. Keilschrifttafeln, auf denen die Zeichen mehr oder weniger clusterförmig angeordnet

---

3 Auch für andere Formen der Raumwahrnehmung ist der visuelle Pfad konstitutiv.

sind[4] oder Dokumente aus dem Etruskischen, die man als Semicluster bezeichnen könnte.[5] Die konsequenteste Form des Schriftbandes stellt die *scriptio continua* dar.

3. Der analytisch dritte Schritt verlangte eine Anordnung des Schriftbandes auf einer *zweidimensionalen Schriftfläche*. Unter *Schriftfläche* soll hier eine physische Einheit des Trägermediums der Schrift verstanden werden, die, ohne daß eine räumliche Veränderung ihrer selbst oder des Lesers erforderlich wäre, nur durch Blickbewegungen erfaßt werden kann. Bei den ältesten Formen der Schrift bildete die Schriftfläche die Obergrenze für die größte Einheit der Schriftsprache - den Text. Beispiele hierfür sind die frühen Verwendungen von Stein, Tontafeln, Wachstafeln, Monumentalschriften oder Inschriften auf kunsthandwerklichen Gegenständen.

Ein auf der Schriftfläche ununterbrochenes Schriftband in scriptio continua findet man selten: etwa im Etruskischen auf dem Bleitäfelchen von Magliano, auf dem das Schriftband als Spirale die zweidimensionale Schriftfläche ausfüllt.[6] Diese Form der Erhaltung des Schriftbandes war weitgehend auf runde Schriftflächen begrenzt. Aber auch dort findet man ein spiralförmiges Schriftband, das intern bereits segmentiert ist, z.B. auf dem Diskos von Phaistos mit der kretisch-mykenischen Linearschrift B.[7] Bei der spiralförmigen Schrift mußte allerdings die Schrifttafel schon in ihrer Raumlage verändert - gedreht werden. Alle weiteren Versuche der Anordnung des eindimensionalen Schriftbandes auf der zweidimensionalen Schriftfläche führten zu einer Zerschneidung des Schriftbandes.[8]

Die wesentliche analytische Leistung dieses Schrittes bestand in der Herausbildung der Zeile bzw. der Kolumne und dem dazugehörigen Umbruch. Unter topologischer Perspektive handelt es sich um die Projizierung eines eindimensionalen Gebildes auf eine zweidimensionale Fläche. Mit der Zerschneidung des Schriftbandes wurde das Prinzip der Sequentialität verletzt. Furchenwendige oder spiralförmige Anordnungen kann man als Rettungsversuche ansehen, ebenso wie die scriptio continua.[9]

Als erfolgreicher erwiesen sich jedoch diejenigen Formen des Zeilenumbruchs, die

---

4 Vgl. z.B. Green (1981: 352).

5 Z.B. die Bronzeleber von Piacenza (Doblhofer 1993: 300).

6 Vgl. ebenda (1993: 300).

7 Vgl. ebenda (1993: 292f.).

8 Selbst bei den altgriechischen (furchenwendigen) boustrophedon-Schriften, nach ihrer inneren Logik ein Versuch, das Schriftband zu erhalten, war es meistens zerschnitten.

9 Eine Abbildung einer scriptio continua mit Zeilenumbruch findet man z.B. bei Raible (1991: 7).

nicht auf räumlicher Ebene das zerschnittene Schriftband zu retten versuchten, sondern die sprachstrukturell sinnvollen Einheiten seiner Zerschneidung herausfanden. An dieser Stelle zeigt sich eine unmittelbare Interaktion zwischen der Struktur des Mediums, der Zweidimensionalität der Schriftfläche und der Struktur des Schriftsystems. Eine wichtige analytische Vorleistung bestand darin, das Schriftband in Wörter und Sätze zu segmentieren. Betrachten wir dieses Problem von der heutigen deutschen Schriftsprache aus: Eine erträgliche Unterbrechung des Schriftbandes findet man am Satzende. Dieses Umbruchverfahren findet man in der stark satzsyntaktisch orientierten traditionellen *Verszeile*, die einen besonders engen Zusammenhang zwischen der visuellen Einheit der Zeile und sprachlich-symbolischen Ebenen, insbesondere Syntax und/oder Prosodie, vermittelt. Ebenso erfolgt der Umbruch bei dem *Absatz* an einem syntaktischen und weiterhin noch an einem textstrukturellen Einschnitt oberhalb der Satzebene und unterhalb der Textebene.

Ist das Schriftband bereits in Wörter segmentiert, so hat man eine weitere sinnvolle Umbruchstelle, auch wenn diese störender ist als der Umbruch am Satzende. Schließlich finden wir in der Worttrennung, die im Deutschen im wesentlichen an der Silbe orientiert ist, einen weiteren Versuch, die Sequentialität der Sprachstruktur im Rahmen der Bedingungen des Schriftmediums zu retten. Der Zeilenumbruch, wie wir ihn in der heutigen deutschen Schriftsprache kennen, kann somit als Ergebnis einer langen Auseinandersetzung zwischen der Sequentialität der Sprache und ihren Strukturen einerseits und den Bedingungen des Schriftmediums andererseits beschrieben werden. Gelöst wurde dieses Problem im Rahmen des Schriftsystems.

4. Ein viertes Problem ist zu lösen, wenn die Schriftfläche für den zu schreibenden Text zu klein wird. Diese läßt sich in ihren zweidimensionalen Maßen nicht beliebig vergrößern, da sie dann unhandlich werden würde. Die Lösung, die nach vielen Versuchen für dieses Problem gefunden wurde, war die Zerschneidung der Schriftfläche. So, wie die Zerschneidung des eindimensionalen Schriftbandes zur zweidimensionalen Schriftfläche führte, führte die Zerschneidung der zweidimensionalen Schriftfläche zum *dreidimensionalen Buch*. Bei dieser Zerschneidung entsteht wieder das Problem, dem Zerfall der einzelnen Schriftflächen in Cluster entgegenzuwirken und die Sequentialität des geschriebenen Textes zu bewahren.

Betrachten wir einige Zwischenschritte auf dem Weg zur Dreidimensionalität, die zunächst noch von dem Bestreben gekennzeichnet sind, die Sequentialität zu bewahren. Bereits bei der sumerischen Keilschrift findet man auch beidseitig beschriebene Tontafeln, wobei die untere Kante der Tafel die Achse bildete, diese also nach oben umgedreht wurde. Möglicherweise kann man darin den Versuch sehen, die Tafel „zu

rollen", also eine sequentielle Struktur beizubehalten. Häufig enthielten die Vorder-
und die Rückseite jedoch auch unterschiedliche Informationstypen, etwa wenn die auf
der Vorderseite eingetragenen Werte einer Verkaufsliste auf der Rückseite addiert
sind.

Die *Schriftrolle* kann als ein weiterer Versuch angesehen werden, die sequentielle
Struktur eines Textes im Medium der Schrift zu erhalten. Die Schriftrolle besteht in
ihrer klassischen Form aus Papyrus. Es handelt sich hier um Blätter von durchschnitt-
lich 25-30 cm Breite, die zu Bahnen von 6-10 Meter Länge zusammengeklebt waren.
Geschrieben wurde auf der Innenseite der Rolle. Die Papyrusrollen waren das wichtigste Schreibmedium der Antike. Ein besonderes Merkmal vieler Schriftrollen waren
die Kolumnen, häufig mit immer gleicher Zeilenzahl, durch die faktisch ein *Seitenumbruch* eingeführt wurde. Ein zu starker Bruch des Leseflusses konnte aber durch ein
Aufrollen, das immer die vorhergehende und die nachfolgende Kolumne gleichzeitig
zeigte, vermindert werden. Man kann allerdings davon ausgehen, daß eine Zerlegung
des Textes durch den Kolumnenwechsel gerade vermieden werden konnte.

Bereits zu sumerischer Zeit findet man schon Serien von bis zu 42 Tafeln. Dies
dürfte jedoch die Ausnahme sein. Der schriftgeschichtliche Durchbruch zur dreidimensionalen Struktur wurde erst mit dem *Codex*, dem wichtigsten Schriftmedium des
Mittelalters, erreicht. Es handelt sich hierbei um „eine Mehrzahl von gefalteten und
gehefteten Blättern beliebigen Materials, die üblicherweise einen Einband erhiel-
ten"[10]. Da Papyrus sich für die Heftung als ein zu brüchiges Material erwies, setzte
sich hier Pergament durch. Dadurch, daß die Seiten bzw. Doppelseiten nun visuelle
Einheiten bildeten, die von den anderen Seiten abgeschnitten waren, mußte wieder das
Problem der gefährdeten Sequentialität gelöst werden. Eine Lösung bestand darin, die
Seite oder Doppelseite als Texteinheit zu konzipieren.

In der weiteren Vorgeschichte des Buches gab es zahlreiche Formen, die diese
Strukturierung - eine Seitenorientierung - verwendeten, z.B. in den Blockbüchern des
späten Mittelalters.[11] Dieselbe Parallelität von (Doppel-)Seite und textueller Einheit
findet man auch noch in dem wesentlich später erschienen *Orbis sensualium pictus* von
Johann Amos Comenius aus dem Jahre 1658. Außer in der Praefatio und in den
verschiedenen Listen (index titulorum und index verborum) füllt jede Lehreinheit
genau eine Doppelseite. Kennzeichnend für diese Buchformen ist die große Bedeutung

---

10 Hunger et al. (1975: 47).

11 Z.B. das Blockbuch *Apokalypse* (ca. 1467) oder die *Biblia pauperum* (ca. 1504). Abbildungen
finden sich hierzu z.B. in Gutenberg-Gesellschaft 1991: 89.

des Zusammenspiels von Text und Bild. Möglicherweise liegt in der Unteilbarkeit des Bildes auch ein Grund für die Anlage der Seite als struktureller Einheit. Der Text hat sich nach den Erfordernissen des Bildes zu richten; er wird damit in einer bestimmten Weise segmentiert.

Die Gefahr des Zerfalls des Buches in ein Cluster von Schriftflächen (Doppelseiten) wird durch eine makrostrukturelle Ordnung gesichert: im Falle der biblischen Texte in den Blockbüchern sicherlich auch dadurch, daß der Leser durch Vorwissen eine narrative Sequenz erzeugen kann. Im Orbis pictus ist die sequentielle Struktur wesentlich schwächer; möglicherweise hat der Lehrer versucht, einen Zusammenhang zwischen den einzelnen Flächen herzustellen. Neben diesen Versuchen der Erhaltung der Schriftfläche bzw. der Tendenz zu seiner Zerlegung in Cluster gibt es natürlich, wie im Codex begonnen, den über den Seitenumbruch fortlaufenden Text, der nahezu nach denselben Regeln geschnitten wird wie der Zeilenumbruch. Einzelne Sonderregeln für Buch- und Kapitalanfänge, die Vermeidung von „Schusterjungen" und „Hurenkindern" treten hinzu.

Bezogen auf das moderne typographische System kann man nun feststellen, daß es alle Formen der Beziehung zwischen Schriftfläche und Textstruktur aufweist: von der engen Parallelität bis zur weitgehenden Vermeidung eines Einflusses des Seitenumbruchs auf die Textstruktur. Dort, wo das Schriftband von dem Zeilen- oder Seitenumbruch zerschnitten wird, also keine nicht-verbalen Hilfen vorhanden sind, liefern die Formen der verbal-grammatischen Integration des Textes den erforderlichen Zusammenhalt.

Mit dem Computer als Ausgabemedium ändern sich nun die räumlichen Bedingungen der Schrift erneut. Ein Wechsel in die dritte Dimension ist hier nicht möglich: Der Bildschirm, die Schriftfläche des Computers, ist auf Zweidimensionalität festgelegt. Hat man nun Texte, die länger sind als eine Bildschirmseite, so müssen neue Lösungen und neue Strukturen der Schriftsprache entwickelt werden. Auch hier geht es wieder darum, einen Zerfall in Cluster zu vermeiden und sequentielle Ordnungen herzustellen. Folgende Lösungen lassen sich bislang beobachten:

1. Es wird eine Beibehaltung der Schriftfläche *simuliert*. Durch vertikales oder horizontales „Rollen" des Bildschirms entsteht der Eindruck, man würde durch ein „Fenster" eine zusammenhängende Schriftfläche betrachten. Sowohl in der sprachlich-metaphorischen Kennzeichnung dieser Techniken als auch in ihrer gesamten Anlage läßt sich leicht erkennen, daß die Schriftrolle als ein Versuch, die Zweidimensionalität der Schriftfläche ohne Umbruch zu erhalten, hier Pate gestanden hat.

2. Das bildschirmweise Weiterschalten simuliert häufig das Umbrechen nebenein-

ander liegen Seiten, etwa durch einen Pfeil nach rechts oder Tasten mit Pfeilen.

3. Dreidimensionalität wird simuliert, z.b. indem Fenster virtuell „übereinander-" oder „hintereinandergelegt" werden. Auch hier kann man wiederum sehen, daß die Fachsprache sich an die Raummetapher anlehnt.

4. Es werden symbolische Vernetzungen zwischen einzelnen Bildschirmseiten vorgenommen, die nicht auf einer Raumstruktur aufbauen. Interessanterweise findet man jedoch auch hier, z.B. in Hypertextsystemen, räumliche Metaphorik, etwa mit dem Begriff der Navigation. Dies deutet darauf hin, daß die Raummetapher ein kognitives Basisinstrument bildet, mit dem wir uns das System der Schriftsprache erschließen. Dies läßt sich in allen Bereichen des Sprechens über Schrift nachweisen.

Bei all diesen Versuchen, die sequentielle Struktur des Textes zu bewahren, scheint im Mittelpunkt die Vorstellung zu stehen, daß die Einheit der Schriftfläche des Bildschirms nicht beliebig überschritten werden kann. „Umblättern" und „Rollen" werden zwar als Metaphern aus der Schriftgeschichte entliehen, die Operationen haben jedoch ihre spezifische Leistung verloren: Eine Buchseite blättert man um, während der sprachliche Text fortgesetzt wird. Das visuelle Cluster unterbricht nicht die verbalsprachliche Integration. Das „Umblättern" auf dem Computer führt dagegen auch sprachlich zu einem Einschnitt, zu einer Aggregation der Textabschnitte. Wie gesagt, nicht aus technischer Notwendigkeit, sondern aufgrund eines Modells von dem Nutzer.

In den folgenden Abschnitten möchte ich zunächst an einigen Beispielen die Tendenz zur sprachlichen Aggregation vorführen. Anschließend werde ich einige Modelle vorstellen, die von technischer Seite den Informationsverlust auszugleichen versuchen.

3.   Sprachliche Aggregation

In diesem Abschnitt möchte ich an einigen Beispielen zeigen, daß die eingangs beschriebene Sorte computerbasierter Texte sprachlich eine geringere Ordnung aufweist als in einem sequentiellen Text: Textsegmente werden häufiger aggregiert als integriert. Das wichtigste sprachliche Verfahren zur Integration von Textelementen ist die *Kohäsion*. Unter Kohäsion werden hier solche Verfahren verstanden, die formale Hinweise auf die Verknüpfung von Textteilen geben: Anaphern, Kataphern, Rekurrenz von Textteilen, der systematische Gebrauch von definiten und indefiniten Artikeln, bestimmte Verwendungen von Ellipsen, Konjunktionen und Adverbien, Frage-Antwortverknüpfungen etc. *Kohärenz* rechne ich hingegen nicht zu diesen formalsprachlichen Mitteln der Integration, sie kommt durch die Heranziehung des Wissens des

Rezipienten zustande.

Ich beschäftige mich bei der Analyse nur mit der Text*ausgabe*, nicht mit der Text*basis*. Hier wird zunächst nur eine rein textlinguistische Analyse der einzelnen Seiten und ihrer Verknüpfung vorgenommen. Technische Aspekte des Mediums bleiben dabei unberücksichtigt, sie werden im nächsten Abschnitt aufgenommen. Meine These lautet, daß der Computer als Ausgabemedium ein Filter ist, der eine bestimmte Textstruktur unterstützt, nämlich eine, bei der der Bildschirm als visuelles Cluster auch ein Teil eines sprachlichen Clusters darstellt.

Beispiel 1: Ein Hypertext über Hypertext (aus: ToolBook 1.5)

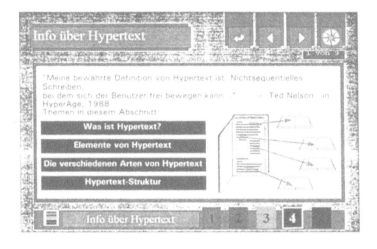

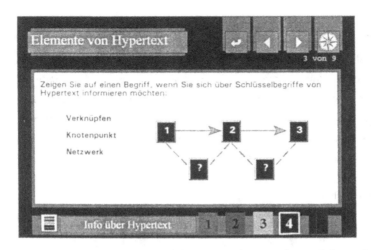

Es handelt sich hier um einen Ausschnitt aus einem Informationsprogramm über Hypertext, das mit dem Hypertextprogramm ToolBook 1.5 mitgeliefert wurde. Hier werden die ersten Seiten aus einem Teilblock von insgesamt neuen Seiten wiedergegeben. Betrachtet man zunächst den Zusammenhang zwischen den Seiten, so fällt auf, daß es keine kohäsiven Elemente außer der Rekurrenz einzelner Ausdrücke (*Hypertext, verknüpfen, Knotenpunkt*) gibt. Insbesondere gibt es keine anaphorischen oder kataphorischen Verweise. Verdeutlicht man sich den Unterschied zwischen Anaphorik und Rekurrenz, so wird die Funktion dieses Sachverhaltes deutlich. Die Auflösung der (pronominalen) Anapher setzt die mentale Präsenz des Ausdrucks, auf den die Anapher verweist, voraus. Genau diese Voraussetzung wird hier offensichtlich nicht gemacht. Durch die Rekurrenz, die im sequentiellen Text als redundant empfunden werden kann, und den Verzicht auf Anaphorik wird in dem Hypertext eine größere sprachliche Unabhängigkeit der einzelnen Seiten erreicht.

Weitere kohäsive Verknüpfungen gibt es zunächst nicht. Die einzelnen Textelemente auf den verschiedenen Bildschirmseiten bilden keine sprachliche Sequenz, sie sind aggregiert und nicht integriert. Bei diesem Beispiel findet man eine vollständige Abstimmung zwischen Textcluster und Bildschirmseite. Allerdings gibt es andere, nichtverbale Verbindungslinien: das einheitliche Bildschirmdesign mit verschiedenen Funktionselementen und technische Verknüpfungen zum Navigieren (diese Verfahren werden in dem nächsten Abschnitt behandelt).

Betrachtet man nun die einzelnen Bildschirmseiten, so fällt auf, daß auch diese in einzelne Segmente zerfallen, die sprachlich nur schwach integriert sind. So enthält Seite 2 in der Kopfzeile eine Überschrift in Frageform - *Was ist Hypertext?* -, an die der erste Textabschnitt (*In Hypertext wird ein Wort...*) als Antwort anschließt, was als kohäsive Verknüpfung anzusehen ist. Dieser Abschnitt besteht aus zwei Sätzen, die durch Rekurrenz des Wortes *Hypertext* zu einer Sequenz integriert sind.

Der weitere Text (*Wenn Sie weitere Informationen...*) ist typographisch abgesetzt, womit bereits verdeutlicht wird, daß er auf einer anderen Ebene liegt als die ersten beiden Sätze. Zwar gibt es mit der partiellen Rekurrenz *Grafikelement > Element* eine kohäsive Beziehung zwischen beiden Abschnitten, während der erste Abschnitt aber dem Leser eine Information gibt, enthält der zweite Abschnitt eine bedingte Anweisung, wie er sich weitere Information beschaffen kann. Er liegt also auf einer *sprachlichen Metaebene* gegenüber der mit der Frage *Was ist Hypertext?* begonnen Sequenz.

Die Ausdrücke *Wassermolekül, Sauerstoff* und *Wasserstoff* sind sprachlich nicht integriert. Daß sie Beispiele für *Namen des Elements* sind, also eine Kohärenzbeziehung besitzen, muß der Leser sich selbst erschließen. Die Fußzeile enthält den Titel für den gesamten Abschnitt; sie dient also der Integration der Bildschirmseiten und ist damit eine Metainformation über die ganze Seite und ihren Kontext.

Insgesamt kann man also zu einer einzelnen Seite sagen, daß sie verschiedene Textcluster enthält, die durch kohäsive Mittel nur schwach integriert sind.

Beispiel 2: Eine Patientendatenbank (Staggers 1993: 782)

```
                              High Density Screen

Patient Laboratory Inquiry        Large University Medical Center    Pg 1 of 1
===============================================================================
Robinson, Christopher      #186-20-4623    Unit: 5E, 5133D   M/13  Ph:301-733-5588
===============================================================================
       <CBC>    Result   Normal Range  Units      <DIFF>  Result  Norm Range Unit
       -------------------------------------      ---------------------------------
10/23  Wbc       5.0     4.8 -  10.8   th/cumm    Segs      40    34 -  74    \
0600   Rbc       4.78    4.7 -   6.1   m/cumm     Bands      5     0 -   9    \
       Hgb      15.1    14.0 -  18.0   g/dL   ·  *Lymphs    33    10 -  49    \
       Hct      47.9    42.0 -  52.0   \          Monos     10     2 -  14    \
       Plt     163.0   130.0 - 400.0   th/cumm    Eosin      5     0 -   8   . \
                                                                            ·  \
       Mcv      88.5    82.0 - 101.0   fL         Baso       2     0 -   2    \
       Mch      30.6    27.0 -  34.0   picogms    Atyplymph  0     0 -   0    \
       Mchc     34.6    32.0 -  36.0   g/dL       Meta       0     0 -   0    \
       Rdw      14.5    11.5 -  14.5   \          Myelo      0     0 -   0    \
       Mpv       8.3     7.4 -  10.4   fL         Plt (estm) adeq
       ---------------------------------------------------------------------------
      <MORPHOLOGY>      Macrocytosis  1+   Basophilic Stippling  1+   Toxic Gran Occ
      Hypochromia  2+   Polychromasia 1+   Target Cells          3+   Normocytic Yes
===============================================================================
Key:  * = Abnormal                    Priority: Routine       Acc#: 122045-015212
Ordered by:  Johnston, Timothy on 10/22/91, 10:00             Ord#: 900928-HH1131
Robinson, Christopher      Personal Data  - PRIVACY ACT of 1974  (PL 93-579)
```

Dieses Beispiel gibt eine abgeschlossene Einheit einer Patientendatenbank wieder. Die Makrostruktur dieses Textes „Patientendatenbank" wird durch die alphabetische Ordnung der Patientennamen gebildet. Dadurch lassen sich die einzelnen Cluster im Prinzip in einer Sequenz ordnen. Gegenüber der Kohäsion stellt die alphabetische Ordnung keine sinnstiftende sondern eine arbiträre Ordnung dar. Insbesondere ist sie gerade nicht als Rezeptionspfad gedacht, sondern als Suchsystem. Solche Verfahren der arbiträren, formalen und auch nicht-verbalen Ordnung haben in computerbasierten Texten eine große Bedeutung.

Neben der alphabetischen Ordnung gibt es als sprachliche Verbindung zwischen den Seiten nur die rekurrenten Kopfzeilen und die Bezeichnungen für Kategorien des Datensatzes: z.B. *Key:*, *Ordered by:*, *Priority:...*

Der einzelne Bildschirm besteht hier wiederum aus mehreren visuellen Clustern, die auch sprachliche Cluster sind, also keine Integration durch Kohäsion aufweisen:

- Die erste Kopfzeile gibt die befragte Datenbank an und den Umfang der Informationseinheit (*Pg 1 of 1*),
- die zweite Zeile den Patienten und seine Kodierung (*Robinson, Christopher #...*).
- Danach folgt eine Tabelle, die umbrochen werden muß, was zur Kohäsionssicherung einen rekurrenten Teil des Tabellenkopfes erfordert: *Result, Norm* etc.
- Danach kommt eine Liste, die auf vier Kolumnen verteilt werden mußte und
- schließlich ein Block mit in sich wenig strukturierten weiteren Informationen, die sprachlich nicht integriert sind.

Dieses visuelle und sprachliche Cluster kann nur durch großes Vorwissen des Rezipienten in einen kohärenten Zusammenhang gebracht werden. Lediglich die Zuordnung der verschiedensten Angaben zu der Person *Christopher Robinson* kann als kohärenzstiftender Hinweis des Textausschnittes angesehen werden.

Beispiel 3: Naturmedizin heute. Ein anderer Aspekt der Kohärenzbildung soll an dem Multimedia-Text *Naturmedizin heute* verdeutlicht werden. Es handelt sich um ein medizinisches Informationssystem für Laien. Nach der Eingangsseits kommt man auf eine Seite, mit einer Liste verschiedener Vorgehensweisen in dem Text:

Beschwerden, Anatomie, Wissen - step by step etc.

Jeder dieser Ausdrücke ist ein hot word, also ein hyper-link zu einer bestimmten anderen Seite. Wählt man den letzten Punkt, so gelangt man zu der folgenden Liste mit hot words:

Augen, Atemwege, Magen und Darm, Für Frauen, Für Kinder, Zähne, Im Alter etc.

Klickt man hier dann auf *Atemwege*, so kommt man wiederum auf eine Seite, die u.a.

das hot word *Atmen ist Leben* enthält, von dort zu einer Liste mit dem hot word *Gehörgang, Mittelohr und Innenohr* und von dort schließlich zu einem Informationssegment mit einem kurzen Text zu diesem Thema und einer anatomischen Abbildung.

Wenn man also Informationen über das Mittelohr erhalten will, so muß man den folgenden Pfad zurücklegen:

Wissen - step by step
→ *Atemwege*
→ *Atmen ist Leben*
→ Liste u.a. mit dem Eintrag *Gehörgang, Mittelohr und Innenohr,*
→ Informationssegment *Gehörgang, Mittelohr und Innenohr.*

Das prekäre an diesem Pfad besteht darin, daß er im Grunde nur zufällig gefunden werden kann. Sucht jemand Informationen über das Mittelohr, so kann er nicht ahnen, sie auf diesem Wege zu finden. Es ist auch nicht mit Wissensbeständen des Nutzers zu rechnen, die hier eine Kohärenz herstellen könnten. Dazu ist dieser Pfad zu idiosynkratisch. Zwar gibt es zwischen den Schritten zwei und drei, sowie zwischen den Schritten vier und fünf Kohäsion durch Rekurrenz, aber nicht zwischen eins und zwei und zwischen drei und vier. Es handelt sich hier also um eine ausgeprägte Form der sprachlichen Aggregation.

In diesem Beispiel gibt es zwischen den Bildschirmseiten kaum Kohäsionsbeziehungen. Es handelt sich jeweils um relativ willkürlich aggregierte Textsegmente. Auch die einzelnen Seiten enthalten vielfach sprachlich nicht integrierte Subsegmente, so daß hier eine besonders ausgeprägte Form der sprachlichen Desintegration vorliegt. Erfahrungen mit dem Internet zeigen, daß dies nicht ungewöhnlich ist. Eher zufällig entdeckt man interessante Information; die dabei zu gehenden Zwischenschritte sind sprachlich und häufig auch inhaltlich zusammenhangslos.

4.   Technische Hilfen zur Informationsintegration

Das Grundmodell für alle Texte, bei denen der Computer als Ausgabemedium vorgesehen ist, geht von einer netzartigen Struktur aus, die aus *Knoten* und *Kanten* besteht. Die Basisinformationen stehen an den Knoten, die abstrakte Gesamtinformation ergibt sich aus der Struktur des Netzwerkes. Für den Nutzer realisiert sich seine Interpretation aus dem individuellen Pfad, den er durch das Netz nimmt. Aus der Tatsache, daß eine Gleichartigkeit des Netzwerkes und des individuellen Pfades des Nutzers nicht erwartet wird - während der Autor eines Buches davon ausgeht, daß der Pfad des Lesers in etwa der sequentiellen Struktur des Buches folgt -, ergibt sich zwingend, daß die einzelnen Knoten voneinander semantisch unabhängiger sind. Beispiel: In einem minimalen vollvermaschten Netz mit drei Knoten A, B und C kann der Nutzer direkt von A nach C gehen. Daher darf B keine Voraussetzungen für das Verständnis von C enthalten. Die einzelnen Knoten bilden daher Cluster und keine Sequenzen. Hieraus ergibt sich die sprachliche Aggregation. Der durch die Clusterbildung entstehende Informationsverlust muß einerseits durch den Benutzer ausgeglichen werden, andererseits durch nicht-verbale, technische Hilfen. Dabei sind im wesentlichen zwei Ansätze zu nennen: das Bildschirmdesign und Navigationshilfen.

4.1   Sreen design

Wie eingangs erwähnt, kann man die Tendenz beobachten, die Knoten nicht wesentlich größer als eine Bildschirmseite zu gestalten.[12] Auf Internetseiten, die einen Rollbalken verwenden, findet man selten mehr als den Umfang von zwei Bildschirmseiten. Es haben sich daher Diszplinen herausgebildet, die sich speziell mit der Gestaltung der Bildschirmseiten beschäftigen. Man findet sie unter den folgenden Stichwörtern:

> *Mensch-Maschine-Interaktion, software engineering, Software-Ergonomie, Visualisierungsforschung, Screen design, Screen density research*

Es gibt mittlerweile auch eigene Zeitschriften, wie z.B.:

> *IEEE Transactions on Software Engeneering, International Journal of Man-Machine-Studies, The Visual Computer, screen Multimedia.*

Die Forschung zum Bildschirm-Design hat wie viele andere Bereiche der Computerwissenschaft ihren Ausgang in der militärischen Forschung (etwa seit 1960) genommen. Hier, zunächst bei Modellen zur Abwehr feindlicher Luftangriffe, waren schon sehr früh schnelle und zuverlässige Bildschirmdarbietungen erforderlich. Mit dem Einzug der Informationstechnik in alle Bereiche des privaten und beruflichen Lebens stellte sich dann auch dort das Bedürfnis nach einer angemessene Bildschirmgestaltung. Neben eher traditionell typographischen Themen wie Schriftgröße (nicht kleiner als 2,6mm), Zeichenbreite (70% der Schrifthöhe), Helligkeit, Vordergrund-Hinter-

---

12 Das informationstheoretische Problem wird unter dem Stichwort der *Korngröße* oder *Granularität* diskutiert.

grund (besser Hintergrund hell und Vordergrund dunkel) gibt es auch Untersuchungen, die sich mit der funktionalen Verteilung der Information auf dem Bildschirm beschäftigen.[13] Daraus ergaben sich verschiedene Konventionen, z.B. die folgende Form der Bildschirmgestaltung:

Beispiel 4: Bildschirmgestaltung (Issing & Klimsa 1997[2]: 285):

Kennzeichnungsbereich
Arbeitsbereich
Steuerungsbereich
Meldebereich

Unter sprachlicher Perspektive ist hier festzuhalten, daß es zwischen den unterschiedlichen Funktionsbereichen keine kohäsiven Beziehungen gibt. Ein kohärenter Zusammenhang, der sich hier auf den funktionalen Ablauf und nicht auf die Information bezieht, ergibt sich erst durch das medial-technische Wissen des Nutzers.

Weitere zentrale Themen des Bildschirmdesigns sind die Suche nach optimalen *visual display units* und die *screen density research*, da sich mit der Frage der visuellen Segmentierung des Textes auf unterschiedlichen Schriftflächen beschäftigen. Ein Katalog von Empfehlungen von Booth (1989 35f.) lautet:

„1. Avoid overfilling the screen with information. If a large amount of data is displayed then this will reduce the reader's ability to locate and recognize information.
2. Use the upper right-hand quadrant of the screen for important messages./.../
3. Use different letter typefaces and colour to distinguish different parts of the display. Use mixed case text rather than text that consists if capital letters only, as mixed case is often easier to read. Try to use command names that fit with the user's expectations.
4. Design the layout so that the user's eyes fall naturally onto the text item of importance, although some experimentation may be needed to determine how best this might be achieved.
5. Use blinking to attract attention. A flashing message is usually more noticeable. However, these should be used sparingly, as they can be distracting and sometimes irritating for users."

---

13 Interessant sind in diesem Zusammenhang auch Untersuchungen, die Printmedien mit Bildschirmdarbeitungen vergleichen. So fand z.B. Shneiderman (1987) heraus, daß beim Korrekturlesen auf dem Papier die Lesegeschwindigkeit höher ist und die Fehlersuche um 25-30 Prozent effektiver.

Eine besonders interessante Studie im Hinblick auf unsere Fragestellung stammt von Staggers (1993). Sie soll kurz vorgestellt werden. Das Personal in Krankenhäusern muß täglich schriftliche Informationen, insbesondere Patientendaten, aus unzähligen Bildschirmdarbietungen verarbeiten. Das Problem besteht hier insbesondere darin, daß möglichst schnell und zuverlässig die jeweiligen Informationen gefunden werden müssen. Dazu gibt es zwei Strategien: Entweder wird die Informationsdichte auf dem Bildschirm erhöht oder die Information wird über mehrere weniger dichte Bildschirme verteilt. Die screen density research beschäftigt sich nun mit der Frage, welche Informationsverteilung über die Bildschirme besser ist:

> „whether a finite amount of information should be presented in one compact screen or divided among two or three less dense screens." (Staggers 1993: 776)

Mit dieser Frage wird genau das mit dem Modell der Geometrie der Schrift beschriebene Problem des Überschreitung der zweidimensionalen Schriftfläche und der Gefährdung der sequentiellen Struktur thematisiert. Die Verteilung der Information auf mehrere Bildschirme birgt immer die Gefahr der Bildung schwächer strukturierter Cluster in sich.

In der Studie von Staggers wurden Krankenschwestern mit drei Typen von screen density hinsichtlich der Schnelligkeit, Genauigkeit und subjektiven Zufriedenheit bei der Informationssuche getestet. Der High Density Screen wurde bereits oben in Beispiel 2 wiedergegeben. Hier folgt nun noch der Bildschirm mit mittlerer Dichte:

Beispiel 5: screen density (Staggers 1993: 782-784)

```
                      Moderate Density Screens


  Patient Laboratory Inquiry        Large University Medical Center   Pg 1 of 2
  ===============================================================================
  Robinson, Christopher  #186-20-4623   Unit: 5E, 5133D   M/13   Ph:301-733-5588
  ===============================================================================
          <CBC>   Result   Normal Range  Units      <DIFF>  Result  Norm Range Unit
          ----------------------------------------   ------------------------------
  06/23   Wbc       6.4      4.8 -  10.8  th/cumm    Segs      35    34 - 74    \
  12:11   Rbc       4.78     4.7 -   6.1  m/cumm     Bands      5     0 -  9    \
          Hgb      16.4     14.0 -  18.0  g/dL       Lymphs    33    10 - 49    \
          Hct      47.9     42.0 -  52.0  \          Monos     14     2 - 14    \
          Plt     317.0    130.0 - 400.0  th/cumm    Eosino     5     0 -  8    \

          Mcv      88.5     82.0 - 101.0  fL         Baso       2     0 -  2    \
          Mch      30.6     27.0 -  34.0  picogms    Atyplymph  0     0 -  0    \
          Mchc     34.6     32.0 -  36.0  g/dL       Meta      12     0 -  0    \
          Rdw      14.5     11.5 -  14.5  \          Myelo      0     0 -  0    \
          Mpv       8.3      7.4 -  10.4  fL         Plt (estm) adeq

          ----------------------------------------   ------------------------------
                                                                PgDn for more
```

```
                          Moderate Density Screens (cont)


Patient Laboratory Inquiry        Large University Medical Center    Pg 2 of 2
==============================================================================
Robinson, Christopher  #186-20-4623    Unit: 6N, 5133D   M/21   Ph:301-733-5588
==============================================================================
 6/23   12:11

  <MORPHOLOGY>       Macrocytosis  1+    Basophilic Stippling  1+    Toxic Gran Occ
  Hypochromia  2+    Polychromasia 1+    Target Cells          3+    Normocytic Yes

==============================================================================
Key: * = Abnormal              Priority: Routine         Acc#: 122045-015212
Ordered by : Brownings, Dorothy on 6/23/91, 10:30        Ord#: 900928-HH1131
Robinson, Christopher  Personal Data  -  PRIVACY ACT of 1974  (PL 93-579)

                                                                End of report
```

Als Ergebnis kam heraus, daß erfahrene Krankenschwestern auf allen Untersuchungs-
dimensionen bei der höchsten screen density die besten Resultate erzielten. Der
Umbruch, auch wenn er hier mit *page down* eine übergroße Schriftfläche simuliert,
wirkte sich hinderlich aus. Dies mag mit den Kopfzeilen zusammenhängen, einem
Verfahren zur Sicherung der Sequentialität und insbesondere mit visuellen Suchpfaden,
die die routinierte Krankenschwester auch bei dem komplexen Cluster auf *einem*
Bildschirm hat. Auf mehrere Bildschirme verteilte Cluster lassen sich visuell dann
langsamer erfassen.

Das Ergebnis dieser Studie zeigt zunächst die Relevanz der kognitiven Fähigkeiten
der Nutzer. Auch bei einer Schriftfläche, die aus einem unübersichtlichen und sprachlich desintegrierten Aggregat von Textsegmenten besteht, kann bei entsprechenden
Wissensvoraussetzungen schnell eine kohärente Interpretaton erzeugt werden. Dabei
zeigt das Ergebnis auch, daß eine Clusterung der Textsegmente auf mehrere Schriftflächen hinderlich ist. Der visuelle Zusammenhang mag bei fehlender sprachlicher
Integration unterstützend wirken.

4.2   Navigation

Neben der Standardisierung des Bildschirmdesigns ist die wichtigste technische
Antwort auf die sprachliche Desintegration die sog. Navigation. Darunter versteht man
Orientierungs- und Suchhilfen für den Nutzer, die sich insbesondere auf die Verknüpfungen zwischen den Bildschirmseiten beziehen. Eine zentrale Voraussetzung für
Navigationshilfen ist die Art und Weise, wie die Textsegmente bzw. Bildschirmseiten
miteinander verknüpft sind. Kuhlen (1991) schlägt dazu eine Typologie von Verknüpfungen vor:

Beispiel 6: Verknüpfungsrelationen (Kuhlen 1991:106)

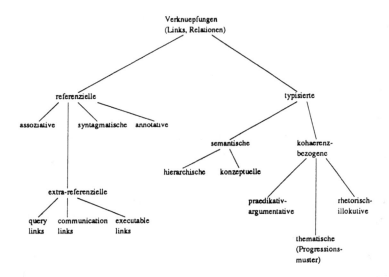

Die hier vorgeschlagenen Typen kann man so verstehen, daß sie Kohärenzbeziehungen zwischen den Knoten des Informationssystems angeben. Der Nutzer dürfte allerdings das Problem haben, diese Beziehungen, also z.B. eine *rhetorisch-illokutive* zu erkennen. Zumindest handelt es sich um eine sehr anspruchsvolle kognitive Aufgabe, da sie, wie in dem vorhergehenden Abschnitt gezeigt, sprachlich nur wenig unterstützt wird.

Logisch-semantische Beziehungen der genannten Art vorausgesetzt, können nun Navigationshilfen den Nutzer unterstützen.[14] Sie können folgende Hilfen geben:

- Metainformationen über die Makrostruktur des Textes,
- lokale Hinweise auf den aktuellen Standort,
- ein Protokoll des zurückgelegten Weges bzw. eine Kennzeichnung der bearbeiteten Segmente,
- Suchhilfen, die von einer einfachen Stichwortsuche bis zu einem virtuellen "Assistenten", der komplexe Suchaufaben löst, reichen.

Unter textlinguistischer Perspektive kann man als Gemeinsamkeit dieser Verfahren feststellen, daß sie gegenüber dem eigentlichen Text auf einer Metaebene situiert sind. Dieser Ausbau der metatextuellen Ebene reagiert ganz unmittelbar auf den Strukturverlust auf der lokalen sprachlichen Ebene.

---

14 Eine ausführliche Darstellung der Navigationsverfahren findet man in Kuhlen (1991: 124ff.).

Eine wichtige Unterscheidung bei den Navigationsverfahren betrifft verbale gegenüber nicht-verbalen, insbesondere graphischen Verfahren. Die verbalen Navigationshilfen kann man als einen spezifischen Sprachausbau klassifizieren, der den Aufgabenbereich der Konjunktionen und der Adverbien berührt. Der Ausbau der graphischen
Navigationshilfen betrifft den Aufgabenbereich des Schriftsystems.

Fazit

Der Aufbau einer kohärenten Textinterpretation wird mindestens von drei Komponenten bedingt: 1. verbalsprachlich-kohäsiven Mitteln, 2. nicht-verbalen Mitteln und 3.
kognitiven Leistungen des Rezipienten. Bei Texten, die für den Computer als Ausgabemedium konzipiert sind, geht die Bedeutung der verbalsprachlich-kohäsiven Mittel
zurück. Die sprachliche Integration der Texte nimmt ab, Textabschnitte werden eher
aggregativ in einem räumlichen Cluster zusammengeführt.

Dieser Strukturabbau wird zum Teil durch einen Ausbau der nichtverbalen Mittel
ausgeglichen. Durch eine extensivere Verwendung typographischer Mittel, durch
Konventionen des Bildschirmdesigns und durch Hyperlinks zwischen einzelnen Textsegmenten bzw. Bildschirmseiten werden auf neuartige Weise Zusammenhänge
gestiftet. Zum Teil werden diese nicht-verbalen Techniken mit metasprachlichen
Orientierungshilfen verknüpft, die Auskunft über die Struktur des Informationssystems
geben oder den Rezeptionspfad des Nutzers protokollieren und ihm damit beim Aufbau
einer kohärenten Interpretation unterstützen.

Auf jeden Fall dürften auch die kognitiven Anforderungen an den Nutzer steigen.
Die größere Freiheit bei der Rezeption muß mit einer größeren Eigenleistung erkauft
werden - immer das Ziel einer kohärenten Interpretation vorausgesetzt. Manchmal
mag dies nicht gelingen, und der Rezipient verliert die Orientierung in dem Informationssystem. In anderen Fällen wird man Zeit gewinnen, wenn man nicht der
textuellen Ordnung eines Autors folgen muß, um an die Information zu gelangen, für
die man sich interessiert.

Unter der Perspektive des Sprachwandels stelle ich erstens die These auf, daß sich
auf textueller Ebene bei den hier diskutierten Medien ein Abbau der verbalsprachlich-
kohäsiven Mittel stabilisieren wird. Diese Texte werden sprachlich weniger integriert
sein. Viele Texte, die wir heute noch, z.B. in Lehrbüchern, in sequentieller Form
kennen, werden nach ihrer Übertragung in computergestützte Lernwelten die Sequentialität aufgeben.

Ausgebaut werden hingegen alle metatextuellen Informationssysteme - verbale und nicht verbale. Bei den nicht-verbalen Mitteln betrifft dies insbesondere die technischen Verfahren wie Navigatoren und Konventionen des Seitenaufbaus. Es könnte sein, daß es eines Tages einen umfassenderen Begriff von Schriftsystemen geben wird, der neben den visuellen Hilfen (Interpunktion, Groß-Kleinschreibung etc.) auch diese technischen Strukturierungshilfen einschließt.

Literatur

Ahlzweig, C. 1994. Geschichte des Buches. In: Günther, H. und Ludwig, O., (Hrsg.), Handbuch Schrift und Schriftlichkeit. Berlin: de Gruyter. 85-102.

Booth, P. 1989. An introduction to human-computer interaction. Hillsdale etc.: Erlbaum.

Comenius, J.A. 1991[4]. (Orig. 1658) Orbis sensualium pictus. Dortmund: Harenberg Edition.

Doblhofer, E. 1993. Die Entzifferung alter Schriften und Sprachen. Stuttgart: Reclam.

Green, M.W. 1981. The construction and implementation of the cunei form writing system. In: Visible Language 15: 345-372.

Gutenberg-Gesellschaft und Gutenbergmuseum. (Hrsg.) 1991. Blockbücher des Mittelalters: Bilderfolgen als Lektüre. Mainz: von Zabern.

Hunger, Herbert und Stegmüller, Otto et. al. 1975. Die Textüberlieferung der antiken Literatur und der Bibel. München.

Issing, L.J. und Klimsa, P. (Hg.). 1997[2]. Information und Lernen mit Multimedia. Weinheim: Beltz. PsychologieVerlagsUnion.

Keller, R. 1994[2]. Sprachwandel. Tübingen: Francke (UTB).

Kuhlen, R. Hypertext. Ein nicht-lineares Medium zwischen Buch und Wissensbank. Berlin etc.: Springer.

Ludwig, O. 1994. Geschichte des Schreibens. In: Günther, H. und Ludwig, O., (Hrsg.), Handbuch Schrift und Schriftlichkeit. Berlin: de Gruyter. 48-65

Mazal, O. 1994. Traditionelle Schreibmaterialien und -techniken. In: Günther, H. und Ludwig, O., (Hrsg.), Handbuch Schrift und Schriftlichkeit. Berlin: de Gruyter. 122-130.

McKitterick, Rosamon. 1989. The carolingians and the written word. Cambridge.

Naturmedizin heute. 1994. Rossipaul Verlagsgesellschaft.

Nissen, H.J., Damerow, P. und Englund, R. 1991. Frühe Schrift und Techniken der Wirtschaftsverwaltung im alten Vorderen Orient. Informationsspeicherung und -verarbeitung vor 5000 Jahren. Berlin.

Schank, G. 1985. Ansätze zu einer Theorie des Sprachwandels auf der Grundlage von Textsorten. In: Besch, W., Reichmann, O. und Sonderegger, St. (Hrsg.). Sprachgeschichte. Ein Handbuch zur Geschichte der deutschen Sprache und ihrer Entwicklung. Berlin: de Gruyter. Bd.II: 761-168.

Shneiderman, B. 1987. Designing the user interface: Strategies for effective human-computer-interaction. Reading, Mass. etc.: Addison Wesley.

Staggers, N. 1993. Impact of screen density on clinical nurses´ computer task performance and subjective screen satisfaction. In: Int.J.Man-Machine Studies 39: 775-792.

Steger, H. 1985. Sprachgeschichte als Geschichte der Textsorten/Texttypen und ihrer kommunikativen Bezugsbereiche. In: Besch, W., Reichmann, O. und Sonderegger, St. (Hrsg.). Sprachgeschichte. Ein Handbuch zur Geschichte der deutschen Sprache und ihrer Entwicklung. Berlin: de Gruyter. Bd.I: 186-204.

ToolBook 1.5. 1991. Washington: Asymetrix.

Autorenverzeichnis

Gruber, Helmut. Univ.-Doz. Dr. phil., lehrt Textlinguistik und Diskursanalyse an der Universität Wien. Arbeitsschwerpunkte: Konfliktkommunikation, Wissenschaftskommunikation mit den Schwerpunkten akademisches Schreiben und Computervermittelter Kommunikation

Haase, Martin. Geboren 1962, Dr. phil., ist wissenschaftlicher Assistent für Romanistik/ Sprachwissenschaft am Fachbereich Sprach- und Literaturwissenschaft der Universität Osnabrück und Mitglied des Instituts für semantische Informationsverarbeitung. Seine Arbeitsschwerpunkte liegen in der Modellierung von Sprachveränderungsprozessen, der Kontaktlinguistik und der typologischen Sprachwissenschaft.

Huber, Michael. Geboren 1970, studiert Computerlinguistik/Künstliche Intelligenz, Informatik und Mathematik. Die Schwerpunkte seiner Arbeit liegen im Bereich Computer Assisted Language Learning (CALL).

Königer, Paul. Geboren 1955. Studium der Philosophie, Sprachwissenschaft und Sport. Nach einer Tätigkeit als wissenschaftlicher Mitarbeiter in einem konversationsanalytischen Forschungsprojekt 1988 Wechsel in die freie Wirtschaft. Heute bei der Siemens Nixdorf Informationssysteme AG als Business Development Manager im internationalen Partnergeschäft. Wissenschaftliche Arbeitsschwerpunkte: Sprache, Kommunikation und Information im institutionellen Kontext.
Weitere Informationen: http://ourworld.compuserve.com/hompages/pako

Krumeich, Alexander. Geboren 1971, studiert Computerlinguistik/Künstliche Intelligenz, Informatik und Sprachwissenschaft. Seine Arbeitsschwerpunkte liegen im Bereich CALL-Anwendungen unter besonderer Berücksichtigung des Lexikons. Des weiteren arbeitet er in der EDV-Betreuung und Netzverwaltung im Fachbereich Sprach- und Literaturwissenschaften der Universität Osnabrück.

Pansegrau, Petra, M.A. Geboren 1963. Studium der Linguistik, Literaturwissenschaft und Pädagogik. Z.Zt. wissenschaftliche Angestellte der Universität Bielefeld, Mitarbeiterin im DFG-Projekt "Kommunikationen über Klimawandel zwischen Wissenschaft, Politik und Medien". Arbeitsschwerpunkte: Technisierte Kommunikation, Diskursanalyse, Medienanalyse.

Quasthoff, Uta M., Prof. Dr.phil. Geboren 1944. Studium der Germanistik, Philosophie, Theaterwissenschaft und Kunstgeschichte. Professorin für Deutsche Sprache und ihre Didaktik an der Universität Dortmund, Institut für Deutsche Sprache und Literatur. Arbeitsschwerpunkte: Diskursanalyse, Sprachentwicklung, Sprachdidaktik.

Rehm, Georg. Geboren 1971, studiert Computerlinguistik/Künstliche Intelligenz, Informatik und Sprachwissenschaft. Schwerpunktmäßig beschäftigt er sich mit CALL und der Verbindung von Computerlinguistik und Hypertext. Im Rahmen einer wissenschaftlichen Hilfskraftstelle administriert er ein Unix-Netzwerk und verwaltet den World Wide Web Server des Instituts für Semantische Informationsverarbeitung.

Schmitz, Ulrich, Prof.Dr.phil. Geboren 1948. Studium in Tübingen, Exeter und Marburg. Professor für Germanistik/ Linguistik und Sprachdidaktik an der Universität GH Essen. Lehrtätigkeit in Marburg, Duisburg, Koblenz, Bonn, Bochum, Salzburg, Essen. Arbeitsschwerpunkte: Gegenwartssprache, Sprache in Massenmedien und in Neuen Medien, Psycholinguistik, Semantik, Sprachdidaktik.

Wagner, Jörg. Geboren 1965. Lehrtätigkeit in Halle. Arbeitsschwerpunkte: Misslingende Kommunikation, Missverstehen, Mensch-Computer-Interaktion

Weingarten, Rüdiger, Prof.Dr.phil. Geboren 1955. Studium der Linguistik, Pädagogik, Psychologie, Musik und Soziologie in Bielefeld. Lehrtätigkeit in Bielefeld, Landau und Osnabrück. Professor für Didaktik der deutschen Sprache und Literatur an der Universität Osnabrück. Mitglied der Studiengruppe "Geschriebene Sprache". Arbeitsschwerpunkte: Schreibforschung, Neue Medien, Kommunikationsanalyse, Sprachlehr- und -lernforschung.

GPSR Compliance

The European Union's (EU) General Product Safety Regulation (GPSR) is a set of rules that requires consumer products to be safe and our obligations to ensure this.

If you have any concerns about our products, you can contact us on

ProductSafety@springernature.com

In case Publisher is established outside the EU, the EU authorized representative is:

Springer Nature Customer Service Center GmbH
Europaplatz 3
69115 Heidelberg, Germany